DIANSHI LANMU CEHUA DIERBAN

“十二五”职业教育国家规划教材

电视栏目策划

第2版

主　编／覃晓燕
副主编／王卓慧　张　泰　贾　月
韩建中　杨　伟　杨志鹏

北京师范大学出版集团
BEIJING NORMAL UNIVERSITY PUBLISHING GROUP
北京师范大学出版社

图书在版编目(CIP)数据

电视栏目策划 / 覃晓燕主编. — 2 版. — 北京：北京师范大学出版社，2021.6(2024.7 重印)

ISBN 978-7-303-24039-5

Ⅰ. ①电… Ⅱ. ①覃… Ⅲ. ①电视节目制作—高等职业教育—教材 Ⅳ. ①G222.3

中国版本图书馆 CIP 数据核字(2021)第 061676 号

教材意见反馈 gaozhifk@bnupg.com 010-58805079

营销中心电话 010-58802755 58801876

出版发行：北京师范大学出版社 www.bnupg.com
北京市西城区新街口外大街 12-3 号
邮政编码：100088

印　　刷：北京溢漾印刷有限公司
经　　销：全国新华书店
开　　本：787 mm×1092 mm 1/16
印　　张：15.25
字　　数：330 千字
版　　次：2021 年 6 月第 2 版
印　　次：2024 年 7 月第 11 次印刷
定　　价：38.00 元

策划编辑：鲁晓双　　责任编辑：贾理智
美术编辑：焦　丽　　装帧设计：焦　丽
责任校对：陈　民　　责任印制：马　洁　赵　龙

前　言

教育是国之大计、党之大计。培养什么人、怎样培养人、为谁培养人是教育的根本问题。育人的根本在于立德。全面贯彻党的教育方针，落实立德树人根本任务，培养德智体美劳全面发展的社会主义建设者和接班人，是教育的重要使命。《电视栏目策划》作为职业教育广播影视类专业的核心课程，在其配套教材的编写中，始终将立德树人作为主线。《电视栏目策划》教材于 2014 年 9 月由北京师范大学出版社首次出版。该教材以"电视栏目策划"国家级精品课程为依托，在编写时力求体现四大原则：一是在指导思想上，坚持将习近平新时代中国特色社会主义思想、"党的领导"相关内容、党的二十大精神有机融入教材内容与资源。二是在定位上，以电视栏目策划研究为主线。新媒体的兴起，为视听节目的制作与播出提供了更广阔、更多元的平台。针对电视栏目如何依托新媒体拓展播出渠道，在相应章节设立条目进行了探讨与说明。但由于栏目是以电视为载体而存在的，而以电视为代表的传统媒体与新媒体在传播形态、方式上有巨大差异，在栏目策划理念、编排方式上有着截然不同的操作模式，因此在本教材中，关于新媒体的视听节目策划没有做过多阐述，这些内容将在研究团队正在编写的"新媒体视听节目策划"教材中进行系统的梳理与分析。三是在内容上，坚持理论和实践相结合，将教材分为理论篇与实务篇两大模块。理论篇以单元形式，对电视栏目策划的基本理论进行阐述。实务篇采用项目形式，以工作过程为导向，以工作任务为驱动，对不同类型电视栏目的策划要点进行阐释。通过理论与实践的有机融合，为学生学习提供系统、完整的知识，以及技能与素养体系。四是在教材编排上，坚持教、学、做相结合。教材设置项目(单元)概述、学习目标、学习任务、案例解析、学习反思、团队实训等板块，通过由浅入深、由表及里、由学到做、由做到思的层层递进，促进学生技能与素养的螺旋式上升。

本教材修订工作由深圳职业技术学院、山西传媒学院、海南师范大学具有丰富电视栏目策划教学经验和实践经验的高级专业技术职务教师共同完成。主编由深圳职业技术学院覃晓燕教授担任，第一章、第二章、第六章由深圳职业技术学院王卓慧老师编写修订；山西传媒学院贾月老师编写修订了第三章、第四章，韩建中老师编写修订了第五章，杨伟老师编写修订了第八章，杨志鹏老师编写修订了第十章；海南师范大学张泰老师编写修订了第七章、第九章。在本教材的修订过程中，引用了部分国内外学者的研究成果及电视台相关案例，在此深表感谢。由于编者能力有限，书中难免有不妥甚至谬误之处，恳请同行和读者提出宝贵意见，以便及时改进和完善。

覃晓燕

2021 年 6 月

目　录
CONTENTS

模块一　电视栏目策划基本理论

模块二　电视栏目策划实务

模块一
电视栏目策划基本理论

CHAPTER1

专题一 电视栏目策划概念解析

【专题概述】

“电视栏目”是从报纸和杂志的编辑艺术中借鉴而来的专有名词，是电视发展到一定历史阶段的产物，也是电视走向成熟的标志。本单元在追溯电视栏目发展背景及历程的基础上，系统阐述了电视频道、电视栏目、电视节目的内涵及三者的区别与联系，并从表现对象、表现内容、表现形式三个维度对电视栏目进行了分类。

【学习目标】

1. 了解电视栏目的发展历程及现状

2. 了解电视栏目、电视节目、电视频道的区别与联系

3. 掌握电视栏目的内涵与特征

4. 掌握电视栏目的分类方法

5. 能准确进行电视栏目类型的辨识

6. 培养学生正确的电视意识、审美意识、导向意识

单元一　电视栏目策划的时代背景

20 世纪 80 年代以来，中国电视运作的层次与载体不断升级，中国电视经历了节目建设—栏目建设—频道建设的阶段化历程。目前，新媒体发展迅猛，媒体生态发生巨大变化，电视作为传统媒体如何与新媒体互融互通成为当代电视媒体努力发展的方向。党的二十大以来，电视栏目如何引导受众坚定不移坚持中国特色社会主义文化发展道路，增强文化自信，围绕举旗帜、聚民心、育新人、兴文化、展形象建设社会主义文化强国，发展面向现代化、面向世界、面向未来的，民族的科学的大众的社会主义文化，激发全民族文化创新创造活力，增强实现中华民族伟大复兴的精神力量，是宣传思想工作队伍必须思考与肩负的重大使命。

一、电视栏目现象对栏目策划的需求

电视媒体的竞争使我国的电视节目更加多元化，一些占主导地位的综合频道服务于有广泛兴趣的公众，一些专业化的频道及对象型节目服务于有专门兴趣的观众。节目收视率的高低和社会影响力的大小成为衡量电视栏目质量高低的主要标志。因此，栏目的频繁改版、频道形象的重新定位，成为当代电视媒体的一种特殊现象，其产生的一系列社会反馈，值得我们高度关注和研究。

1994 年，一个新栏目《焦点访谈》在中央电视台第一套黄金时间推出，该栏目抓住群众关心、领导重视且普遍存在的社会现象和热点问题展开评述，发挥了电视媒介特有的舆论监督作用，受到了广大观众的欢迎和中央领导的肯定。而 1997 年 7 月，湖南卫视开播的《快乐大本营》，在全国掀起了一股“快乐旋风”，引起了人们对“湖南电视”现象的关注和讨论。由此可见，一个名牌栏目的推出，对电视媒体形象的重塑，对提高电视节目的收视率都起着至关重要的作用。

2000 年 11 月，由《新周刊》发起，由报纸、杂志、电视、网络四大媒介的 20 余家单位协作组织了“2000 年中国电视节目榜”大型观众调查活动，对全国近 2000 家电视台、4000 多个电视栏目进行了评选，共有 6 万余名电视观众参加了投票，选出了年度最佳栏目。这次活动中广大观众对电视栏目表现出的热情令人惊叹不已。

20 世纪 90 年代末，谈话节目在我国电视上兴起。自《实话实说》栏目(中央电视台 1996 年推出)领中国“脱口秀”节目风气之先后，全国先后有 170 多个谈话类栏目在各台创办，如中央电视台的《对话》、北京电视台的《荧屏连着我和你》、上海电视台的《有话大家说》、广东电视台的《女性时空》、湖北电视台的《往事》等。对电视谈话栏目兴起的解析，可以使我们捕捉到受众心理需求的脉搏和电视栏目发展的基本规律。随着我国电视体制改革的深入，节目制作的市场化、规模化也在逐渐推进。北京光线电视策划研究中心制作的《中国娱乐报道》(现改为《娱乐现场》)，在全国300多家电视台联合播出后，一年多时间便使该公司资产增长上亿元。湖南电广传媒投资8600万元打造的大型财经栏目《财富中国》搭建了实时行情、实时报道、实时评论、实时参与四位一体的实时节目架构，通过现代传播手段，在北京、上海、深圳、长沙四地同步直播。该节目在当时成功销售到全国90多家电视台，《财富中国》的广告时段也在开播当年就被一家广告公司以一年3000万元的价格买断，开创了中国地方台电视栏目大制作、大营销的先例。2013年10月，湖南卫视推出真人秀《爸爸去哪儿》，颠覆了以往的综艺形态，一经播出便赢得了超高的人气，最终十二期节目的平均城市收视率高达4%。与此同时，由这档节目掀起的萌娃热也席卷了其他卫视，《爸爸回来了》《好爸爸坏爸爸》等数十档亲子节目如雨后春笋般出现在大众视野中。之后真人秀的内容从亲子扩展到旅行、游戏、美食等诸多领域，成为近些年最为火爆的电视栏目。

与此同时，网络视听栏目也开始爆发式增长。我们从“2012年网络视听优秀栏目”[①]名单中看到：获奖栏目有由传统媒体打造的优秀栏目，如中国网络电视台的《高端访谈》(来自中央电视台)；也有由网络平台自制的栏目，如腾讯网的《中国茶馆》、人民网的《十分感动》、爱奇艺的《吃货掌门人》等。这些栏目包含了电视栏目的基因，按照电视栏目做了分类，同时又进行了适合网络传播的改造，使视听栏目的形态更加多样，竞争更加激烈。可以说，正是视听栏目的发展要求我们对电视栏目进行策划，以保持自身的竞争优势。

二、电视媒体产业化对栏目策划的需求

1958年5月，北京电视台(今中央电视台)成立，同年9月正式开播；1958年10月上海电视台成立；同年12月哈尔滨电视台(今黑龙江电视台)成立。上述三家电视台的先后成立，标志着中国电视事业的诞生。中国电视事业诞生之初，主要由政府支持，没有太多的竞争与压力。

1979年，中国第一条电视广告——“参桂补酒”广告，由上海电视台播出(美国是1941年播出第一条电视广告)，这标志着中国电视经营理念的出现。进入21世纪，国家的政治改革与经济改革为中国电视提供了广阔的发展空间。电视开始逐渐积极与政治、经济形势相同步，中国电视步入了产业化的进程。电视的功能向教育功能、舆论监测等功能扩展，中国电视开始逐步拥有自主权与决策权。中国电视媒体形成了相应的规模，产业化经营的市场环境逐步完善，电视媒体产业化的法律制度逐步健全，这些条件为中国媒体产业化奠定了坚实的基础。

---

① 编者注：“2012年网络视听优秀栏目”评选由由国家广电总局指导，中国网络视听节目服务协会主办。2013年则更改为“全 国优秀网络视听作品推选活动”，到目前已连续举办十届。

三、电视栏目独立制片制对栏目策划的要求

所谓独立制片制是指在电视栏目制作过程中打破以往电视节目由电视台或某些部门统一计划、统一制作的局面，根据各类栏目的宗旨和特点寻找有能力、有创意、有热情的制片人进行栏目的全面规划和设置，改善收视环境，让受众获得更多筛选电视节目的自由度，让节目制作者增加更多策划制作精品节目机会的制度。相较以前的电视栏目管理体制，独立制片制是一种新的节目制作体制、新的节目制作理念、新的节目管理方法。

独立制片制的本质特点是“电视节目制作的社会化与市场化”，把电视台承担的制作工作部分交由社会上的电视节目制作公司和独立制片人承担，电视机构更多地将工作重点放在节目的选择、购买和播出上。这种制度的实施不仅活跃了电视媒体的制作体制，而且为更具创意的策划人提供了契机，为更多优秀的电视节目提供了市场；同时这种体制也加大了节目市场的竞争度，大大促进了电视媒体策划制作水平的提高。《中国好声音》《了不起的挑战》《蒙面唱将猜猜猜》等具有一定社会影响力的节目就是由上海灿星文化传媒股份有限公司制作，公司与电视台推出了“联合制作，共同运营”的新型商业模式，对行业长远健康发展产生了深远影响。这种竞争也反映在媒体平台之间、电视媒体之间及电视媒体内部。一些原有的老节目纷纷重新策划改版，力求以全新的面貌加入竞争行列。

面对“收视率”“满意度”“点击率”等一系列电视栏目评价标准，“电视栏目精品化”已经成为受众关注的焦点。“精心策划、精细制作、精美包装、精致品牌”的栏目策划意识逐渐根植于中国电视栏目策划人的头脑中并成为他们进行栏目策划的准则。

四、媒体生态的变化对栏目策划的要求

20 世纪 90 年代，互联网传入我国，数字技术和网络技术不断革新，媒体的发展呈现出新的形态。不同于报纸、广播、电视等传统媒体，新媒体一出现就在改变着人们的生活习惯和生活方式。新媒体通过电脑、手机等各种移动终端，建构传播平台。它速度快，不受时间和空间的限制；传播内容广，不同的人都能找到自己需要的信息；它能即时互动，受众可以随时随地对自己接受的信息进行直接反馈。新媒体传播形式多样，可以同时进行文字、声音、视频、画面等的传播。新媒体还可以进行信息存储，人们可以随时回顾已经接受的信息 和观看的节目，非常便捷。可以说，新媒体汇集了传统三大媒体的所有优势，并在其基础上进行了更为深刻的变革和创新。

近几年，以微博、微信、短视频为代表的新媒体迅猛发展，大众不仅能够通过其获取相应资讯，还能运用其特点进行趣味创作。新媒体的业务渠道不断拓宽，使信息传播的方式发生了明显改变，在一定程度上对传统媒体带来了冲击。传统媒体

中的电视栏目如果想要在新的时代下可持续地发展，必然要根据现阶段的实际情况，合理创新，才能跟紧时代的脚步。

单元二　电视栏目相关概念解析

20 世纪 90 年代以来，节目精品化、栏目个性化、频道专业化观念成为中国电视界的发展共识。要更好地理解电视栏目的概念，我们有必要对电视节目、电视频道等相关概念进行解析，以更好地分析电视栏目的本质与内涵。

一、电视节目

（一）节目

“节目”一词的本意指树木枝干交接处的坚硬而纠结不顺的部分。如《礼记·学记》曰：“善问者如攻坚木，先其易者，后其节目，及其久也，相说以解。”《吕氏春秋·举难》曰：“尺之木必有节目，寸之玉必有瑕瓋。”此后，“节目”一词延伸为条目、项目之义。唐代刘禹锡《谢恩赐粟麦表》：“臣谨宣敕文节目，彰示兆人，鼓舞欢谣，自中徂外。”英文称节目为“Program”，指的是按主观预设的规定，按照某一种要求或按顺序进行的事情的条目，即进程的项目和单元。我们现在所说的节目，通常是指文艺演出的项目，同时也泛指一定时段里表现一定内容的一种艺术形式。

（二）电视节目

电视节目是指电视台或社会上制作电视节目的机构(如电视广告公司、电视文化传播公司、影视制作公司等)，为播出、交换和销售而制作的表达某一完整内容的可供人们感知、理解和欣赏的视听作品。[①]“电视的内容随着时间的推移而依次变化，就像竹竿一样，有着一个个的节，每个节代表着一个时间段，不同的时间段播出不同的内容，于是就称这种不同内容的时间段为节目”。[②] 简言之，电视节目即电视台组织、播出的包含各种内容的基本单位和基本形式，是电视传播的最小单位，可以说，我们打开电视观看到的所有视听制品均为节目。电视节目作为融视听于一体的精神产品或艺术产品，其基本构成要素为图像与声音。

（三）电视节目的特点

1. 综合性

电视节目的综合，既是节目内容、形式和技术手段及工种等的综合，同时也是

---

① 项仲平：《电视栏目与频道策划研究》，33～34 页，北京，中国广播电视出版社，2007。

② 庞啸：《实用电视新闻理论》，117 页，北京，中国广播电视出版社，1999。

各个领域、各部门资源的综合。从电视节目表现的基本元素上看，电视节目又是电视诸多要素的综合，而电视节目要素则是图像与声音的综合；从电视节目的传播形态上看，一个电视节目是诸多传播方式的综合，它既可以以一种基本的传递方式——录像传递播出节目，也可以是现场直播节目；从节目产生的组成人员上看，现在电视节目的产生已不可能是一个人的产品和成果，而是演职人员、策划者、编剧、导演、制片人、摄像师、编辑、录音师、灯光师、化妆师、字幕设计师等人共同的成果和结晶。

2. 直观性与现场性

与直观性、现场性紧密联系的是电视中大量现场实况的播出，这正是电视优越于报纸杂志、电影、广播等的一大优势。电视节目的直播方式、摄录现场制作形式、瞬间覆盖与接受等，都具有较快较强的高保真度和传真力。

3. 互动性

快速发展的信息时代使受众对信息的需求量增大，电视观众也表现出强烈的参与意识，迫使电视创作者在电视节目中将人际传播的互动引入大众传播中，并通过媒体融合体系，借用互联网及移动客户端，使电视节目的传播者与接收者互动起来。

二、电视栏目

（一）栏目

“栏”是报纸或杂志中的基本构成单位，报纸编辑将内容相近或有某种联系的几条新闻编排在一起，在周围用线条包围以引起读者的注意，就成了“栏”，然后在栏上加标题就成了栏目。因而“栏目”一词原本是报刊等平面媒体中的概念，即按照内容、性质等划分的版面。栏目如果是刊登在报纸相对固定的版面位置上，又专门定期刊登内容风格相近的文章，这个栏目就成了专栏。《新闻工作手册》中对“专栏”的解释为：“专门刊登某一内容稿件的版面。专栏一般都有固定的名称和位置。专栏在报刊版面中具有相对独立性，可以进行单独而集中的稿件组合。”

（二）电视栏目

电视栏目借鉴了报纸专栏编排的方式，是具有固定的栏目名称、片头，固定或相对固定的主持人、相对稳定的栏目宗旨，定时定量定期播出的节目单位。电视栏目“一般以栏目名称、特定的标识图像和间奏乐等与节目其他部分区分开。其所有内容或同一主题、同类题材，或同一体裁、同一特征等，又与整个节目和谐统一，使节目布局与结构层次化、精致化、延续化”，① 它既是电视节目的一种组织方式，又是电视台创作播出的基本单元。

---

① 甘惜分：《新闻学大辞典》，248页，郑州，河南人民出版社，1993。

电视节目栏目化是对节目内容进行分门别类的编排，并定时定期定量播出。其意义在于：第一，有利于电视台管理体制的健全。电视节目栏目化使电视台的节目编排、播出更规范、合理、有序，是电视节目管理走上现代化、科学化、规范化的重要标志。电视栏目不仅是具有相似内容的集合体，还成为节目经营、管理、运作的基本单位。栏目制片人作为栏目的管理者，直接对栏目负责，对栏目的定位、宗旨、实施及营销进行全程管理，有利于节目的系统化、精细化运作。第二，有利于观众收视习惯的养成。电视节目栏目化的重要特征之一在于播出内容的定时定期定量，受众可以根据自己的兴趣爱好选择相对固定的电视栏目，有利于受众收视习惯的养成和忠实观众群的形成。第三，有利于栏目品牌的打造。电视节目栏目化使电视节目具有固定的栏目名称、片头，固定或相对固定的主持人、相对稳定的栏目宗旨和风格，这些相对稳定的标识为品牌栏目的打造和维护奠定了基础。品牌栏目会造就一批品牌的主持人，品牌主持人又会提升电视栏目品牌的价值。

（三）电视栏目的特征

较之于电视节目，电视栏目具有三大特征。

1. 固定性

固定性是栏目最基本、最直观的特征。它不仅要求有固定的结构及内容形式，还要求有固定的栏目名称、宗旨和片头，固定的播出时间、长度和风格，固定或相对固定的主持人，以便于观众定期、定时、定点收看。电视栏目的固定性是特定受众的形成和栏目品牌打造的根基。

2. 系统性

系统性是栏目最基本的特征之一，它要求节目的内容及类型系统化、时间长度规范化、节目编排条理化，以保证栏目整体风格的一致、连贯与延续。

3. 综合性

电视栏目可以是内容的综合，如生活服务类节目与娱乐节目的综合，新闻类节目与娱乐节目的综合；也可以是表现形式的综合，如现场报道与背景报道的综合，或是纪实报道与谈话节目的综合等。

（四）电视栏目策划

“策”通常指“计策”“方法”“谋略”等，“划”通常指“计划”“筹划”“计谋”等。“策划”即一种策略、筹划、谋划或者计划、打算，它是指个人、企业、组织机构为了达到一定的目的，创造性地运用一切资源，遵循一定的方法或规则对未来即将发生的事情进行系统、周密、科学的预测并制订科学可行的方案的思维活动和实践行为。

电视栏目策划是指以观众为出发点，以节目为产品，以电视环境的分析与推测为依据，以提高电视栏目的经济效益和社会效益为目标，有针对性地对栏目的现状、宗旨、收视对象、播出时间、主持人、内容、风格、营销策略以及投入产出预算等诸多要素进行系统、周密、科学的预测并制订科学、可行的方案的过程。电视栏目策划通常包含人力资源、内容、受众三大要素的策划。

三、电视频道

在电视技术中，电视频道即传送电波信号的波段，也就是传送每套电视节目使用无线电波的频率范围。换言之，电视频道是一类或几类节目与栏目的电视播出和观众收视的载体，是一类或几类节目形态呈现和收视的窗口。例如，中国中央电视台现开办有20多套开路频道，主要有综合频道、财经频道、综艺频道、中文国际频道、体育频道、体育赛事频道、电影频道、国防军事频道、电视剧频道、记录频道、科教频道、戏曲频道、社会与法频道、新闻频道、少儿频道、音乐频道、农业农村频道等，几乎涵盖了社会生活的各个领域。央视还同时开办了30多个数字电视付费频道和近30个网络电视频道。

四、电视节目与电视栏目、电视频道的区别与联系

电视节目、电视栏目、电视频道共同构成了电视节目系统。电视节目系统由不同的频道组成，每个频道设置多个栏目，构成每个栏目的是具体的节目，它们之间的关系为：节目系统⟶频道⟶栏目⟶具体节目。

（一）电视节目与电视栏目的区别

电视节目是电视台各种播出内容的最终组织形式和播出形式，是电视台播出内容的基本单元，我们收看到的所有视听制品均为节目；而电视栏目是电视节目经营的基本单位，是电视节目的一种编辑形式和包装形式。电视栏目由一期期的电视节目组合而成，电视节目是电视栏目的内容载体，其播出按秒计算，有时间和流程的限制。栏目将每日的屏幕时间加以分割和编排，把反映同一体裁或具有相同形式的节目归为一栏，使电视节目的时间流程得以合理化、规范化和有序化，保证了节目的有效播出。例如，作为电视谈话类栏目的《鲁豫有约》，是由一期期定期、定时、定量播出的电视节目组成的，如《鲁豫有约——李连杰》《鲁豫有约——陈道明》《鲁豫有约——希拉里》《鲁豫有约——陆毅》《鲁豫有约——陈坤》等。作为新闻类栏目的《焦点访谈》，也是由一期期定期、定时、定量播出的电视节目组成的，如《焦点访谈——面对高温考验》《焦点访谈——被暗算的手机收费》《焦点访谈——环境变化与城市责任》《焦点访谈——G20峰会上的中国声音》《焦点访谈——贫困县的大拆迁》等。

（二）电视栏目与电视频道的区别

电视频道是根据收视市场的明确定位，选择某一类的传播对象作为主体受众，

将内容相对集中的栏目加以整合而形成的专业化的播出平台。电视频道由内容相对集中的一系列栏目构成，栏目是电视频道的基本播出单元，电视频道总是通过一系列的品牌栏目来建立观众的频道忠诚度。例如，中央电视台于2001年推出的CCTV-10科教频道，以“科学品质、教育品格、文化品位”为频道宗旨，现开设有《百家讲坛》《探索·发现》《读书》《人物·故事》《健康之路》《跟着书本去旅行》《百家说故事》等20余个栏目。中央电视台新闻频道开设有《朝闻天下》《新闻30分》《午夜新闻》《新闻周刊》《新闻调查》《新闻1+1》《世界周刊》《环球视线》《新闻直播间》《面对面》《东方时空》《24小时》《法治在线》《共同关注》《国际时讯》等系列新闻栏目。在电视频道专业化的今天，电视栏目需要依托一定的频道生存与发展，频道的覆盖范围在很大程度上决定栏目的影响力。此外，卫星频道与地面频道的覆盖范围不同，其播出的影响力和知名度也有很大的差异。

因而，电视栏目与电视频道相互依存、相互促进，在频道专业化和同质化并存的时代，品牌栏目是打造特色频道的支撑，而频道覆盖率直接影响品牌栏目的影响力和知名度。

五、网络视听节目

（一）视听节目

理论上，视听节目是指利用摄影机、摄像机、录音机和其他视音频设备拍摄、录制的，由可连续运动的图像或可连续收听的声音组成的节目。这个概念涵盖非常广，大凡包括视听元素的节目都被认为是视听节目。

（二）网络视听节目

如今的“视听节目”则主要指与互联网结合的“网络视听节目”，2017年，中国网络视听节目服务协会公布的《网络视听节目内容审核通则》对网络视听节目做了界定，具体包括：网络剧、微电影、网络电影、影视类动画片、纪录片；文艺、娱乐、科技、财经、体育、教育等专业类网络视听节目；其他网络原创视听节目。2021年，网络纪录片、网络综艺节目等96部作品入选年度优秀网络视听作品推选活动优秀作品目录。

（三）网络视听节目的特点

1. 灵活性

网络视听节目形态的灵活性主要表现在节目来源、节目时长、节目风格和节目内容等方面，与传统电视节目固定时段、固定容量相比，网络视听节目可实时更新，节目时长可根据话题内容灵活调整，节目风格也因网络受众的年轻化而日趋活泼。

2. 交互性

网络视听节目的繁荣很大程度上得益于其交互性特征，评论、弹幕、点赞等互动渠道实现了其与受众的多元互动模式。受众不仅可以参与到节目中，同时还可以通过分享的方式扩大节目影响力，吸引更多的人参与进来。

3. 分众性

网络视听市场内容众多，但用户对内容的选择性强，内容偏好明显。在内容时段上，用户具有明显的倾向性。在内容选择上，不同的年龄和身份职业有不同的内容需求，多样需求催生了更多的节目形态。同时，内容提供者也致力于挖掘现有视听市场的空白区域。网络视听市场呈现出分众化的发展趋势。

网络视听节目既吸收了传统视听节目的特点，也有网络市场变化快、生命周期短的特征。其对于传统电视节目的冲击是显而易见的，因此电视栏目必须进行新的传播路径探索，结合新媒体的发展进行不断创新与改革，提升其核心竞争力，发挥电视栏目的最大价值。

单元三　电视栏目的分类

分类是按照事物性质进行的类别划分，有助于较为全面、系统地理解事物的内涵与本质。科学、合理地对电视栏目形态进行归整，有助于更深入探讨不同类型栏目的创作理念与规律，为电视栏目策划的学理研究与实践创作提供明晰的思路。

一、按栏目表现对象划分

按照栏目的表现对象，可将电视栏目划分为对象型栏目与公共型栏目。

（一）对象型栏目

对象型栏目是指“面向特定对象播出并侧重表现特定范畴或兼而有之的专题节目形态，一般根据观众的职业、年龄及其他方面的特点分别设置”。“对象节目的内容和形式要充分考虑特定收视对象的兴趣、爱好和特殊需要，通常兼有新闻性、教育性、娱乐性、社会性和服务性的功能”。对象型栏目主要包括军人节目、少儿节目、青年节目、老年节目、妇女节目、少数民族节目、港澳台胞节目、对外节目等。

比如，按照职业设置的对象型栏目有《军歌嘹亮》《乡里乡亲》《时尚大师》等；按年龄设置的对象型栏目有幼儿栏目《小小智慧树》、儿童栏目《智慧树》、少年栏目《英雄出少年》、老年栏目《夕阳红》等；按性别设置的对象型栏目有《妈妈咪呀》《彬彬有礼》《闻香识女人》《我是男人》等；按地域设置的对象型栏目有少数民族栏目《中华民族》、港澳台栏目《海峡两岸》、对外栏目《中国舆论场》以及方言栏目《雾都夜话》等。

（二）公共型栏目

公共型栏目是指无特定对象，面向全社会广大电视观众的栏目。公共型栏目主要包括社会性栏目、经济栏目、文化栏目、体育栏目、科技栏目、卫生栏目等，其选题一般注重电视观众普遍关心的问题。如中央电视台的社会性栏目《新闻联播》《焦点访谈》，经济类栏目《经济半小时》《经济信息联播》，文化类栏目《读书》《文化十分》，体育类栏目《体育世界》《体育人间》，科教类栏目《透视新科技》《探索·发现》，卫生类栏目《职场新健康》《健康之路》，等等。

二、按栏目表现内容划分

按照栏目的表现内容，可将电视栏目划分为新闻类栏目、社教类栏目、娱乐类栏目、生活服务类栏目、电视栏目剧五种形式。

（一）新闻类栏目

新闻类栏目是指所有以传播信息、引导舆论为主要宗旨的电视栏目，主要包括新闻资讯类栏目、新闻专题类栏目、新闻杂志类栏目、新闻谈话类栏目等。如中央电视台的新闻资讯类栏目《新闻联播》《朝闻天下》等，新闻专题类栏目《焦点访谈》《新闻调查》等，新闻杂志类栏目《东方时空》等，新闻谈话类栏目《新闻1＋1》《面对面》等。

（二）社教类栏目

社教类栏目是指以传播科学文化知识，进行社会教育为宗旨的电视栏目，主要包括社会政法类栏目、经济民生类栏目以及社教科学类栏目。如中央电视台的社会政法类栏目《法治在线》《今日说法》，经济民生类栏目《天下财经》《生财有道》，社教科学类栏目《解码科技史》《探索·发现》等。

（三）娱乐类栏目

娱乐类栏目是指以娱乐性、消遣性和趣味性为宗旨的电视栏目，主要包括以下几种：(1)综艺表演类栏目，如浙江卫视的《演员的诞生》、湖南卫视的《声临其境》；(2)游戏类栏目，如湖南卫视的《快乐大本营》；(3)益智竞技类栏目，如江苏卫视的《最强大脑》《一站到底》；(4)真人秀栏目，如美国的《幸存者》、湖南卫视的《向往的生活》《妻子的浪漫旅行》；(5)娱乐谈话类栏目，如湖南卫视的《天天向上》、爱奇艺的《非常静距离》；(6)娱乐资讯类栏目，如东方卫视的《娱乐星天地》、东南卫视的《娱乐乐翻天》。

（四）生活服务类栏目

生活服务类栏目是指以传播实用信息，满足人们日常生活、工作、学习需要的服务性栏目，主要包括专题性服务栏目与综合性服务栏目。如中央电视台的专题性服务栏目《味道》、综合性服务栏目《生活提示》以及凤凰卫视的《凤凰大健康》等。

（五）电视栏目剧

电视栏目剧是指以电视栏目为存在形式，以故事演绎为主要内容的节目形态。

电视栏目剧以其撷取本土题材、反映现实生活、起用群众演员等特点，受到了大众的喜爱，成为中国电视本土化的一个新的栏目形态。目前很多省级卫视都开设了电视栏目剧，如重庆电视台的《雾都夜话》、陕西电视台的《都市碎戏》等栏目。

三、按照表现形式划分

按照栏目的表现形式，可将电视栏目划分为电视纪录片式栏目、电视访谈式栏目、电视杂志式栏目三种形式。

（一）电视纪录片式栏目

电视纪录片式是电视栏目中最基本、最常用的形式，它是"以摄像或摄影手段，对政治、经济、军事、文化、历史事件等作比较系统完整的纪实报道，并给人以一定的审美享受的电视作品。它要求直接从现实生活中取材，拍摄真人真事，不允许虚构、扮演，其基本报道手法是采访摄像或摄影。即在事件的发生发展过程中，用等、抢、挑或追随采撷的摄录方法，记录真实环境、真实时间里发生的真人真事，在保证叙事报道整体真实的同时，要求细节真实"。[①] 按照栏目定位和实际播出的纪录片内容，纪录片栏目主要分为以下五种类型：(1)新闻纪录片栏目，如中央电视台的《新闻调查》、凤凰卫视的《皇牌大放送》等；(2)社会人文题材纪录片栏目，如凤凰卫视的《冷暖人生》、上海电视台的《纪录片编辑室》等；(3)历史文化题材纪录片栏目，如《中国史话》《话说长江》《大国崛起》等；(4)民族志范畴纪录片栏目，如东方卫视的《东方全记录》，中央电视台的《中华民族》等；(5)科学题材纪录片栏目，如中央电视台的《探索·发现》《自然传奇》等。

（二）电视访谈式栏目

电视访谈式栏目，也称为电视脱口秀栏目，是将人际交流引入大众传播，并将这种传播方式直接作为节目主要内容的节目形态。电视访谈节目一般在固定谈话场所举行，由主持人、现场嘉宾和现场观众围绕某一公众普遍关注的政治、经济、文化、社会、人文等话题展开轻松和谐、平等民主的群言式的交流对话，以达到一定的传播效果，它实现了人际传播与大众传播的有机结合。电视访谈式栏目作为电视栏目重要的形态之一，主要包括新闻性访谈栏目，如中央电视台的《面对面》、凤凰卫视的《风云对话》《问答神州》《新闻今日谈》等；娱乐性访谈栏目，如爱奇艺的《非常静距离》、湖南卫视的《天天向上》等；专题性访谈栏目，如中央电视台的《对话》、凤凰卫视的《名人面对面》《一虎一席谈》等。

（三）电视杂志式栏目

电视杂志式栏目最早是由 NBC 副总裁西尔维斯特·韦沃提出并创立的，当时有

---

① 阎玉：《中国广播电视学》，295 页，北京，中国广播电视出版社，1990。

《今天》和《今晚》两个杂志型新闻栏目。具体来说，就是在一个统一的栏目名称下，由几个相对独立的节目单元组成，每个节目单元又有相对固定的栏目名称和播出内容，它是运用多种表现手法，包含多种内容与形式的一种电视栏目形态。典型的电视杂志式栏目有 CBS 的《60 分钟》《黄金时间实况》，中央电视台的《东方时空》《新闻周刊》等。

四、按照传播载体划分

按照传播载体不同，可将电视栏目划分为传统媒体的电视栏目和新媒体平台上的电视栏目。

目前新媒体电视栏目主要包括以下几种。

（一）直接移植在新媒体平台上的传统电视栏目

传统电视栏目进军新媒体最直接的做法就是将电视栏目的内容原封不动地移植过来。比如像央视网专门就有一个"节目官网"区域①，里面可以看到各频道的各个栏目，克服了传统电视栏目只能定时观看的劣势，实现了栏目随时观看、随时回放的收视状态。除了打造自身独特的新媒体平台，传统电视栏目还可以广泛拓展其他新媒体渠道，优化资源配置，将传统电视栏目投放到各大新媒体平台进行播放，例如优酷、腾讯视频、爱奇艺等视频网站。

---

① 见央视网栏目大全，https：//tv. cctv. com/lm/index. shtml? spm＝C28340. PdNvWY0LYxCP. E3alv6pYzpwM. 7，2022-9-15。

（二）按照新媒体特征进行改造的传统电视栏目

根据不同媒体的特点，对传统电视节目核心内容进行二次创作，使其更加符合不同平台的节目风格、调性。比如将传统电视节目碎片化处理，变成精悍短小的短视频。比如，《新闻联播》创办的《主播说联播》，就是新闻在新媒体平台上的衍生品。栏目主持人联系热点事件进行点评，风格较为轻松，用口语化+热门词汇的方式阐述观点，拉近了与观众的距离，收获了一大批年轻受众。

（三）按照新媒体平台属性直接创办的具有栏目特征的视听节目

如前所述，2017 年中国网络视听节目服务协会公布的《网络视听节目内容审核通则》对网络视听节目做了界定。其中与电视栏目特征较为接近的是第二种类型——“文艺、娱乐、科技、财经、体育、教育等专业类网络视听节目”，比如讲艺术的“意公子”，就是这种类型。每期讲一集与艺术相关的内容，定时更新，主持人一袭绿衣，风格凸显，新颖的形式和通俗直白的语言，以短视频方式讲述文化故事，节目长居同类节目播放量榜首。

想一想

1. 为什么要进行电视的栏目化改革？
2. 电视栏目的内涵及特征有哪些？
3. 电视节目的内涵及特征有哪些？
4. 电视节目、电视栏目、电视频道有什么区别与联系？
5. 电视栏目有哪些分类？
6. 简述网络视听节目的内涵和特征。

拓展资源

1. 习近平总书记谈宣传思想工作守正创新。
2. 中共中央办公厅 国务院办公厅印发的《“十四五”文化发展规划》。
3. 学史明理——让红色基因永续传承。

4. 国家广播电视总局《关于进一步加快推进高清超高清电视发展的意见》。

5. 国家广播电视总局《关于加快推进广播电视媒体深度融合发展的意见》。

6. 党的二十大报告学习手帐。

CHAPTER2

专题二 电视栏目要素解构

【专题概述】

电视栏目具有系统化、结构化的特点，策划一档高质量的电视栏目，通常需要人力资源、电视节目、受众三大要素。本单元针对人力资源要素中的电视栏目制片人、策划人、编导、主持人等关键资源，电视节目要素中的视听、叙事，受众等的细分与选择方法进行了系统阐述，旨在使学生建立对电视栏目策划的总体认知。

【学习目标】

1. 了解电视栏目的核心构成要素
2. 了解电视栏目制片人、编导、主持人等核心岗位人员应具备的能力与素养
3. 掌握视听节目元素的内涵与特征
4. 掌握电视栏目的受众分析方法
5. 能熟练进行受众调查问卷的设计与实施
6. 能熟练进行电视节目叙事结构的分析
7. 培养学生过硬的政治素养、人文素养、艺术素养
8. 培养学生的岗位意识与大局意识

单元一 人力资源要素

党的二十大报告指出，教育、科技、人才是全面建设社会主义现代化国家的基础性、战略性支撑。必须坚持科技是第一生产力、人才是第一资源、创新是第一动力，深入实施科教兴国战略、人才强国战略、创新驱动发展战略，开辟发展新领域新赛道，不断塑造发展新动能新优势。对于电视栏目的运作而言，一支专业、团结、高效的栏目策划与制作团队，是电视栏目成功运作的保证。按照电视栏目的岗位分工，其人力资源要素通常包括栏目制片人、策划人、编导、主持人等。

一、电视栏目制片人

电视栏目制片人是进行电视栏目制作的领导者、组织者和电视节目的经营管理者，是节目内容、人员组成和经费运作的把关者，是栏目创作集体的全权代表、总负责人。其职责主要包括组织策划栏目定位、创意选题、节目编排，栏目内部人力资源的统筹安排等事关栏目发展和前进方向的大事，同时负责栏目组的整体指挥和协调工作。

近年来，伴随着中国电视事业和互联网技术的迅猛发展，中国电视经历了从节目时代到栏目时代再到频道时代和互联网＋时代的快速变迁，频道专业化、节目个性化、栏目对象化、细分化对电视栏目的生存和发展提出了很大的挑战，同时也对电视栏目制片人的素质提出了更高的要求。

意识是人所特有的反映现实的最高形式，是人心理发展的最高形式，是人对周围环境和自身的识别能力和清晰程度，也是大脑功能活动的综合表现。人的意识活动具有较强的目的性、计划性和能动创造性，正确的意识能对客观世界的改造发挥积极、主动的作用。电视栏目制片人作为电视栏目制作的领导者、组织者和经营管理者，在电视形态日益多元化，移动互联网迅猛发展，手机、平板电脑等移动终端分流电视用户的严峻背景下，要使电视栏目保持良好的社会效益和经济效益，首先应具备以下五大意识。

(一)电视意识

电视意识，即电视栏目制片人应正确认识电视本身所具有的声像并茂的传播特点，熟练掌握电视自身的传播规律，充分运用电视立体传播和直观形象的传播优势，使栏目达到最优的传播效果。电视传播的视听制品均为集体创作的结晶，作为电视栏目领导者、组织者的电视栏目制片人，必须懂得电视艺术创作规律，熟知从前期到后期的整个电视节目制作流程和制作技能，擅长电视节目的经营、管理、研究、开发等各项新的要求和任务，主动适应数字技术对电视提出的机遇和挑战，提升自己的电视理论与实践的研究和应用能力。

（二）导向意识

从意识形态层面看，电视作为主流传播媒介之一，是党和政府的重要喉舌，担负着舆论导向、宣传教育和环境监测的重要职责，因而电视栏目制片人的电视意识还表现为其是否具有正确的导向意识。

导向意识即坚持正确的舆论导向，坚持以正确的舆论引导人。对于电视栏目制片人而言，无论承担何种形态电视栏目（新闻、经济、生活或文艺）的拍摄制作和管理活动，政治意识、大局意识和责任意识是必须要具备的。电视栏目制片人应具有高度的政治觉悟和政治敏感，坚持马克思列宁主义、毛泽东思想、邓小平理论、“三个代表”重要思想、科学发展观，全面贯彻新时代中国特色社会主义思想。坚持马克思主义在意识形态领域指导地位的根本制度，新时代党的创新理论深入人心，社会主义核心价值观广泛传播，中华优秀传统文化得到创造性转化、创新性发展。坚持“主旋律”，探索多元化，力争以正确的舆论引导人，以科学的理论武装人，以高尚的精神塑造人，以优秀的作品鼓舞人。在保证良好的社会效益的前提下，获取一定的经济效益，切实满足广大人民群众的精神需求。

（三）人文意识

人文意识是人文精神在意识主体中的积淀和升华。中华优秀传统文化源远流长、博大精深，是中华文明的智慧结晶，其中蕴含的天下为公、民为邦本、为政以德、革故鼎新、任人唯贤、天人合一、自强不息、厚德载物、讲信修睦、亲仁善邻等，是中国人民在长期生产生活中积累的宇宙观、天下观、社会观、道德观的重要体现，同科学社会主义价值观主张具有高度契合性。人文意识从微观层面来讲，是对人的理解、容忍、接纳、尊重以及对人的爱护和关怀；从宏观层面来讲，是对人终极价值的追寻，对人类命运的忧虑。电视作为我国的主流媒体之一，反映的是人的活动，传递的是人的价值。电视栏目制片人的人文意识从本质上来讲，是栏目所传递的信息不仅要满足受众的精神需求，更重要的是倡导社会的主流价值观念，在构建和谐社会的价值体系方面起到社会导向的作用。

人文意识的另一表现形式是服务意识，即电视栏目制片人要着眼于对受众人性、道德、情感、精神的关怀，正确认识受众作为人的独立的人格意识，积极了解受众的收视需求和收视习惯，自觉尊重受众的知情权和参与权，主动与受众建立顺畅的沟通机制，充分发挥受众的主动性和能动性，真正使其节目走近受众，贴近受众。

（四）审美意识

审美意识指人们在头脑中对客观存在的诸审美对象进行的能动反映，一般通称为“美感”。它包括审美意识活动的各个方面和各种表现形态，如审美趣味、审美能力、审美观念、审美理想、审美感受等。电视是一门综合艺术，电视所传播的产品既要体现形式美，也要体现内涵美。这就要求电视栏目管理者自身必须具备较高的审美意识和艺术功底，才能带领栏目组成员创造美、鉴赏美，以独特的艺术视角和审美视角去挖掘生活的内涵，体验生活的真谛，从而以电视的表现形式为观众营造美的意境，带给受众美的感受。

人的审美意识是在长期的社会历史进程中不断丰富、发展和完善的，因而人的审美意识必然带有时代性、民族性和阶级性的特征。电视栏目制片人应把握社会发展的主流方向，顺应时代发展潮流，正确处理娱乐与文化深度、大众需求与新鲜艺术的关系，以进步的、健康的、符合时代发展标准的审美意识去影响受众，确立社会主流文化的主体地位，提高受众的媒介素养。

（五）市场意识

近几年，随着移动互联网的发展，智能手机等移动终端相比传统媒体使用起来更灵活、内容更丰富、娱乐方式更多元，对电视以及电视栏目的生存和发展带来更多的挑战。各级电视台都加强了对栏目的考核和管理，以节目收视率的高低、栏目经营成本的高低、节目质量的高低来综合评价栏目和栏目制片人，逐渐推行栏目末位淘汰制。以中央电视台为例，处于末位被淘汰栏目的制片人 3 年之内不能再担任制片人，电视栏目的经营业绩被摆到了至关重要的位置。这就要求电视栏目制片人具有较强的市场性，懂得电视栏目的经营、管理和市场运作规律，在取得社会效益的同时，追求市场效益的最大化。

电视栏目市场培育的核心在于节目本身的价值和质量，电视栏目制片人应具备市场的前瞻性，对栏目的发展现状和发展走势进行科学的分析和预测，主动了解观众的收视需求，积极应对竞争对手的挑战，在同类栏目的竞争中保持相对明显的优势。同时，电视栏目制片人应积极倡导创新机制，充分掌握市场经济条件下电视这一特殊行业聚财、用财的技巧和方法，建立栏目科学高效的生产管理流程，力争用一支最高效的队伍、最低的成本打造一个最具影响力的栏目品牌。只有在人力、物力、财力的配置上达到最优化，才能取得市场效益的最大化。

二、电视栏目策划人

栏目策划是整个电视栏目运作的先导，好的策划是节目成功的关键，一个成功的品牌栏目必然有一个好的策划团队。作为电视栏目策划人，应具备如下素质和技能。

（一）敏锐的洞察力

能够先人一步把握电视媒体的特性和最新发展方向，能够准确把握观众的收视习惯和收视愿望，能够准确把握主流舆论对其所策划的项目内容的期待。

（二）独特的创意能力

能够根据不同的频道、不同的受众、不同的经营环境有针对性地拿出新颖、独特、具有较强可操作性的主意(或者点子)。

(三)较强的政策水平

这一点是对我国现有媒介体制而言的。任何优秀的策划都不能有悖于现行的媒介政策。过去，也许有些策划的成功是依赖于“打擦边球”，但是当下，需要策划人对政策有精妙的把握，底线是做到既要擦边又绝不越界。

(四)丰富的知识背景

任何一个策划案都可能因涉及对象和主题的不同而需要不同的专业知识。因而电视栏目策划人应具有电视节目策划、生产、营销等多方面的丰富知识和储备，如电视管理学知识、经济学知识、产权知识、品牌知识、市场调查知识、市场营销学知识、广告学知识、公共关系学知识等。

总之，电视栏目策划人要熟悉电视媒体不同性质节目或活动的运作流程、人员组织、编排、技术要点、核心竞争力、受众特点、摄制周期、播出发行渠道和广告经营的相关事项；要具有良好的沟通及团队合作技巧；还要具有良好的文字功底和清晰的思路，保证策划创意的准确输出。

三、电视栏目编导

电视栏目编导是电视节目创作集体的核心和领军人物，更是专业方面的总设计、总指挥，主要负责选题、策划、构思、组织采访及拍摄、节目的编排及播出过程中的指挥调度。编导既是电视节目的主创者，又是电视节目的把关人，在很大程度上决定着一个栏目的播出质量和水平，所以编导既要有对栏目、节目的宏观把握，又必须有对栏目、节目审慎仔细地关注和检查，如镜头的使用、解说词与画面的配合、播音错漏、画面声音质量剪辑、主持人背景图像甚至字幕等。

电视栏目编导必须具有很强的职业敏感性，即从职业角度出发，在社会生活中善于观察、发现有价值的题材，抓取鲜活的事件、现象和群众关注的热点、焦点问题，以利于自己的创作。具体而言，电视栏目编导应具备四大素养。

(一)政治素养

编导必须具有较强的政治敏锐性和社会责任感，具有强烈的事业心与敬业精神，使自己的思想意识与主流社会的价值观念和道德标准保持高度一致，从而把握正确的舆论导向，为广大观众提供优秀的电视作品。

(二)专业素养

编导应具有比较深厚的理论知识功底。坚实而系统的基础理论知识是形成高层次应用能力的基础，只有把扎实的专业理论知识与技能结合起来，才能创作出好的作品。编导要精通电视专业知识和技能。电视是一门综合性的艺术，编导首先要具备较强的电视艺术创作能力，善于运用镜头语言进行艺术表述。同时要熟悉创作各环节的专业知识，如采访(前期、后期)、摄像、照明、撰稿、剪辑、音乐、音响、特技、字幕等。

(三)艺术素养

电视作品要获得好的传播效果，不能仅仅满足于把内容、信息传播给受众，还要带给受众以美的享受、美的熏陶。因此编导一方面要努力提高自己的艺术鉴赏力，灵活运用艺术原则；另一方面要充分发挥艺术想象，使作品兼具内外之美。同时要掌握和灵活应用受众心理学的知识与原理，提高作品的传播效果。

(四)公关素养

电视创作就其本性来讲，属于与社会、人、环境打交道的工作；而电视节目的生产又是一项集体创作活动，这就需要编导不但要有与外界各方有效沟通的能力，还要有相当的组织能力和号召力，使各工序协同工作。

四、电视栏目主持人

主持人是电视栏目在人格化传播与对象化传播中的主导者，是栏目与观众进行交流的第一人，优秀的主持人是栏目的招牌，是品牌建设的重要内容。当代电视栏目对主持人的要求已经不仅仅局限于俊美的外表和良好的语言表达能力，而是越来越多地体现在对道德修养、学识修养、气质形象、个性特征等综合素质的全方位要求上。

(一)良好的道德修养

栏目主持人要有良好的思想品德修养。比如对于一个时政栏目主持人来说，应该有正确的世界观和一定的思想水平和政策理论水平，因为广播、电视媒体不仅仅是给人们提供信息的最迅速的平台，也是引导社会舆论最有力的方向盘。另外，主持人还要有强烈的事业心和高度的敬业精神。作为新闻工作者，主持人要具有敏锐的政治洞察力，能够理解党和国家的大政方针和工作重心，保持正确的舆论导向，真实地传播正确的信息。

(二)良好的学识修养

主持人要有良好的学识修养。第一，栏目主持人要不断学习知识，丰富内涵，提高修养，加强功力训练，并且在理念层面上有所追求与探索。第二，当主持人有了一门专业特长的时候，还要根据自己的栏目特点、知识结构状况和兴趣爱好，拓展自己的知识构架，从而达到一专多长，厚积薄发。因为一个优秀的栏目，它在内容上和形式上都有可能是丰富多彩的。主持人如果想随时应对各种突发情况，必须了解各个方面的常识。

(三)良好的气质形象

主持人要有良好的气质形象。比如漂亮大方、潇洒稳重。当然漂亮不是全部，我们更注重的是主持人要有正气，在面对外界诱惑的时候，能保证栏目内容积极向上；主持人要有自己独具特色、自然得体的风格。

（四）鲜明的个性特征

主持人要有自己鲜明的个性特征。主持人在表现事实、进行舆论正确引导的同时往往渗透出自身的个性魅力，使栏目形成一种风格。栏目的风格在很大程度上取决于主持人个性化风格的树立，以及主持人风格和节目品牌的统一和谐。在众多栏目中，主持人的个性特征已成为这些品牌栏目的组成元素。如《鲁豫有约》的主持人陈鲁豫、《朗读者》的主持人董卿、《圆桌派》的主持人窦文涛等，都因其独特的个性特征和主持风格而与栏目相生相伴。主持人的风格应该与栏目的风格相统一，应对栏目的表述元素进行统一处理，以达到与栏目内容相和谐的目的。

单元二　节目要素

节目作为电视栏目的内容载体，是栏目人力资源要素与受众要素的中介，是电视台播出内容的基本单位和基本形式，是电视传播的最小单位。它通常是由视听元素、叙事元素、时空元素、创新元素四种节目元素构成的统一整体。电视节目元素合理、恰当地运用，直接影响着栏目的成败。

一、视听元素

电视作为现代社会中视听兼具的一种传播媒介，主要是凭借具体可感的视听符号所组成的视听形象来展现生活中的万事万物的。有研究发现，人的知识大约60%通过视觉得来，30%通过听觉得来，通过味觉、触觉和嗅觉获得的信息只占10%。从记忆效果看，阅读文字能记住10%，收听语言能记住20%，观看图画能记住30%，边听边看则能记住50%。[①] 而电视栏目的视听元素就包括图像与声音两大类。

（一）图像元素

在电视节目中，图像符号通常包含影像、文字、示意图与图表、照片与图片四种形式。

1. 影像

电视影像是电视摄录系统对事物光影状态及其变化的连续再现。电视影像一般包含六大基本要素。

(1)镜头与蒙太奇。由电视摄录系统记录的一段连续动态影像流程称为一个镜

---

① 刘志明：《电视学原理》，41页，北京，中国人民大学出版社，1993。

头，它是电视语言的基本表意单元、叙事单元，相当于语言中的词汇。它既有两维平面表现三维的空间特性，又有影像连续运动的时间特性。镜头语言又称蒙太奇。即在影视作品的创作中将一组镜头，根据一定的规律和逻辑关系组接在一起，通过相辅相成或相反相成的关系，相互作用，产生对比、呼应、联想、悬念等效果，形成一个含义相对完整的表意整体。

(2)画面构图。画面构图是指对被拍摄对象以及各种造型元素进行组织和安排，使其成为具有思想含义与美感形式的画面形象的过程。构成一幅画面的主要因素有前景、背景、空白、主体、客体。画面构图就是要通过合理选择拍摄角度、拍摄方向、拍摄距离，把这些因素进行比较、搭配、组合，使它们具有一种和谐的关系。画面构图是决定造型形式的基础，不同的表现目的和审美要求会影响对构图的处理方法。

(3)光线。光线分为自然光线和人工光线。在摄影摄像中，各不相同的光线效果在造型上能改变和确定对象的形状；在构图上能形成不同的影调(亮调、暗调等)，能表现不同的情调及各种气氛，形成不同的影调结构，以表现空间、表现节奏等。

(4)拍摄角度。拍摄角度在垂直方向上分为平角、俯角和仰角。平角即摄像机水平放置进行拍摄，视觉效果与人们在生活中观察事物时的角度相近；俯角即摄像机镜头向下倾斜拍摄，较适宜大场面的拍摄，也常用于表现居高临下的主观视角；仰角即摄像机镜头向上倾斜进行拍摄，使被摄物显得高大壮观。拍摄角度在水平方向上分为正面、侧面与背面。正面即被拍摄对象正向于摄像机镜头所拍摄的画面，如果拍人物的话，给人以直面相对的感觉；侧面即被拍摄对象的正面与摄像机镜头成90°时所拍摄的画面，受众仿佛是处在旁观者的位置上；背面即被拍摄对象的正面与摄像机镜头的方向一致所拍摄的画面，如果拍人物的话，画面上出现的就是人物的背影。

(5)运动镜头。指通过改变摄像机机位、拍摄方向或变化镜头焦距所拍摄的镜头。在运动镜头中，根据摄像机运动方式，可分为变焦距镜头、摇镜头、移动镜头等。变焦距镜头是通过一边改变镜头焦距一边拍摄的方式获得的镜头；摇镜头是指摄像机镜头以固定支点为圆心做旋转运动进行拍摄获得的镜头；移动镜头即摄像机在运动中所拍摄到的镜头，可以全方位地变换与被拍摄对象的距离和拍摄角度，形成推、拉、移、升、降、跟等各种运动方式。

(6)景别。景别即画面中表现出的视域范围。它直接体现为画面中空间范围的大小和主体在画面中所占面积的大小，景别的大小通常由摄像机与被摄体之间的距离以及所使用镜距的长短来决定。景别一般分为远景、全景、中景、近景、特写。远景是表现较大范围的空间、环境、自然景色、人群活动场面的电视画面；中景是表现成年人膝盖以上或具有典型性的局部画面；近景是表现成年人胸部以上或物体局部的画面；特写是表现成年人肩部以上的头像或某些被摄对象细部的画面。

2. 文字

在电视节目中，文字的出现有两种情况：一是画面内的文字，即摄录的影像内存在的文字(如匾额、会标、标语等)。画面文字使用得当，可以自然、准确地传达明确的信息。二是编辑制作时加上去的文字，即根据节目信息传达的需要制作，或播出时加在影像、屏幕上的文字，称为“屏幕文字”或“字幕”。文字在传达信息时具有抽象概括的能力及明确、灵活的优势，因而在电视传播中常用于辅助其他图像和声音传达限定性信息，弥补影像多义性和声音产生歧义等局限，发挥补充、说明、介绍、引导、强调和美化画面构图等各种作用；文字还能在电视中单独传达信息，如在不中断节目播出的情况下以字幕的形式插播消息和节目预告等；另外，采用“声画合一”的手法，使有声语言和文字同步播出，既有利于受众接收，也有利于加深记忆。此外，文字还不会对声音产生干扰，在不宜出现解说语言的特定条件下，通过文字传达就是一种可行的方式。

3. 示意图与图表

示意图是事物、形态、关系等的符号形式。它删除了一切无关的细节，使核心意义得以凸显。图表是以坐标系统形成的结构，用来显示数量或层级的差异性。示意图和图表在信息传达上具有展现内在状态、使概念形象化、复杂信息简明化、复杂关系条理化等能力，用来传达内在性、系统性、整体性、宏观性、对比性等，它能够化繁为简，使影像难以涵盖或表现、语言难以表达的内容变得一目了然。简化、形象、直观是图表传达信息的优势所在。

4. 照片与图片

一般是作为影像的补充，用于没有、无法或不宜拍摄活动影像时所采用。传播形象画面是电视的优势，但对摄录设备的依赖又制约了它的灵活性。在某些特定条件下，无法或不允许进行拍摄，不能获得活动影像，这时照片或绘画图片就成为形象表达的另一种选择。

(二)声音元素

声音具有丰富的表现力，尤其是它与适当的画面结合在一起的时候，通常会赋予画面更多的真实性和感染力。电视节目声音方面的完美创作，可使节目达到新的境界、新的高度，能给人以完美的艺术感受，从而加深受众对节目的印象，达到高效传播的目的。电视节目中的声音主要包括三部分，即电视解说词、音乐、音响。

1. 解说词

电视解说词是电视语言的主要构成因素之一，是电视节目制作中一种重要的创作手段和表现因素。解说词是对电视节目中部分有声语言约定俗成的叫法，解说词是电视节目的重要组成部分，好的解说词可使电视节目锦上添花。其具体作用表现如下。

(1)可使电视具有完整的叙事能力。有时电视中一些追忆过去、展望未来的内容、人的思想活动或事件的历史背景等，都是画面所不能表达的。这时用解说词却能轻易做到，它赋予画面确定的含义，使电视具有完整的叙事能力。

(2)可使电视叙事方式更加精练和集中。有时要完整地叙述一件事情，从头到尾将它拍下来是绝对办不到的，这时可运用解说词，一句话就可表达很多信息，一下子就能把时空转移。这样，电视画面就能赢得宝贵时间去表现更重要的内容，从而使电视更加简练、集中地进行叙述。

(3)可使画面更加自然、真实。有些画面属于中性的，没有感情色彩，但加上解说词，却可以创造某种情调、气氛，使画面真实自然。

(4)可克服画面局限，揭示深层主题。电视画面对于内在的、精神的、抽象的东西往往无能为力，这时，运用解说词可以将纯粹的精神世界作为直接描写对象，揭示事物内在的、深层的意义。

2. 音乐

音乐作为一门独立存在的艺术，具有揭示人类心灵奥秘、表现丰富感情的特性，当它与视觉艺术结合在一起的时候，往往能达到超出纯视觉和纯听觉的艺术效果。音乐的美感效应能够渲染环境，使电视节目具有极强的艺术表现力，信息深入传达，表现能力强。其具体作用表现在：

(1)填补背景空白。音乐可用于填补背景空白，如音响上的空白，对白中的令人不安的间歇，它没有内在价值，但能够使听觉空间变得饱满，并且使因缺乏背景声而显得单调的画面变得充实。

(2)引出回忆联想。背景音乐可以借助于视觉因素造成声画组合效果，使观众的回忆和联想具有明显的由头，并通过过去内容和眼前内容的联系产生对比和遐想。

(3)帮助情绪急转。当人们情绪发生急剧转变时，如果相应地出现与急转后情绪相吻合的音乐，能使情绪的转变更加突出和令人注目，很好地表现出人的内心世界。

(4)帮助切换画面。在一组用视觉蒙太奇模式拍成的镜头中，背景音乐也可以把在视觉上不连贯的镜头联系起来，为视觉变化提供过渡。

(5)美化画面。一幅美丽的画面加上诗一般的解说词，配上适当的音乐后，将变得更加美丽。

3. 音响

音响是指除语言、音乐之外的电视声音中其他声音的统称。在现代视听艺术作品中，音响的作用甚至超过了画面的作用，特别是在立体声作品中更为突出。它利用人们熟悉的声音，经过录音创作人员的认真构思及创造，制造出一个典型的声音环境，并在声音的流动中使受众体验到画面所提供的内容。电视节目的音响一般可分为自然音响和夸张音响。自然音响也称客观音响，是现实生活中的自然音效，追求的是真实性和生活性。夸张音响是以自然音响为根据，在某种程度上对自然音响的一种夸张处理，追求的是听觉震撼对观众心理上的刺激。其具体作用表现如下：

(1)增强现场感。现场声与画面配合出现，能提高节目反映生活的真实感，使观众产生亲临现场的亲切感。

(2)可引起观众的预感。在下一个画面出现之前，先出该画面的声音，可使观众预先感觉到下一个画面的到来。

(3)增加画面之外的空间范围。画面之外的声音能表现一定的情景，它可使节目所表现的不仅是画面上能看见的，还包括画面外存在的。

(4)连贯画面，帮助转换画面。把声音作为背景，可以把不同场景的画面串联起来。

二、叙事元素

随着大众传播时代的到来，不仅传统的艺术类节目(电视剧、电视广告、音乐电视等)，就连电视新闻、电视纪录片等电视纪实类节目也纷纷强调叙事元素，甚至可以毫不夸张地说，叙事性节目已成为电视节目的主体。所谓叙事是指“选择不同类型的角色、场所和事件的集合”，“描述组织背后的选择推动力”，同时“事件之间有逻辑联系，发生在不同时间，通过一个一致的主题连成整体”，[①] 把事件用特殊的方式再现出来。叙事在本质上可以被看作一种由因果关系、时间与空间等元素构成的符号。电视媒体要有效地传播社会主流文化，引导社会舆论，就必须借助叙事元素，使传播通俗化、高效化。电视叙事既依赖于观众心理定式，又希望能打破观众收视时的惯性思维，引入新的叙述元素和表现手法。

(一)电视节目的叙事元素

叙事模式是指解释事件真相、展示事件发展过程的基本方法，主要由悬念、细节、重复、高潮、铺垫等一系列元素构成。采用何种叙事模式取决于不同栏目类型的叙事目的和最终想达到的具有象征意义的社会效果。在此仅介绍两种常用的电视节目叙事元素。

1. 悬念策划

悬念的设置和揭晓是整个叙事结构的中心原动力。美国剧作家威·路特在《论悬念》中说：“戏剧性故事的讲述者运用更有诱惑力的技巧……来吊你的胃口……从广义上讲，他埋下一颗炸弹，这颗炸弹可能是物质的，也可能是感情的，然后把它留

① [英]利萨·泰勒等：《媒介研究：文本、机构与受众》，吴靖译，63～64页，北京，北京大学出版社，2004。

到最后爆炸。就这样，他把戏剧中的能量释放出来，这种能量就是悬念。”①它是观众对剧情发展中不可预测的结果的一种心理期待。悬念的设置通常有两种方法。

一是结构性悬念的预设。结构性悬念是贯穿电视节目始终的总体悬念，其主要作用在于构建节目的整体框架，突出节目的总体构思，揭示作品主题和思想内涵。如在《最强大脑》中，哪个战队、哪个人最终能够胜出，是作为一个总体悬念贯穿始终的，当参与者随着节目的进程心潮起伏时，栏目设置悬念的目的也就达到了。

二是兴奋性悬念的设置。兴奋性悬念通常是小悬念，诸多的小悬念在节目中起到铺垫故事情节、烘托人物形象、提高观众收视兴趣的作用。兴奋性悬念通常在总体悬念抛出之后，在情节发展中并行或者递进地涌现，从不同侧面与总体悬念相联系，逐步地表现主题，丰富和加深其内涵，同时增强受众对故事情节的紧迫感。

不同的电视栏目类型有其自身叙事特点，因而悬念的构建必须以栏目定位、素材特点、叙事方式为基础，设置整体悬念结构和收视兴奋点。电视纪实类栏目（电视新闻、电视专题、电视纪录片、谈话类栏目等）因具有非虚构性的特点，其悬念的构建一般都是根据整个叙事结构和栏目风格，找准悬念的切入点，在节目制作的后期运用图像、语言、文本等叙事元素进行设置，达到自然悬念的效果。电视艺术类栏目（电视综艺、电视广告、电视剧类栏目等）因具有虚构性、可控性的特点，其悬念的构建应在电视栏目前期策划阶段，根据栏目定位、风格、受众群收视特点等来确定整个栏目的悬念运用方式。

2. 细节策划

细节是屏幕上构成人物的性格、事件发展等的最小单位，对主体意念表达起重要作用。电视作品的细节是指用电视特有的表现手法描绘、刻画人物性格、记录事件的发展及环境和景色变化，以突出节目主题，渲染情绪，增强可视性和感染力。它除了有冲击力的图像，还包括富于感染力的现场语言、播音、音响、屏幕文字、总体包装等要素。在电视节目中合理地运用细节，可起到升华节目主题、刻画人物性格、渲染节目氛围、增强观众记忆的作用。细节的策划主要有两种表现方式。

一是道具的运用。道具是指演出戏剧或拍摄电影时所用的器物。具体到电视节目中，多指与节目内容相关的各种真实的事物或元素。“无论是综艺节目、专题节目，还是曲艺小品、戏剧、谈话类的节目，尽管有场景、灯光和服装的烘托，然而离开了道具，节目是无法进行的。道具对承接剧情、交代环境、辅助演员完成表演、增强节目的表现力起着画龙点睛的作用。”②道具作为电视节目传播中的非语言符号，一方面可以形象、具体、直观地传递给受众有用的信息；另一方面可以作为悬念和戏剧化元素来架构节目进程。

---

① 转引自周健、王培铎：《论悬念的焦点》，载《大连教育学院学报》，2000(2)。

② 佟全东：《谈电视节目中的道具》，载《现代电视技术》，2003(4)。

道具一般分为功能性道具和情感性道具两种。功能性道具可以是为节目制作的图片、题板、漫画等，也可以是在电视节目中起解说阐释作用的实物。功能性道具把复杂的概念实物化，对真实性进行再现，在延伸受众视野的同时，达到简洁明了和生动形象的传播效果。如在《非常静距离》中，情感性道具往往和嘉宾个人经历紧密相连，既能很好地激发嘉宾的情绪，促使他们打开心扉，流露真实情感，又能制造悬念，激发观众的好奇心，营造良好的节目氛围。道具的使用要恰当、合理、及时，要符合电视语言的表现方式，与节目的进程及栏目的风格有机融合，切不可滥用。

二是电视技术手段的运用。电视技术手段作为细节策划的重要组成部分，既可以补充和完善原有的节目信息，又能够很好地调动观众的收视兴趣，达到良好的收视效果。一般而言，电视节目中通常采用的技术手段有两种，一种为现场连线，一种为提前制作的视频短片(VCR)。

现场连线是在电视节目进程中，通过连线的形式，以窗口式的画面(借助视频连接实现两地的信号对传)或声音连线(借助电话等通信手段)，打破模式单一的节目进程，减轻信息的不流畅或者不对称程度。电视新闻类栏目经常采取演播室与现场报道组连线的方式，增强节目的现场感与真实性。比如 2020 年新冠疫情期间，《新闻 1+1》栏目就是通过主持人在演播室与疫情专家、相关部门的管理者及疫区现场一线工作人员、医护人员视频连线，普及科学防疫常识，报道疫区真实情况，为观众及时、全方位地传递疫情信息。

VCR 多指一个视频片段或影像资料，它作为许多晚会盛典的重要环节和收视利器可以突破演出现场的局限、拓展真实的情感时空，能够承上启下、营造氛围和升华主题，营造独特的艺术效果。在电视节目中使用 VCR，可以交代一些节目现场无法展示的信息，起到提示或画龙点睛的作用。例如，香港 TVB 与芒果 TV 联手打造的音乐综艺节目《声生不息》，由内地和香港歌手重新演绎香港乐坛经典流行金曲。在群星全场大合唱《海阔天空》时，节目组播出了已逝原唱歌手家驹现场演唱《海阔天空》的 VCR 片段，不仅感动了现场群星，更是感动了观看节目的万千观众，台上台下一时间共同演唱，让节目达到了高潮。谈话类栏目经常采用可视性很强的影像资料，形象地刻画嘉宾的个性特征，同时也起到升华主题的作用。如在《鲁豫有约——第一代独生子女：我们结婚了(上)》中，为更好地突出第一代独生子女的婚姻生活，在节目中使用了大量的 VCR。

(二)电视节目的叙事结构

叙事是对一系列事件或故事进行排列，用事件之间的逻辑联系构成整体进而表达一个观点或一种思想；结构则是将各种素材进行排列组合，是叙事表现的具体化程序。结构可以使叙事流畅地传输，因此选择怎样的结构，关系到是否能展开并顺利完成叙事目的。叙事结构能否制造兴奋点，吸引受众持续关注，并产生积极的反应是电视栏目设计和策划的要点。所以叙事结构的优劣是媒介产品市场运作的重要一环，凡是有一定影响力的电视栏目都有合理的叙事结构作为叙事的符号连接框架。

由于电视栏目的表现归属视觉传播，是文化产品的一部分，在叙事结构的设计上就必然具有一般文化样式表现的特征；不同媒介的物质差异和组织运作差异都对媒介的叙事结构有着重要的影响。例如，电影、电视都具有可辨认的叙事结构，而其差异本质上是它们被消费的方式的差别所形成的。电视大多是“在事情发生的同一时刻呈现事件，从而传递一种‘正在进行时’的感觉”，尤其是“系列格式”由于时间跨度大，往往是“以片段的形式运作，延迟了发展进程，并且不做精确的叙事闭合”；而“电影则有着快捷、连续的因果关系”，以到达“最终连贯、整体的叙事闭合目标”，因此，电影的叙事结构对于电视节目走出形式的局限有着重要的借鉴意义。电影的五种主要叙事结构，被电视栏目叙事所借鉴。

1. 因果式(戏剧式)线性结构

因果式(戏剧式)线性结构即以线性时间戏剧化地展开叙事，叙事链单一，追求情节结构的环环相扣和逻辑严密的完整结局，强调外部冲突和动作强度。中央电视台《今日说法》栏目的叙事结构大都采用因果式线性结构。

2. 回环式套层结构

回环式套层结构以多层叙事链为叙述动力，以时间方向上的回环往复为主导(非线性发展)，淡化情节过程，凸显讲述方式，意义不在故事中而在叙述中产生，它调动观众参与意义建构，以理性思考取代前者的移情入戏，不给出确定的结局和意蕴。江西卫视《传奇故事》栏目的叙事结构多采用回环式套层结构。

3. 缀合式团块结构

缀合式团块结构既没有明晰的线性故事发展及因果关系，也没有连贯统一的情节主线和戏剧冲突焦点，以打乱时空的叙事片段缀合而成，各个片段或团块之间又有向心力，形成“形散神聚”的散文式结构或意象并置组合的诗化结构。它不以情节和哲理取胜，而以意象意境来让人回味。

4. 交织式对照结构

交织式对照结构以两条以上叙事链组合形成对照性张力运动，建构复调主题，其因果关系、戏剧的线性叙述仍然存在，只不过更复杂。它将移情幻象与哲理思考合而为一。

5. 梦幻式复调结构

以梦境和幻觉为主要内容和叙述链接，以两个以上叙述声调形成对话和冲突，将物理时空转化为心理时空，让多重对话(人与自身、人物与叙述者、人物与观众)形成对话狂欢。

单元三　受众要素

受众作为电视传播的终端，作为电视传播过程赖以存在的前提和条件，在一定程度上是电视栏目成功与否的最终决定者与评判者。较之于电视蹒跚起步的年代，电视受众已由单纯的信息被动接收者转变为了信息的主动消费者。有人将现今的电视经济喻为“眼球经济”，受众手中的遥控器直接决定着栏目的选择率与收视率，因而受众必然成为电视栏目的重要因素之一，备受电视人的关注。

一、受众的分类

21 世纪以来，随着通信技术突飞猛进带来的 4G、5G 的广泛应用，媒体生态发生了巨大改变，深刻影响了社会、经济、文化的方方面面，极大改变了人们的生活以及社交方式，加上新旧理念、东西文化、传统与现代的冲撞等，中国当代文化日益多元。著名学者约翰·费斯克认为：在观众的接受过程中，整体的“大众”消失无踪了，取而代之的是形形色色的亚文化群体，不同的背景，不同的解读方式，不同的理解，对同一节目有不同的解读。随着新的传播技术的广泛应用和媒介竞争的日趋激烈，大众传播越来越呈现出分众化(或小众化)的趋势。

对于一个栏目而言，一方面人力、资金等各种资源可能会受到限制；另一方面，观众的收视需求也差异较大。因此，若要让所有观众都喜欢、都爱看，几乎是一件不可能的事情。比较合理的做法是找到一部分观众的某些需求作为栏目的目标市场。因此，对观众的有效区分就显得尤为重要。我国幅员辽阔、观众群体数量大、层次多、复杂程度高，由于职业、收入、受教育程度、地域、文化、收视动机、收视兴趣、欣赏习惯等的不同使得观众对电视内容的需求呈现多层次、多元化等特点。对此，按照不同的变量可以将观众分为不同的类型，受众细分的核心在于有效区分受众的收视需求。

(一)地理细分

受众的地理细分指按照受众所处的地理位置以及其他地理变量来细分受众类型。这些变量包括国家、地区、省市、东部、西部、南方、北方、城市、农村、山区、平原、高原、湖区等。以地理变数作为市场细分的依据，是因为地理是影响居住者物质生活、精神生活的重要因素之一，影响着消费者的需求和反应。各地区由于自然气候、交通通信条件、传统文化、经济发展水平等因素的影响，形成了不同的消费习惯和偏好，具有不同的收视需求。

例如，城市市民和农村村民所处的地理位置不同，需求当然就不一样，处于不同地理位置的城市人口的需求也不一样。我国南方和北方居民在语言、文化等方面呈现出较大差异，在收视需求上也表现出明显的不同。2006 年央视热播的《乡村爱情》就出现了这种“水土不服”的症状，该剧在北方地区播出大热，沈阳的收视率已接近 10 个点，可南方城市的收视率却跌破了 5 个点。而由广东电视台制作的粤语情景喜剧《外来媳妇本地郎》，从 2000 年开播到 2008 年 12 月，累计播出超过 1500 集，成为广东省历年收视率之冠。这部以粤语为对白的情景喜剧对于目标受众的选择显然是根据地理因素，将主要受众群体设定为拥有大量粤语人口的广东省，取得了极大成功。

因此，受众分类中的地理细分是各个电视栏目普遍推行的一种受众定位的方法。电视栏目应选择那些能为之提供最好服务，效益最高，最便于被观众接受的地域作为目标市场，并根据具体情况制作相应的电视节目。

（二）人口细分

受众的人口细分指按照人口变量细分受众。这些变量通常包括年龄、性别、收入、职业、受教育程度、家庭规模、种族、宗教信仰等。

人口统计学上的细分变量可以单独或者组合起来描述各种亚文化人群的特征，一种亚文化成员一般共享一种行为、礼仪、需求和价值观。例如，按照人口统计学中的年龄区分，可以分为儿童受众、青年受众、中年受众和老年受众。由于不同年龄段的受众在生活方式、行为习惯、经济收入和自我价值上都存在着差异，因而对于信息的接收程度也呈现出不同的反应。同样，在人口细分中，性别也是重要变量之一。由于男女两性本身的社会分工不同，使得他们对于信息的接收选择和处理信息的心理反应也存在着差异。

在人口细分上，湖南卫视无疑是做得比较好的。定位于“快乐中国”的湖南卫视主打综艺娱乐类节目，选择以年轻时尚人群作为目标收视群，整个频道在 25 岁以下的青少年观众中拥有绝对收视优势。与目标受众群相对应，其客户和栏目冠名赞助商也是以 25 岁以下的青少年为目标的品牌，如 vivo 音乐手机、脉动饮料、抖音等。而区别于湖南卫视，浙江卫视综艺节目的收视群体以 35～44 岁高学历人群为主，其选择播出的电视剧也主要针对的是 20 世纪 70 年代后出生的社会中坚力量。

因此，电视媒体内容上的定位是受众细分和目标受众选择的结果，而人口细分的变量是电视这样的传统媒体所必须考虑的一个因素，这有助于电视媒体了解电视受众的消费需求，进而进行相应的内容定位。

（三）心理细分

受众的心理细分指按照受众的生活方式、个性、动机、社会阶层、价值取向等心理特征变量来细分受众。自觉遵从广大观众的收视行为、心理规律，实现其与传播的高度统一，是电视节目策划的目的和追求的理想。无论是传统媒体还是新媒体，观众都占有十分重要的地位，观众是“上帝”，是电视人的“衣食父母”，因此，了解、把握、密切关注观众的收视规律和审美趋向是电视策划在宏观层面上所应遵从的观众理念。①

观众收视的目的，即他们的收视动机，是观众收看电视的内在动力。了解观众的收视动机无论是对节目编排人员还是广告商都非常重要。一般来说，观众的收视动机主要包括三个方面，即了解事实、娱乐消遣、学习和增加各种知识。

1. 了解事实、获取信息已成为观众收看电视的首要动机

在中国，“了解国内外时事”成为多数观众的首要动机，这与各级电视台的节目定位有关。在重大事件发生时，有些新媒体账号为了热度和流量，不去核实内容的真实性就发布信息，误导用户。电视媒体有严格把控和多级的审查机制，在传播信息时更具权威性和严肃性。从央视到地方台，各级电视台一直在加强新闻节目的时效性、信息量和报道深度，并且加大对新闻直播的投入力度。电视节目的变化和调整对于国民的收视习惯有着重要影响，各种新闻节目一直是国民的收视热点。

2. 娱乐消遣是观众收看电视的重要目的

娱乐和消遣是人类的本能。随着经济发展，从 20 世纪末开始，娱乐和消遣成为电视受众选择收视的重要动机，这也从侧面证明了观众的收视动机是可变的。在某种程度上，由于互联网的迅速普及，电视作为一种性价比较高的媒介，为人们提供娱乐的功能日益凸显。湖南卫视在这一点上成为中国电视娱乐荧屏的重要引领者。从“超女”开始至今，湖南卫视对于娱乐综艺节目的编排和制作在某种程度上对国民收视习惯形成了一定影响。

3. 学习和增加各种知识是观众收看电视节目的另一目的

学习和增加各种知识的收视动机是观众对“了解信息”动机的重要补充。求知欲也是人类的本能之一，而电视作为一种传统的大众媒体，有责任和义务为观众提供学习和增加各种知识的机会。从早期红遍大江南北的央视《开心辞典》到如今江苏卫视的《一站到底》，这种益智答题类节目经久不衰的原因就在于节目编排秉承了观众学习和增加知识的收视动机。

（四）行为细分

受众的行为细分指按照受众观看栏目的时机、受众对品牌的忠诚度、受众的态度、受众观看栏目的频率等变量来细分受众。

1. 时机细分

生活作息决定了观众的收视时间，在不同时段，意味着不同的观众。受众的收视时间及收视时长往往决定电视对于受众的收视时机细分。例如，东方卫视的《看东

① 项仲平：《电视栏目与频道策划研究》，北京，中国广播电视出版社，2007。

方》大型晨间新闻直播栏目，集新闻、气象、服务咨询、文化生活、观众互动等多种内容为一体，播出时间为周一至周日 7:00，根据观众晨间生活的特点，有针对性地在不同时段为观众提供新闻、生活资讯服务等多种形式的同步伴随节目。这种电视节目的时机细分完全是因为上海作为国际性都市，其市民具有较快的生活节奏和有限的收视时间。电视台为此确立了节目内容上的编排。

2. 忠诚度细分

根据观众的品牌忠诚度，可以将他们分为四种类型：专一忠诚者、潜在忠诚者、迟钝忠诚者和缺乏忠诚者。其中，专一的忠诚者会成为品牌的免费宣传者，并不断地向别人推荐。对任何栏目而言，这都是其最欢迎的受众类型。

电视需要品牌栏目，而品牌栏目从商业的角度看首先需要观众形成一定的忠诚度。电视栏目作为一种文化产品，想要成为一个品牌而经久不衰同样需要具有商业品牌的共性特征。一个栏目一旦建立起自己的品牌形象，就意味着它具有一批忠诚的受众，受众和栏目的互动，最终将使栏目成了一类产品的号召者和主宰者，在目标受众中享有盛誉。这种地位是靠高品质和良好的信誉建立起来的。例如，《焦点访谈》的开办改变了电视新闻没有深度报道的格局，提升了电视在媒介中的地位，也促进了新闻改革的步伐，使人们充分认识到电视新闻本体的内涵与媒介所负载的舆论监督功能。尽管此后同类节目层出不穷，但是《焦点访谈》在民众心中的地位至今无法取代。

3. 态度细分

观众对于栏目的态度可以分为热爱、肯定、不感兴趣、否定、敌意五种。受众的收视态度往往决定着电视媒体的影响力。“媒体影响力”反映了受众对栏目品质的态度，收视率则反映了受众对栏目的收视比例。收视态度决定收视行为。这种评估方式可以帮助企业更好地把握广告投放过程中的“成本一效益”问题，做出更科学的媒体投放选择。例如，湖南卫视制作并热播的娱乐真人秀节目《爸爸去哪儿》，赢得了大部分中青年收视人群的喜爱，观众对于这一节目的喜爱为节目赢得了相应的广告收益。这种对于观众态度的细分和评估有助于电视媒体制定更加准确的节目编排策略。

4. 收视阶段细分

电视受众按收视与否可分为现实观众和潜在观众。前者指有实际收视行为的观众，即在那些可得的观众中，真正打开电视机收看节目的观众；而后者指电视信号覆盖下拥有电视机的人口，他们有可能成为栏目的收视人群。电视媒体在节目创作和编排上必须考虑观众可能形成的收视阶段。观众战略是电视媒体挖掘自身传播价值的战略需求。现实观众有一个共性——就是他们都是依托节目内容聚集在一起的群体，他们具有一定的收视一致性，这部分观众是电视媒体必须争取的对象。而对于潜在观众，则有转化为现实观众的基础，他们有一定的收视习惯，只是缺乏足够的忠诚。对电视媒体来说，观众战略就是正确地界定现实观众在哪里以及如何把潜在观众导入到现实观众上来。因此，电视媒体必须面对这样一个课题，即如何细分观众的收视阶段，从而确立正确的观众战略。这是电视媒体在当下的竞争格局中必须解决的问题。

二、目标受众选择

目标受众选择主要解决栏目“给谁看”的问题，“给谁看”的问题解决不好，栏目策划必然存在很大的盲目性。因为，不同文化层次、不同职业、不同年龄甚至不同生活习惯的受众，对节目的要求也不尽相同。因此，只有先弄清“节目做给谁看”这个问题，才有可能根据这些观众的文化层次和收视心理等准确定位节目内容。不同的节目，受众对象是不同的，甚至同样性质的栏目，受众对象也是有差异的。例如，中央电视台的《星光大道》和湖南卫视的《快乐大本营》同为综艺娱乐节目，但是两者的受众对象是不同的，前者主要是以中老年观众为收视对象，后者以青少年观众为主要的收视对象。

今天的电视观众已经形成了高度地域化、娱乐化和情节化的收视特征，并且正在向群言化和高端化转变，在栏目设计中必须要将这些因素考虑进去。一档成功栏目的打造要在细分市场的基础上选择合适的群体作为目标受众，还要考察受众的收视需求。这需要对目标受众市场广泛调研，并科学地进行栏目设计和生产管理。例如，2010 年天津卫视推出的《非你莫属》，职场性与娱乐性兼具，直指就业问题，该节目面对城市中具有较高文化水平的职业人士和准职业人士而设，目标观众包括各行各业的技术工人、职员、企业管理者、公务员、大学生。其长远的目标观众则是所有对职业生涯有需求和思考的人，这样就使得栏目拥有了长期稳定的受众群体。

对于栏目策划者而言，找准目标受众不是最终目的，有了目标受众后，如何能根据受众需求来安排合适的节目内容才是最重要的。在如今的分众化传播时代，准确的内容定位是栏目吸引受众的关键环节。一方面，要从目标受众出发，在对目标受众的爱好、收视时间等其他相关因素综合细分后，寻求受众的需求空缺，找出栏目的个性特征。比如针对军事迷推出《军情观察室》，针对烹饪爱好者推出《味道》，针对知识分子设计《读书》栏目。另一方面，也可以从栏目内容出发来定位。例如，同样以新闻性谈话为内容，凤凰卫视的《风云对话》采访的是全球“最关键”“最前线”“最敏感”的权倾一时的掌权者；《问答神州》则是抓紧新闻关注度，瞄准重量级人物，直指新闻热点；而《新闻今日谈》又是通过采访凤凰卫视的新闻评论员，针对突发的新闻事件以及最热门的时政问题进行评说。这三个栏目都是从新闻性入手，但采访的人物背景迥然不同，彰显了各栏目的明确定位。

三、栏目的受众反馈

现代传播学研究表明，传播并非单向的过程，它并不以受传者接受信息为终止，而以受传者对信息作出反应为新的起点。传播者根据受众提出的反馈信息，调节传播内容和方式，对提高传播的针对性和有效性会起到积极的作用。对于电视栏目来说，观众的反馈是进行节目调整、修正节目策划的依据。受众反馈有助于栏目策划人检验和证实传播效果，有助于栏目策划者改进和优化下一步的传播内容、传播形式和传播行为，能够激发和提高栏目制作者的传播热情。

作为电视栏目策划者，必须主动去搜集观众的反馈。这种反馈可以是观众自觉的，也可以是栏目组主动或者委托专业机构进行的调查或访问。通过受众反馈，策划者可以得知节目是否被收看以及受众对节目的评价，并以此来检查节目制作策略和策划的效果，在必要的时候进行修正。获取观众反馈的途径包括收视率调查、观众问卷调查、观众热线电话、手机短信互动、互联网平台等。

（一）收视率调查

收视率调查是目前电视机构用得最多的观众反馈途径，也是节目评价的重要指标。收视率数据的采集有仪器调查、入户调查、日志调查、电话调查等形式。收视率可以从量上反映出栏目的收视人数和节目受欢迎程度，但是收视率不能作为评价栏目好坏的唯一依据，一个电视栏目从初创到拥有稳定的受众，中间需要一个培育期，如果简单地以收视率作为唯一评价依据，那么很可能一个优秀的栏目在其创建初期就夭折了。中央电视台的《百家讲坛》和《读书时间》属于同期创建的两个文化类节目，都属于很有潜力的节目，初期收视率都很低，但是所属频道对两个栏目采取了不同的生存策略，给予了《百家讲坛》一段培育期，用来培养观众，而《读书时间》则在收视率论的指导下退出了荧屏，如果当时电视台能够多给《读书时间》一点时间培育观众，那么可能又是另外的结果。

（二）观众问卷调查

观众问卷调查主要是通过问卷调查的形式获得观众对于栏目内容等方面的满意度。观众的收视行为、收视习惯以及他们对不同节目的评价、兴趣趋向是很复杂的，有很多因素可以影响观众收看电视节目。这些信息不是通过收视率调查就能够得到的，所以栏目组及其所属电视机构必须定期进行较大规模的专门问卷调查，进行专门的观众研究，以便更好地指导栏目选题、策划及节目制作。

（三）观众热线电话

观众热线电话是栏目通过电话与观众进行沟通交流的一种方式，电话可以是节目播出中同步开通，也可以是常态开通。目前很多栏目，特别是新闻时政栏目都开通了热线电话，成为新闻线索的主要来源。

（四）手机短信互动

手机短信互动是一种基于移动通信技术的新型受众反馈形式，其特点是参与性强，操作简单，为很多电视台采用，成为受众反馈的重要渠道。如湖南卫视的《超级女声》，短信互动为该节目的成功举办和影响力扩大起了重要作用。但是由于短信互动中的高额利润，也使某些电视机构把这种手段作为获得利润的有效途径，而忽略了对短信反馈内容的监控。

（五）互联网平台

利用互联网平台进行观众意见反馈具有极大的便捷性。现在很多电视机构和栏目都有自己的网站、社交媒体账号和移动客户端，通过节目的弹幕、社交媒体的发言区，以及在网站中开设专门的留言区、论坛、电子邮箱等接受观众反馈，已成为电视机构获取受众反馈的又一重要渠道。

想一想

1. 电视栏目的构成要素包括哪些？
2. 电视节目有哪些核心构成要素？
3. 电视栏目的核心岗位包括哪些？每个岗位从业人员应具备何种素质？
4. 如何进行受众细分？
5. 如何进行栏目收视率的调查？

团队实训

1. 项目名称：撰写不同类型电视栏目调研报告

从新闻类栏目、社教类栏目、娱乐类栏目、生活服务类栏目、电视栏目剧等五种栏目类型中，分组选择一种电视栏目形态进行国内外电视栏目资料收集，并形成该类型栏目的调研报告。

2. 实训目的

通过国内外相关类型电视栏目资料收集与调研分析，使学生了解国内外电视栏目的现状与趋势。为下一单元电视栏目策划选题提供有力的依据。

3. 实训要求

（1）分组进行栏目资料的收集，一个授课班级的分组最好能覆盖五种类型栏目。

（2）资料收集范围至少应包括国内外国家级媒体和省级媒体的相关类型栏目。

（3）每组选择代表汇报调研报告，通过不同组别的汇报，使学生了解所有类型电视栏目的发展状况。

4. 评价标准

评价内容	分值	得分
调查方法正确，调研样本丰富，能够涵盖国外权威媒体与国内全部省级媒体	15	
调查对象与调查内容陈述清晰	20	
对电视栏目的现状与问题分析有理有据，结论正确	20	
调研报告结构完整，层次清晰	25	
考察学生主动参与的意识与团队协作精神；考察学生对栏目的认知及对职业岗位的认知	20	
合计	100	

拓展资源

1. 了解社会调查科学方法体系的创立。

2. 9个字细读党的二十大报告。

CHAPTER 3

专题三 电视栏目策划文案的编制

【专题概述】

文案是以文字来表现的创意策略，是栏目运行发展的指导方案。科学、完整的电视栏目策划方案是保证电视栏目可持续发展的重要基础。本单元在介绍目标指向性、系统规划性、现实可行性、差异创新性这电视栏目策划四大原则的基础上，从环境、功能、类型、受众、时间、内容、形式、风格、营销策略等九个维度，阐述了电视栏目策划的核心要点，旨在为电视栏目策划的文案写作提供系统、完整的框架。

【学习目标】

1. 了解电视栏目策划的四大原则
2. 了解电视栏目策划的九个维度
3. 掌握环境定位的内涵与方法
4. 掌握电视栏目策划文案的基本框架
5. 能进行电视栏目策划文案分析
6. 能初步撰写电视栏目策划文案
7. 培养学生系统思维与分析判断的能力
8. 培养学生的守正创新精神

单元一　电视栏目策划的原则

一、目标指向性原则

目标指向性是电视栏目策划的首要原则，主要包括两个方面：

一是受众指向。受众是电视栏目策划的首要目标，电视栏目一定要与观众的欣赏口味相一致，曲高和寡或者庸俗浅薄都会失去受众的支持。以《中国诗词大会》《国际宝藏》《朗读者》《故事里的中国》等掀起电视荧屏“文化热”的文化综艺类节目来看，“文化＋综艺”模式的有效融合，一方面满足了受众获取文化知识的渴求，另一方面又充分考虑到受众的接受能力及放松消遣的需求，取得了良好的收视效果。可见受众指向性原则是栏目策划的基础。

二是市场指向。电视作为兼具文化和产业双重属性的媒介，毫无疑问要受到市场的影响。电视作为大众文化消费的一种形态，具有文化商品的物质消费性，它作为媒介所具有的二次销售特性，决定它要在媒介市场上实现自身的经济效益。这种认识虽然已经为电视界普遍接受，但如何从产业的角度、从产业化运作的方式、从投入产出的最佳化等方面和电视品牌的创造相结合，是电视栏目制作者应该重点考虑的问题。

二、系统规划性原则

系统规划性作为电视栏目策划的关键因素，主要包括三个方面。

一是资源规划。即对栏目人力资源、资金和物力等方面进行有效的规划。人力资源规划是指对栏目在运行过程中人员供给和人员需求进行预估，并根据预估的结果采取相应的措施来平衡人力资源的供需；资金规划是指通过资金筹集和整合，对运行资金作科学而合理的利用，最终测算出栏目运作的基本资金需求量或对资金资源的需求量；物力规划是指通过分析、设计，科学地测算出栏目制作的基本消耗水平。

二是运行机制规划。即建立一个运行规则，使各种资源发挥的效能尽可能最大，机制建立的好坏事关能否吸引人才、能否最大限度地激发和调动人员的积极性和创造性，能否有利于栏目的持续发展和创新。因此，激励和制约的措施只有做到系统而完整，才能发挥效力。

三是栏目设置规划。即以栏目定位为指针，对栏目的整体构架、内容分类、表现形式、栏目特色和风格的要求。如栏目的节奏、风格，栏目内容选择范围的划定，是采用线性结构还是板块式结构或是混合结构，主持人造型风格、语言风格以及出镜频次，栏目标识、包装的统一，栏目的价值取向等。

三、现实可行性原则

现实可行性原则在某种程度上是栏目策划的第一法则，要保证栏目策划文案现实可行，需把握如下两个原则。

一要贴近现实。即电视栏目的内容要贴近现实，要表现身边人身边事。早期引进国外电视栏目就因为这一点上的疏忽有过很多损失。在美国曾经创造了收视率和广告费“神话”的《幸存者》，终极获胜者揭晓的当晚，收视观众达到了5800万，第一季最后一期一小时的广告收入达到了3600万美元。这档真人秀在美国受欢迎程度之高，从其荣获2000年度《时代》周刊评选的最佳电视节目可见一斑。[①]但正是这样一档收视率极高的栏目被中央电视台引进播出后备受冷落，主要原因在于其内容距离中国民众的生活过于遥远，民众对于身边的人和事的关注程度更高。因而，贴近现实是策划人首先应考虑的原则。

二要尊重现实。电视栏目策划要因地因人、量力而为。策划要考虑自身团队的人力、物力、财力以及当地文化资源的多寡，然后才能决定开办栏目的类型和周期。尊重现实，合理地考量现实提供给策划人的基本条件，才能保证理想的方案成为现实的栏目。河南卫视借助独特而丰富的文化资源优势，成功发展了《梨园春》《武林风》《华豫之门》三档王牌栏目，打造了强势周末品牌栏目阵营，将中老年受众的遥控器锁定其间。

四、差异创新性原则

当今世界，电视台竞争越来越多地表现在栏目模式的竞争上，一个成功的栏目模式会创造出收视、广告等的奇迹。而几乎所有成功的栏目模式都具有原创性和独创性，都遵循差异创新性原则。

电视栏目创新主要有四种形态。一是原创性创新，即自创具有独特性和本地化的电视栏目。原创性栏目因其难度较大而往往难以实施。二是改良性创新，即通过对原有栏目或别的栏目进行形态、技术改良而形成的栏目。三是移植性创新，即对成熟节目进行移植、模仿、克隆，是目前中国电视最热门的创新模式。例如，浙江卫视的《中国好声音》《奔跑吧兄弟》，湖南卫视的《爸爸去哪儿》《我是歌手》，东方卫视的《中国梦之声》《花样姐姐》都是对海外成熟的电视栏目的移植。四是合作性创新，即从借脑到借力。最早是合作机构协助出创意，然后发展到直接引入摄像、切换等一些技术，现在发展到主持人、制作人、嘉宾团队等的合作。目前国内很多省台通

---

① 冉儒学等：《〈幸存者〉的幸运与不幸——关于美国游戏节目〈幸存者〉的讨论》，载《电视研究》，2001(7)。

过在北京建立生产基地实现了栏目的合作性创新。

单元二 电视栏目策划的要点

电视栏目定位是电视栏目策划最本质的工作，即在电视栏目的策划阶段，对该栏目的功能、类型、宗旨、受众、内容、形式、风格等做出规定。定位的本质针对的是受众的心理特征，以期实现差异化的传播。准确、独特、清晰的定位意味着栏目自身与其他栏目之间会形成明显的区隔效应，能够在电视观众心目中占据与众不同的地位，使观众对栏目形成特定的收视期待，从而不断提高栏目的收视率，增强栏目的竞争力。电视栏目的定位，应主要从以下九个方面综合考量。

一、环境定位

环境是电视栏目生存的土壤，能否准确、合理地进行环境分析和定位，是栏目成败的首要环节。而环境分析主要包括政治、文化、市场、媒体四个方面。

（一）政治环境

电视媒体是国家意识形态极为重要的组成部分，是党和政府以及人民的“喉舌”，电视栏目的策划方向必须与党和国家的价值体系保持一致，必须坚持正确的舆论导向，把握国家的方针政策。任何一个栏目的宗旨定位、创作理念以及策划途径与设计都离不开所处的政治环境。电视人应完整、准确、全面贯彻新发展理念，着力推动高质量发展，主动构建新发展格局，蹄疾步稳推进改革，扎实推进全过程人民民主，全面推进依法治国，积极发展社会主义先进文化，突出保障和改善民生，集中力量实施脱贫攻坚战，大力推进生态文明建设，坚决维护国家安全，防范化解重大风险，保持社会大局稳定，大力度推进国防和军队现代化建设，全方位开展中国特色大国外交，全面推进党的建设新的伟大工程。

2013 年，国家加大对网络谣言的打击力度，这对很多常常引用网络信息的电视媒体敲响了警钟。一个合格的媒体策划人首先是一个合格的新闻工作者，必须尊重真实，必须调查研究。2020 年 2 月，《网络综艺节目内容审核标准细则》正式发布，为推出更多思想精深、艺术精湛、制作精良的优质原创节目做出了政策性引导。

（二）文化环境

21 世纪是文化多元的时代，中国电视文化也正经历着主流文化和大众通俗文化的交融发展。在进行电视栏目策划时，应始终坚持中华文化立场，提炼展示中华文明的精神标识和文化精髓，加快构建中国话语和中国叙事体系，讲好中国故事，传播好中国声音，展现可信、可爱、可敬的中国形象。

仅以电视综艺节目为例，为了顺应当前多元的文化发展潮流和多元化的收视需求，在我国电视综艺节目中，既有代表主流文化的“庆典型”综艺节目，又有代表大众文化的“娱乐型”综艺节目，还有代表高雅文化的“高雅型”综艺节目，体现了文化的交融与发展。与此同时，外来文化、民间文化、地域文化类的综艺节目也在全国各地陆续出现，从这个角度讲，电视综艺节目的分众化正是适应了历史发展的趋势和时代变革的需要，从而以多种不同类型和不同风格的节目来适应电视观众不同的收视需求和审美需要。因此，把握当代文化环境以及播出区间的文化背景是找准策划方向的必要条件。

（三）市场环境

电视栏目不单单是现代传媒，同时也是市场经济下文化产业的重要组成部分。如同企业策划一样，电视栏目策划同样要寻找卖点，因为卖点是媒体价值的商业体现。一个项目对于电视传媒机构本身的价值，就是这个项目能给媒体带来怎样的影响。只有好栏目的受众群和好商品的顾客群形成一定程度上的重叠，才能吸引更多的广告商光顾。实践证明，成功的电视栏目都深入挖掘了观众喜爱的卖点，找到了栏目和商业市场的契合处。

如已经火了十余年的江苏卫视婚恋交友类栏目《非诚勿扰》，找到了在中国婚姻环境下栏目的三大卖点：一是打造交流平台，搭建了一个大龄剩男剩女交流认识的平台，以喜闻乐见的形式帮助他们探索符合现代生活的人生观、恋爱观和道德观，将处于这个困境中的年轻人带离网络重返电视机前；与此相对应的家庭商品市场迅速与之合作，如房地产、汽车、手机以及一些女性洗护用品生产商加大广告投入。二是打造展示平台，栏目抓住了青年男女勇于表现的特点，充分展现大众文化的智慧；流行文化产品由此成为市场策划的对象，服饰、电子产品、时尚机构开始趋之若鹜。三是打造情感平台，栏目契合江苏卫视“情感世界，幸福中国”的定位，将浓郁的爱情与和谐的家国之情有效融合，丰富了荧屏，稳定了其长期作为一线栏目的地位；由此也将很多具有浓郁情感色彩的商家吸引而至，如“百合网”和“世纪佳缘网”等主攻婚恋交友的网站也开始在电视上做起了广告。

（四）媒体环境

媒体环境包括自身环境和对手环境。只有“知己知彼”，才能“百战不殆”。

媒体自身环境分析主要包括两个方面：一是分析所在频道和电视台的栏目状况，即对现有栏目类型、栏目收视率、品牌栏目社会影响力进行调研和分析，从而寻找空白，找准定位。二是分析栏目策划方案的可行性，即当地的历史、文化、社会等资源的质量，这些方面决定着书面文案与现实的对接程度。例如，在深圳这样的经济发达地区，策划经济类栏目有充分的资源可供挖掘，但策划历史文化类的栏目则是以短示人。随着电视体制改革的步伐，很多有实力的影视公司也加入了电视栏目市场的竞争，这也为媒体自身环境分析提出了新的课题。

竞争对手环境分析主要从两个方面着手：一是电视本身的竞争。各类型电视节目井喷式发展，带来了电视荧屏的精彩纷呈。各大电视台均纷纷推出了极具代表性的品牌栏目参与市场竞争，“一家独大”的现象已成为过去。栏目策划应充分分析竞争对手的情况，找准差异，准确定位。二是网络的竞争。截至 2021 年 12 月，我国网民规模达到 10.32 亿，较 2020 年 12 月增长 4296 万，互联网普及率达 73%。网络视频(含短视频)用户规模达 9.75 亿，较 2020 年 12 月增长 4794 万，占网民整体的 94.5%。① 网络视频在一定程度上冲击了电视长期以来的稳固地位，2014 年以来，以爱奇艺、腾讯视频、优酷为代表的视频网站纷纷推出原创自制节目，并开始反哺电视荧屏。网络在迎接技术提供的无限带宽的同时成为电视策划人的重要竞争对手。栏目策划人要充分借鉴网络传播的优势，通过竞争和合作融合的方式，促进电视栏目的长效发展。

二、功能定位

当代电视的社会功能一般被粗线条划分为传播新闻、社会教育、提供服务、文化娱乐四种。这四大功能进一步细化又可分为宣传、导向、沟通、告知、批评、监督、教育、服务、娱乐等。②

纵观目前国内电视栏目，其功能定位主要体现在以下四个方面：

(一)主流文化的舆论监督和引导强化

从 20 世纪 90 年代至今，新闻的党性原则始终是电视功能坚守的阵地，中央提出新闻舆论要坚持正面宣传为主的新闻方针，要“弘扬社会主义主旋律”。通过对电视功能控制策略的调整，意识形态宣传变得隐蔽而有效。那些坚持和强化主流意识形态的栏目、节目在不断努力强化电视的舆论监督和引导功能。“用事实说话”的《焦点访谈》、“点滴记录中国法制进程”的《今日说法》、“探寻事实真相”的《新闻调查》……这些电视栏目所进行的舆论监督推动了中国改革开放和民主法治的进程，成为中国主要的舆论监督手段之一，同时这些电视栏目所进行的舆论引导也疏导了转型期社会整体性的不安与焦虑，成为中国社会的心理调节手段之一。

(二)主流文化的传承和反思的叠加

电视是“没有围墙的学校”，它可以及时、大面积、多层次地将各种知识传播出去，电视传播所产生的巨大的社会教育作用，是其他文化手段所不能代替和无法比拟的。③ 从《艺术人生》“用艺术点亮生命、用情感温暖人心”到《百家讲坛》掀起的民间

---

① 摘自《第 49 次中国互联网络发展状况统计报告》，http：//www.cnnic.net.cn/，2022-9-15。

② 阎玉：《中国广播电视学》，54～56 页，北京，中国广播电视出版社，1990。

③ 石长顺：《电视传播学》，42 页，武汉，华中理工大学出版社，2000。

学术热潮；从《人物》《讲述》中靠近真实的生命到《探索·发现》《我爱发明》回归自然的气息；从《中国汉字听写大会》《汉字英雄》中找到汉字书写的快乐到《开讲啦》等主流文化的反思，再到《国家宝藏》《朗读者》《上新了·故宫》等文化综艺类节目的爆发涌现……这些承载着教育与文化传播的栏目在不断崛起，不断兴盛，并受到越来越多受众的认可和喜爱。

（三）消费文化的服务和引导交织并存

伴随改革开放而来的经济繁荣，中国人真正理解了生活的意义绝不仅仅是“活着”。从《为您服务》的停播到《清风车影》掀起的私家车品鉴之风，再到《鉴宝》燃起的艺术品消费热，直至当下遍及全国的“电视购物”，消费文化引导的电视栏目，为那些在“活着”还是“生活”中徘徊的人们提供“生活”的方式和方法。消费文化浸染了电视文化，电视文化反过来促进了消费文化。由消费文化带来的“消费”主义大行其道，不仅促成奢侈品大规模的出现，更是将新的“价值观”植入一代人的观念中。例如，从关心人们日常衣食住行的常识型生活服务栏目到以心理咨询为主要内容、旨在解决现代人生活中遇到的各类情感问题的情感服务类栏目，再到解决人们物质与精神需求的满足、涵盖生活各个方面的综合性生活栏目，以及如今各类内容垂直化、形态丰富的分众化生活服务栏目，栏目内涵的嬗变清晰可见。

（四）大众文化的娱乐功能极度凸显

我们所处的时代是大众文化的时代，电视文化中的大众文化以前所未有的姿态占据了主导地位，人们在电视提供的新视听空间中完成了轻松的休闲消遣。娱乐栏目的大行其道使电视文化的认知功能、教育功能，甚至审美功能受到了抑制，而强化了其感官刺激功能、游戏功能和娱乐功能。娱乐一跃超过传统意义上电视的宣传教育、舆论监督、生活服务等，成为理论和实践方面一致关注的高频词。从《综艺大观》的衰败到《快乐大本营》《欢乐总动员》的兴起，经过《开心辞典》《幸运52》的鼎盛，至《超级女声》《我型我秀》《加油，好男儿》的全民投票热潮，最终来到《爸爸去哪儿》《奔跑吧兄弟》《极限挑战》《向往的生活》《亲爱的客栈》的真人秀，中国的娱乐电视从传统综艺到娱乐游戏直至真人娱乐的快速发展过程，也正是电视文化功能蜕变的一个过程。过去“一台晚会亿人欢”的时代过去了，人们希望从观看中获取审美愉悦和文化熏陶的目的已经被获得轻松休闲的心情、获取现实以外的娱乐的欲求替代了。

确认一档电视栏目的功能是打响一场战斗的号角，在充分分析环境的基础上有效发掘电视功能的目标性和复合性，不贪多、不求全才是策划的真正要点。

三、类型定位

国内外电视行业一般从电视的功能出发，将电视栏目分为新闻、社教、娱乐、生活服务四类形态。栏目类型直接决定栏目的功能，因而相对清晰的类型划分对电视栏目起着一定的规范作用。

（一）电视新闻类栏目

电视新闻是以现代电子技术为传播手段，以声音、画面为传播符号，对新近或正在发生、发现的事实的报道。电视新闻类栏目泛指一切综合反映新闻事实的节目和围绕新闻事实展开的一系列报道，是以报道、评论新闻事实为内容的各种电视节目的总称。该类型栏目的主要功能在于传播资讯，引导观念，舆论监督。如中央电视台的消息类新闻栏目《新闻联播》以“传播资讯＋宣传思想”为功能定位；新闻评论类栏目《焦点访谈》以“宣传思想＋引导观念”为功能定位；新闻专题类栏目《新闻调查》以“舆论监督”为功能定位；新闻杂志类栏目《中国新闻周刊》以“传播资讯”为功能定位；新闻谈话类栏目《新闻 1＋1》以“舆论监督＋引导观念”为功能定位。

（二）电视娱乐类栏目

电视娱乐类栏目是指以娱乐大众为目的，以审美性、娱乐性、观赏性和趣味性为突出特点，综合运用声、光、电、美等各种电视化手段，对各种文艺样式以及相关可供娱乐的内容进行二度加工与创作，并以晚会或活动的方式通过电视这一特定的传播媒介传播的栏目形态。该栏目类型的主要功能在于提供娱乐，发泄情绪。如游戏娱乐栏目《快乐大本营》《王牌对王牌》以“提供娱乐、调节生活节奏”为功能定位；真人秀栏目《爸爸去哪儿》《变形记》以“探寻隐私、寻找慰藉”为功能定位；娱乐谈话类栏目《超级访问》《鲁豫有约》以“探寻隐私、传播生活方式”为功能定位。

（三）电视社教类栏目

电视社教类栏目是运用电视的艺术和技术手段，以传播科学文化知识，进行社会教育为宗旨的电视栏目形态。该类型栏目的主要功能在于传播科学文化知识，实施社会教育。如社会法制类栏目《今日说法》《举案说法》以“传播法律知识”为功能定位；自然科学类栏目《探索・发现》《我爱发明》以“传播科学知识，传播学习方法”为功能定位；文化教育类栏目《中国诗词大会》《中华百家姓》以“传播人文社会科学知识”为功能定位；对象类栏目《大风车》以“传播知识，开阔视野”为功能定位。

（四）电视生活服务类栏目

电视生活服务类栏目是以受众日常的衣、食、住、行等为主要内容，通过传播实用信息、解答群众问题和反映群众呼声，帮助群众解决日常生活中的各种问题，为社会提供直接具体服务的栏目形态。该类栏目的主要功能在于提供服务，引导观念。如综合类服务栏目《为您服务》以“提供全面服务”为功能定位；专题类服务栏目《天气预报》《经济半小时》《天天饮食》《生活》《交换空间》以“提供专项服务”为功能定位；对象类服务栏目《拜托了冰箱》《拜托了衣橱》以“培养价值观念、引导消费”为功能定位。

当然，任何一种栏目类型都不是单一的非此即彼的形态。随着电视行业的迅猛发展和电视栏目形式的日益创新，栏目类型出现了日臻融合的趋势。如湖南卫视的《天天向上》栏目，将电视娱乐和电视社教两种类型有机融合，形成了观众喜闻乐见的一种新型栏目形态。但无论如何融合，一个栏目通常必须有一个核心的功能定位，并且围绕核心定位进行栏目的总体策划与实施。

四、受众定位

当今电视媒体发展的最显著的特点就是受众细分化趋势越来越明显，精准化传播成为媒体发展的趋势和要求。在进行栏目策划时，首要任务是对受众进行市场调研和细分，从而准确进行受众定位。电视栏目的目标群体描述越精准，指向性越强，传播效果越有效，越容易测定，也越利于广告和其他相关效益的实现。受众定位与目标群体的社会地位、文化程度、年龄、性别、收入、地域等因素息息相关。能否形成品牌栏目并被受众追逐不是由任何人的主观意志决定的，必须以研究目标受众的社会属性、生活习惯、人生观、价值观以及心理需求为核心和基础。栏目只有和受众的习惯和观念相吻合，满足他们内心的期望，才能制作出为其接受和喜爱的产品，最终在美誉度不断提高中形成受众稳定而广泛的电视栏目品牌。

关于受众细分的问题详见本教材第二章受众要素部分，在此不再赘述。

五、时间定位

时间定位是指栏目播出的时间，包括首播和重播时间及栏目时长的设定，科学合理的时间设定应建立在对目标受众收视习惯及竞争对手播出时间充分调研的基础上。

（一）栏目播出时间定位

栏目播出时间是栏目策划成败的主要因素之一。我们以中央电视台综合频道与江苏卫视这两个频道为例，分析不同时段栏目的类型，为栏目策划提供借鉴。鉴于电视剧不在栏目策划范围内，所以图表中省略具体剧目名称(表 3-1)。

表 3-1　中央电视台与江苏卫视 2021 年 6 月 9 日节目单对比

中央电视台综合频道		江苏卫视	
时间段	栏目名称	时间段	栏目名称
00:23—00:59	中华民族	00:23—00:33	晚间新闻
00:59—01:06	生活提示	00:33—01:47	归鸿
01:06—01:28	人口	01:47—02:23	酒美中国
01:28—01:58	动物世界	02:23—03:24	味解乡愁
01:58—02:28	晚间新闻	03:24—04:35	茶界中国
02:28—02:55	人与自然	04:35—05:48	江南文脉

续表

中央电视台综合频道		江苏卫视	
02:55—03:02	精彩一刻—2021—114 美丽中国 黄河中游盐湖生态(4K)	05:48—06:18	约见名医
03:02—04:24	典籍里的中国	06:18—06:59	小镇故事
04:24—04:52	今日说法	07:00—07:01	中华人民共和国国歌
04:52—05:27	新闻联播	07:01—07:21	江苏新时空
05:27—06:00	人与自然	07:21—07:31	百炼成钢
06:00—08:38	朝闻天下	07:31—08:03	大浪淘沙
08:38—11:07	生活早参考—特别节目(生活圈)	08:03—08:53	我爱古诗词第一季
11:07—11:55	中流击水	08:53—11:14	亲爱的她们
时间段	栏目名称	时间段	栏目名称
11:55—12:00	2021 秘境之眼	11:14—13:00	新相亲大会精华版
12:00—12:36	新闻 30 分	13:00—14:22	非诚勿扰精华版
12:36—13:13	今日说法	14:22—16:21	新相亲大会精华版
13:13—15:42	向警予	16:21—17:59	非诚勿扰精华版
16:33—18:46	第一动画乐园	18:00—18:19	新闻眼
18:52—19:00	2021 秘境之眼	18:20—18:29	百炼成钢
19:00—19:39	新闻联播	18:30—18:59	江苏新时空
19:39—20:14	焦点访谈	19:00—19:31	新闻联播
20:14—21:54	2021 年全国大学生党史知识竞答大会	19:32—21:11	美好的日子
21:54—22:00	2021 秘境之眼	21:12—22:44	精神的力量
22:00—22:34	晚间新闻	22:45—23:48	新相亲大会精华版
22:34—23:11	记住乡愁(第七季)	23:49—23:57	百炼成钢
23:11—23:47	中国地名大会(第二季)	23:58—23:59	晚间新闻

从表 3-1 可知，中央电视台综合频道作为国家台的定位，是以满足广大人民群众广泛的兴趣爱好为宗旨，它一天内播出的节目囊括了新闻、社教、服务、娱乐四大类别十几个原创栏目，尤其是从时段的划分上可明显看出其用心良苦。《朝闻天下》符合上班族的早间作息规律；《生活早参考》满足了中老年人早间生活的需求；《今日说法》伴随家庭进餐时间已经成为定数；《第一动画乐园》对全国儿童电视观众的放学时间和开饭时间把握得极为准确；《开讲啦》《寻宝》等文化栏目对 22:30 以后“文化人”时间的了解也极其到位，尤其是充分利用收视率极低的凌晨时间，更是在降低节目制作成本的同时也为“夜猫子”族群找到了看电视的理由。事实上，央视周五 20:00

的《中国汉字听写大会》和周六 20:00 的《星光大道》也是全国收视率最高点争夺战中的佼佼者。

1. 第一段：黄金时间段

周一至周五 20:00—22:00 和周六、周日 19:00—23:00 是通常意义上的黄金时间段。虽然某种意义上只要对应的受众群体合适，任何时间段都可以是黄金时间，但是从收视人群的收视时间分布情况而言，无论是上星频道还是地面频道，在这个时段都拥有相对平时而言最多的观众。广告主也都紧紧抓住这一时段的有利时机将信息送达观众，在抬高该时段的广告费的同时，也为电视台带来了最大的经济效益。

2. 第二段：新闻时段

对于新闻频道而言，24 小时都是新闻时间；但是对于不同地域的卫视而言，新闻时段的合理安排至关重要。中央电视台综合频道的新闻时段通常在午间 12:00—12:30，晚间 19:00—20:00，夜间 22:00—22:35，因为这三个时间段最有收视率。相对于中央电视台综合频道的三段，各地卫视因在新闻的最佳时段要转播中央电视台《新闻联播》，各地的“新闻联播”只能将播出时间向前或者向后调整 30～60 分钟。因此卫视和地市综合电视台在策划新闻栏目时，一定要充分考虑中央电视台《新闻联播》转播的情况以及各地新闻的信息源与信息量，充分把握综合频道新闻栏目“见缝插针”的策略。

3. 第三段：深夜时段

社会发展催生了社会学上的“三高人群”——高收入、高消费、高学历。这个群体作为电视受众中特殊的群体，将传统意义上的“黄金时间”概念几乎改变了。通常我们所说的 20:00—22:00 的黄金时间，他们或在工作或在外应酬，这部分人群的休息时间一般在 22:00—1:00，甚至更晚。这一收视习惯是央视文化类、教育类栏目的最爱，同时也成为省级卫视品牌娱乐栏目的重播时间段，广告主也根据这一人群的消费习惯投放目标更为精准的类型广告，可谓一举三得。

4. 第四段：儿童时段

21 世纪中国城市中的小学大都在下午 16:30 以前放学，于是儿童观看电视的时间段被定在了 16:30—19:00。对那些以儿童学习用品、糖果、玩具、营养品等销售品的商家而言，这才是他们的黄金时间。

5. 第五段：老人时段

早上 9:00—12:00，下午 14:00—16:30，这两段时间在国外被称为主妇时段，在国内则成为老年群体时段。电视栏目应根据这一收视群体的准确定位，创办适合老年群体收看的栏目。

我们将上述时间串联，不难发现仅剩的时间段为凌晨 1:00—6:00，而这段时间正好是收视率最低的阶段，充分利用此时段对一些潜在受众进行“重播”吸引，也是中央电视台综合频道提供的经验之一。

（二）栏目时长定位

电视栏目的时间长度不像电影的长度和电视剧的长度有一定规则，更多是靠电视人几十年时间经验的积累和不断加强的受众问卷调查而获取的。

我们从中央电视台和各个地方卫视的品牌栏目可以总结出一些基本的规律。央视《新闻联播》、各省“新闻联播”、《新闻30分》《晚间新闻》等新闻资讯类栏目一般时长不超过30分钟；《焦点访谈》《新闻1+1》《新闻调查》《面对面》《世界周刊》《东方时空》等新闻评论、新闻深度报道、新闻谈话栏目时长集中于30～60分钟；《我要上春晚》《黄金100秒》《开门大吉》《星光大道》《快乐大本营》《芝麻开门》等综艺节目则在60～120分钟不等；《奔跑吧兄弟》《向往的生活》《我家那闺女》《亲爱的客栈》《忘不了餐厅》等热播的季播真人秀节目时长基本维持在90分钟左右；而《今日说法》《道德观察》《法律讲堂》《百家讲坛》《人与自然》等社教类节目时长则在30～45分钟之间，这类传授知识和增长见识的节目更似课堂教学的时间规律；生活服务类栏目《天天饮食》《交换空间》《养生堂》《致富经》等则根据服务对象和服务内容的差异性设定为20～45分钟不等；另外还有一些短小精悍的栏目类型，如中央电视台的《精彩十分》《开心一刻》，凤凰卫视的《秋雨十分》《健康新概念》等都是在10～15分钟。

总体而言，严肃冷静的栏目时长控制在60分钟以内为宜，活泼轻松的栏目时长控制在90分钟为宜，只有具有合理栏目类型和合适时间长度的栏目才能在观众迅速转换遥控器间求得生存。长于90分钟，疲劳感会使观众放弃；而短于10分钟，还不够数字传输时代从1～120频率调台的时间周期。

六、内容定位

电视栏目的核心要素是内容，一个质量较高、观众喜爱的栏目首先必须有其鲜明的内容定位，这是栏目的立身之本。如果说受众定位是解决“给谁看”的问题，那么内容定位则是解决“做什么”的问题。

一个栏目的内容定位应把握以下四个原则。

（一）实用性原则

电视栏目内容的价值内涵在于实用性。观众对实用性的追求是中国第一档电视栏目《为您服务》出现的动因，从那以后电视栏目风生水起。但是不论电视栏目如何竞争，具实用价值的内容仍是各类栏目定位的首选。新闻类栏目将国内外时事、国家大政方针、社会事件作为内容定位，给受众决策行动提供了依据，为人与人相互了解提供了平台；娱乐类栏目以包罗万象的内容满足了广大电视观众“娱乐消遣、填充时间、消磨时光、消除孤独、缓解压力、寻求刺激”的诸多需求；社教类栏目的内容始终集中在文学、艺术、文化、科学、法制、军事等领域，以满足观众“学习知识、增长见识、提高科学文化水平、艺术和情感上的享受”的追求；生活服务类栏目的内容则以满足目标受众“寻求社会服务、追求生活品质、了解商品信息、学习生活经验”为目的。

（二）新鲜性原则

内容的新鲜性既是对一个电视栏目的起始需求，也是对一个电视栏目持续性收视的需求。这就需要栏目组不断开发丰厚的栏目资源，不断更新、深化栏目的内容。湖南卫视作为省级卫视激烈竞争中的佼佼者，制胜法宝就是《快乐大本营》，而《快乐大本营》能打破很多电视栏目短寿宿命之法也正是因为其不断充实的新鲜内容。1997年是《综艺大观》兴盛的年代，当时明星是舞台的唯一中心，而《快乐大本营》却选择普通民众成为与明星同台的表演者，同时将国内外传统文化和民间艺术引入，使“娱乐内容”与“文化内容”组合变成崭新的内容体系，每期一个民间艺术表演让观众抛开流行文化中心论的束缚开始找到自信与骄傲。《快乐大本营》第三次全面改版后，即“快乐家族”时期，明星不再以其简单的身份登场，也不再只表现自己擅长的艺术形式，极具亲和力的游戏项目和极具可视性的内容成为节目首选，这一切都源于策划人对新鲜内容和形式永不停歇的追求。一档栏目从 1997 年开播至今仍然收视率不减，新鲜出炉的内容和选题是其根本。

（三）广泛性原则

广泛性原则是指在栏目所选定的领域内最大程度上做到广泛。如东方卫视的《财富人生》栏目聚焦当今中国财经热点、难点和人们最为关心的财经话题，力邀海内外最具知名度的财经风云人物，倾吐创业的酸甜苦辣，展示风起云涌的财经事件背后不为人知的内幕。自 2002 年 1 月开播以来，该栏目先后对海内外 200 余位著名企业家和社会知名人士进行了专访，在播出地区的政府官员、企业领导、白领阶层和普通市民中拥有广泛受众，具有广泛的影响力与公信力。而这一切与栏目对行业深入广泛的挖掘密不可分。网络自制栏目《奇葩说》《脱口秀大会》将关注的领域和选题范围扩大到网民关注的方方面面，得到了数以亿计的网络播放量。

（四）独特性原则

内容的重复性是今天电视栏目的通病，如何在同类型栏目中保持优势，内容的独特性是策划人必不可少的筹码。同样是职场类栏目，天津卫视的《非你莫属》在引导正确求职观的同时，在内容上强调与众不同的观点与碰撞。尖锐、刁钻的问题从大“BOSS”口中说出，深刻甚至是“刻薄”的议论从嘉宾的言语中流露，抗压测试性质的话语从主持人串词中带出，不同观点的争论从主持人和面试官们的交流中传播，正是这些与众不同的内容成为本栏目的一大看点，这才使得职场栏目猛增的流量完全无法抵挡该栏目的品牌魅力。

七、形式定位

栏目的形式定位就是与电视节目内容相对应的电视节目表现形式，它是电视节目制作方式的核心，提供着适用于不同内容的电视处理方法。因此，无论从其内容结构上还是具体表现形式上，都要把形象生动、新颖活泼作为艺术追求，从而把新鲜实用的内容用新颖活泼的形式传播给受众，达到内容与形式的完美统一，最大限度地强化内容对受众的感染力和教育、启迪、引导功能。

栏目的形式主要包括基本形式、结构、制作形式三个层面。

（一）基本形式

栏目常用的基本形式有九种，有些栏目使用较为单一的形式，有些栏目则在下述形式中选择组合而成，具体何栏目用何形式无定规，但是对内容的把握是选择形式的前提。

1. 播报

这是新闻栏目的主要表现形式，各类型栏目中涉及信息传递的均采用此形式。

2. 访谈

访谈从电视新闻栏目中诞生后成为众多栏目的常用形式之一，尤其是一对一的访谈可以直奔主题，对很多电视栏目而言都是一个不可或缺的形式。

3. 谈话

从访谈和生活相结合的角度产生的谈话栏目是当下电视平台最受欢迎的一类主体栏目。它充分地将访谈的严肃性消解，又将生活聊天的随意性加以修正，源于生活并高于生活。

4. 短片

短片是绝大多数栏目中最常见的形式，它从新闻短片演变而来，有纪录短片、电影故事短片，也有传统专题短片。这些短片有真实采写的，也有情景再现的，但是总体上都有既定主题，应用范围极为广泛。

5. 竞赛

竞赛的类型包括知识竞赛、智力竞赛、体能竞赛、特长竞赛等，但无论何种竞赛，竞争和对抗是此形式的关键。

6. 表演

表演本是舞台艺术的专有名词，但是随着电视栏目对于舞台的充分借鉴，表演也成为很多栏目的常用形式之一。

7. 演讲

传统意义上的演讲只能在严肃的会场环境中进行，而当下与电视结合的“演讲”

已经渐渐成为一种独立的电视栏目形式，其风格各异，吸引了大量观众。

8. 互动连线

电视是转换时空的奇迹，与电影的后期剪辑不同，电视的转换时空可以利用技术随时随地进行。

9. 动漫

一个非动漫的电视栏目中的动漫段落可以让严肃变为轻松，让抽象变为具象，让单调变为丰富，因此，这种动漫形式被大量移植进各类栏目之中。新闻栏目在讲述一些不良社会现象时运用动漫加以演绎，让讽刺变得更加直观；选秀节目选手用动漫做出个人介绍，形式新颖、个性鲜明；生活服务类栏目介绍生活小常识，打破原来单一的播报，用动画片的形式传播，简单易学；教育类栏目在讲述一些历史知识时使用动画片回溯历史，让受众有直观感受。

（二）结构

要使栏目能长期吸引观众的注意力，就需要利用逻辑层次的递进或者结构变化来避免观众的审美疲劳，使栏目内容和形式得到有效融合。目前电视栏目常用的结构类型大致有以下三种。

1. 板块结构

板块式结构又叫球形结构，是在一个栏目内划分几个具有固定时长、固定内容的子栏目，而栏目总长不变。板块之间一般不用主持人串联，即使有主持人也仅仅起到串联的结构性作用，板块与板块之间的界限十分明显。当然，每个板块也可以设置独立的主持人。板块划分的依据通常有两种。

一是按照人、事、现象、观点来划分。以中央电视台《新闻周刊》为例，《一周人物回顾》是对一周内有代表性的新闻人物进行介绍和梳理；《本周人物》是对一周内最具影响力的新闻人物进行深度分析和解读；《一周新闻回顾》是对一周重大新闻事件的回顾；《本周特写》和《本周声音》是对社会现象与新闻事件的温和展示，前者以故事性展现新闻事件，后者通过同期声传递不同的观点和争议；《本周视点》则另辟蹊径，对全周最具价值的一则新闻进行深度评论。板块之间可以独立成篇，亦可互相关联，但总体上而言独立性较强，编排顺序没有严格规定。

二是根据栏目的内容属性划分。如中央电视台的《夕阳红》是一档较早的专业老年人栏目，分为七个子栏目，每日一版，七天一个周期。周一为社会版《关注夕阳》，周二为健康版《祝您健康》，周三为人物版《不老人生》，周四为生活版《生活新视窗》，周五为旅游版《潇洒走四方》，周六为谈话版《相约夕阳红》，周日为娱乐版《爷爷奶奶动脑筋》。

由上可见，栏目在进行板块设置时，一定要将板块数量、板块名称、板块长度以及板块排列顺序清晰地罗列出来，同时还需对每个板块的基本内容和表现形式进行简洁明了的陈述，这是未来栏目策划案指引编导进行样片制作的基本规则。

2. 线性结构

线性结构是指以一条线索为依据，借用传统文学中开端、发展、高潮、结局的结构方法，由主持人串词或者提问来完成结构的推进，每部分之间前后相继，缺一不可。

电视栏目中90%的谈话栏目都采用此结构，因为谈话大多一气呵成，线性结构可以使谈话不单单是紧张火爆或者是平铺直叙，而是张弛有度、快慢结合，有高潮也有缓坡，不会被所谓的“板块”划分打得支离破碎。如优酷自制栏目《圆桌派》(表3-2)、中央电视台早期的栏目《艺术人生》等。

按照此类结构进行策划往往需要做到“主题”或者“话题”先行，因为漫无目的地谈话不能满足栏目既定时长的要求，这就要求编导每期都能将节目陈述的主题进行勾勒，将提出的问题、谈话的话题或结构中各个部分的内容情况大致做一陈述，以便实际操作。

表 3-2 《圆桌派第三季》单期结构[①]

本期主题	佛系：“你真的无所谓吗?”	播出时间	2018年2月9日
主持人	窦文涛	谈话嘉宾	许子东、马家辉、梁文道
由头	社会中“佛系”现象成为部分年轻人的标配，竞争欲望下降，探讨年轻人出现的新定位。		
开端	主持人对目前社会中出现的佛、道、法、仙、儒等系，用段子的方式进行阐述并引出“佛系”的人生态度。(90秒)		
发展	各方进行观点陈述，总体而言是从不同社会背景及角度，对“佛系”的人生观、价值观、世界观进行多角度客观分析举例，并肯定“佛系”的存在价值，引导其向好的方向发展。(38分钟)		
高潮	关于“佛系观念”的讨论，从年轻人到每个人，嘉宾和主持人用一些具体故事引出观点，激发讨论热潮。如北野武、西双版纳大妈等四个故事。(各3分钟左右)		
结尾	“佛系”是社会必然存在的，所谓“系”也是一门值得研究的学问。(1分钟)		

3. 混合结构

栏目总体采用板块式结构进行，但由于各板块内部长度较长，因而在板块内部依据线性结构进行设计，两种结构共同构建一个混合方式。但是这种结构不像板块式结构那么松散，每个板块之间的联系极为紧密，主持人一般也贯穿始终，处于这种结构的每个部分之间环环相扣，所以这里的板块又被称为“环节”。这种结构是电

① 根据播出当期整理。

视栏目发展到“超长时代”的一个新产物。尤其是伴随着大型综艺栏目、游戏栏目、娱乐栏目、真人秀栏目、竞赛栏目的出现使用率激增。从湖南卫视的《快乐大本营》到浙江卫视的《中国好声音》、天津卫视的《非你莫属》，都是使用此结构。

以深圳卫视《年代秀》的栏目结构①为例。

《年代秀》栏目分七个环节，分别是“60年代”“70年代”“80年代”“90年代”“00年代”“老歌新唱”以及“卡拉永远OK”。

现场嘉宾分为五个年代队，每队两人。

五个年代环节每个都有两道共答题，一道年代专属题。而且题目内容都与这个年代息息相关。

年代专属题分四种类型：

1.《我是谁》。由该年代一位嘉宾进入栏目设置的时光隧道，被蒙上眼睛，换上服装，变成该年代的另外一人。这位嘉宾不知自己变成何人，所以他要在一分钟之内向他的搭档不断提问，逐渐缩小包围圈，搭档只能回答“是”或者“不是”，一分钟内猜出加分。这种题型每期出现两次。

2.《我在哪》。该年代某一位嘉宾上台，被蒙上眼睛，屏幕上出现这个年代的某一重要地方或者重大事件。这位嘉宾并不知屏幕上显示的内容，所以他要在一分钟之内向他的搭档不断提问题，逐渐缩小包围圈，搭档只能回答“是”或者“不是”，一分钟内猜出加分。

3.《谁在我身边》。该年代某一位嘉宾上台，被蒙上眼睛，旁边出现一位节目组特邀的神秘嘉宾，答题的嘉宾并不知道身旁是谁，所以他要在一分钟之内向他的搭档不断提问题，逐渐缩小包围圈，搭档只能回答“是”或者“不是”，一分钟内猜出加分。

4.《我在跳(做)什么》。该年代某一位嘉宾上台，戴上耳机，这位嘉宾将在耳机里听到几首不同的歌曲，他(她)需要用肢体语言或者舞蹈表达出来，但是不能动口出声。搭档根据上述情况猜，完全猜对加分。

“老歌新唱”环节：

这个环节是主持人临时邀请在座的年代嘉宾中的几位一起用新的形式演绎老歌。表演之后，嘉宾们换装返场。接着主持人提问一道与这首老歌相关的题目，是必答题。

“卡拉永远OK”环节：

屏幕放出五个年代的五首不同的歌曲，当歌曲到某一句时，会突然停止，屏幕上显示一条英文，此时嘉宾们通过按抢答器争取答题权，最快者得，答对加分，答错扣分。屏幕未显示英文前按抢答器，也扣分，抢到题不答或弃权同样扣分。

---

① 根据播出当期整理。

“加赛”环节：

平局加赛，嘉宾转呼啦圈最晚落地者就是这次节目的获胜者，或者加一首歌曲抢答题，规则和“卡拉永远 OK”环节相同。

上述案例的环节设置充分借鉴了板块式划分的方法，基本上都是按照题目属性进行划分。同时在单个环节的实施中又借鉴线性结构的优点，起承转合处理得很到位，充分将两种结构有效结合，呈现出一个篇幅较大但结构清晰完整的电视栏目。

（三）制作形式

栏目制作形式是对栏目制作流程的一种系统描述，目前世界上通行以下三种形式。

1. 电子新闻采集

电子新闻采集是指使用便携式的摄录设备采集内容。这种形式广泛运用于新闻、专题片、纪录片以及剧情片。近年来除了常规的采集外，大量针孔摄像机带来的隐蔽拍摄也成为很多社会新闻栏目的法宝。中央电视台新闻频道《每周质量报告》《新闻调查》中的隐蔽拍摄正是便携式设备进化到“针孔时代”的表现。

2. 电子现场制作

这是电视技术迅速发展的产物，是对一整套适用于“野外”作业的电视制作形式的统称。这种制作形式可以在事件发生的现场和演出、竞赛等现场制作电视节目，进行现场直播或录播。该系统包括两台以上的摄像机、一台以上的视频切换器、一套音响操作系统和其他辅助系统。它在简化节目制作流程的同时可以对不同对象、景别、角度、拍摄技巧进行灵活的调整，利用导播的娴熟技巧将节目一气呵成，目前已成为很多体育赛事、室外竞技栏目、大型综艺晚会等外景影像的主要制作形式。

3. 电子演播室制作

电子演播室制作主要是指演播室录像制作。它在技术上与电子现场制作类似，不同之处在于演播空间的固定与封闭。目前可见的谈话栏目、娱乐栏目、生活服务栏目、竞赛栏目等都采用此形式。例如，江苏卫视的《非诚勿扰》演播厅，除了制作该栏目外，还衍生出《职来职往》，这正是对一个演播空间的充分挖掘。

（四）播出形式

1. 录播

目前国内 95％的电视栏目都采用此种播出形式，这种播出形式便于栏目制作者进行充分的编辑和检审，但是同时也增加了一定的制作成本。例如，江苏卫视《最强大脑》就是一档采用演播室录播的益智攻擂节目。这种演播室录制可以将多种电视制作方式综合运用，但不足之处是缺少及时的场外互动。

2. 直播

直播有现场直播和演播室直播两种情况，北京 2020 年冬奥会从赛事现场到中央电视台演播室的嘉宾主持人谈话场，正是上述两种情况的组合。在网络栏目中，直播也被广泛应用，尤其是在新冠肺炎疫情期间，疾探专家、观众无法到现场，直播带来了第一视角，让人感同身受。

真实和迅速是直播带来的优势，但是一些不可预测性对检审造成的难度也是这一形式在国内电视栏目播出中较少采用的重要原因。

八、风格定位

法国的启蒙主义思想家布封说："风格就是人本身。"对于一个电视栏目而言，风格就是栏目的个性或特色。电视栏目的风格需要从以下五个方面体现。

（一）由内容定位体现风格

电视栏目的内容定位直接影响着风格的形成，很多品牌栏目都是内容定位稳固后才逐渐形成自己独特的关注点和个性化品质的。同样是人物访谈栏目，人物的设定和选择能形成完全不同的栏目风格。如《艺术人生》《超级访问》将镜头对准艺术界的人物，因此栏目风格轻松、活泼，娱乐色彩和艺术气息较重；《人物》《大家》则将话筒指向学术专家，栏目风格体现出的严肃性和理性色彩极为浓厚。而当下网络新生代的栏目《十三邀》则将目标锁定在影视圈观点独特的人物上，用主持人带有"偏见"的视角探讨社会。

（二）由形式定位体现风格

不同的内容形成不同的风格，而有限的内容不会成为一档栏目的专属品，很多栏目共同占有这些内容资源，由此推演出不同形式、不同风格的栏目定位。例如，中央电视台综合频道《开讲啦》和安徽卫视《超级演说家》，就主体形式而言都是"演讲类"栏目，主要目的都是通过人们的"演说"来传递内容。但是形式上的差异性使得这两个栏目呈现出完全不同的风格。《开讲啦》形式上沿用了《百家讲坛》主播导出、嘉宾宣讲的方式，虽然嘉宾的选取及演讲内容的选取与《百家讲坛》不同，但是虚拟课堂的环境布局和书香缭绕的氛围营造使得整个栏目依然呈现出极强的文化气息和严肃性；而《超级演说家》在"演讲"的主体形式上加入了真人秀栏目的真实性，以及竞赛栏目的竞争性、娱乐栏目的娱乐性，又将评委团队的明星色彩、民生节目的苦情短片、访谈栏目的语言交流，共同纳入一个栏目中，形成了一档多元组合的崭新风格的电视栏目，并且迅速蹿红荧屏。

（三）由拍摄制作体现风格

电视栏目策划案不是单纯的文本形式，它是最终用来指导实践的蓝本，其中遵循的电视创作的基本规律对栏目风格的形成至关重要。

1. 视听语言的运用

电视是一个视听结合的媒介，对视听语言的运用是电视从电影和广播两大媒介中获取的最有效经验。观众对一家电视台和一个品牌栏目的认知除了那些自己热衷的内容外，主要依靠电视台和栏目各自不同的视听效果、视听风格。例如，凤凰卫视中文台温暖的黄色调、简洁而又具象的台标，以及由此形成的包装风格，尤其是每个预告片边框采用的半个凤凰的演化版本，将自身的形象与定位稳定在传统与现代相交融的风格中；而浙江卫视将沿用了15年的台标和品牌形象加以强化，演化出“中国蓝——蓝无界、境自远”，由此展开色彩定位，整个频道包装开始出现以“海蓝色”为整体基调的趋势，并且推广到各个品牌栏目的包装。上述这些能够被观众熟识以及记忆的频道都是因为有自己个性化的风格。

2. 演播空间的开拓

演播空间的开拓主要指传统演播厅与虚拟演播室、外景空间和实景空间的有机融合。栏目策划人要学习和熟悉各种现代技术并运用到演播室的设计中，使演播室的风格与整个栏目节目的风格达到统一。近年发展迅猛的真人秀栏目中更是将演播空间的设计风格当作激烈竞争的一大利器。例如，浙江卫视《中国梦想秀》巨幅LED上的天使之翼、中央电视台综合频道的《梦想星搭档》观众票选环节的“赞”屏、浙江卫视《中国好声音》的“擂台”形状的表演区域等都是其品牌标识的一部分。而同类栏目更是在用演播空间完成风格竞争，以黄色和红色布景为主体的天津卫视《非你莫属》用中国人传统观念里的色调为职场成功人士定位；而中国教育电视台《职来职往》蓝色和白色为主的环境设计，营造出安静、舒适的求职氛围，使求职者可以在场上自由发挥，观众可以在家中平静观看。

（四）由主持人体现风格

电视栏目是视听艺术，主持人的外在形象和语言表达都是其中的审美元素。电视栏目诞生的初期，观众还沉浸在形式的新鲜感中，对主持人元素的要求并不高，外形俊美、普通话标准就可以成为主持人。而今，这些标准被五彩缤纷的荧屏世界彻底颠覆，主持人的外在需要个性，主持人的语言要有风格，主持人的表演能力甚至成为必要条件。可以说主持人是与一档电视栏目内容和表达以及视听手段和谐一致的元素，所以“变化”可以作为主持人风格定位的关键词。一档品牌栏目往往与一个品牌的主持人相伴随。

（五）由包装体现风格

如果说主持人是一档电视栏目的软性风格，那么一档栏目的包装风格则是硬输出的途径。电视策划人和制作者要将栏目内在的气质和外在的形式准确地融合，做到定位准、全方位、系统化、创意妙、制作精。

栏目的“外包装”是栏目风格物化和外化的重要手段，包括栏目的视觉形象、栏目音乐、宣传片、片头、片尾、隔断小片等。成功的栏目包装不仅要使片头创意与栏目标志间产生紧密的关联；还应与演播室的背景、主持台标志、话筒标志保持某种程度的共性。另外，节目标题与栏目名称和标志的组合形成、字幕的出字方式、字体选择、字形大小、主色和辅助色、基本制作风格和特技手段等，都是栏目风格定位时必须关注的问题。它们的统一性和规范性随着栏目播出次数的增加，每一个细节都会在观众的心目中留下深刻印象，成为栏目形象的重要组成部分。这些“花招”虽然不能最终替代节目内容去吸引观众，甚至观众在欣赏节目的过程中可能将其忘得一干二净，但这不等于栏目制片人的心血白费。精心策划的栏目形象一旦被节目内容不断地赋予新的内涵，它的价值可能会超过内容本身。

九、营销策略定位

电视栏目除具有传媒性质外，还兼具产业和商业的性质。因而电视栏目的策划也就包含了其作为“商品”应有的定位——营销策略定位，即电视栏目既要为观众所接受，又要为广告商所认可。制定电视栏目营销策略应充分考虑双方的需求，从产品策略、价格策略、渠道策略、品牌策略、促销策略五个方面制定栏目整合营销的具体方案。

（一）产品策略

产品策略是优秀电视栏目营销的起点。和一般产品一样，电视产品也由三要素构成，即核心产品、形式产品和附加产品。

1. 面向目标受众的产品策略

核心产品是指向顾客提供的产品的基本效用。对一档电视栏目而言就是它的功能定位。准确定位栏目功能，在营销过程中予以强调，便于目标受众选择。在功能传播过程中强化功能的到达和效果，提高目标受众对电视栏目产品的忠诚度，为栏目的发展提供更稳定的受众基础。

形式产品是指核心产品借以实现的形式，包括品质、式样、特征、商标及包装。电视栏目的名称、类型、形式、结构、标识、片头、片尾、整体包装等均属于形式产品，因此从营销的角度而言，上述形式要点都应当形成统一的风格样式，通过最初的宣传和随后的播出树立栏目在观众中的知名度。例如，借助网络平台进行宣发、借助所在媒体的其他品牌栏目进行宣传、播出栏目宣传片、推荐栏目主持人参与其他栏目的活动以增加曝光率等。

附加产品是指消费者购买产品时随同形式产品所获得的全部附加服务和利益。对于电视栏目而言，附加产品表现在不同类型栏目上有所不同。新闻类栏目可以提供观众网络平台的新闻文字版本和重复阅读观看的机会；生活服务类栏目可以提供观众后续的一些具体服务内容和生活指导，比如《非诚勿扰》的婚介服务和《职来职往》的职介服务。娱乐类栏目现在广泛采用有奖竞猜和有奖参与的形式，充分满足观众观看的热情，同时为观众提供具体商品的奖励或者赞助商家的服务，如到某地旅游或者学习等。总之，电视栏目的营销竞争现在是硝烟四起，传统电视的产品附加值不高，是竞争的劣势，增加观众的参与度和后续联系是进行产品营销的重要手段。

2. 面向广告商家的产品策略

对于广告商家而言，核心产品就是广告到达率。因此，面向其制定产品策略首先是对目标受众的准确分析和定位，以及对收视率报表的分析和研究。只有使目标受众与广告商家的产品销售目标尽可能统一，才有机会营销更多的广告。对广告商家而言，形式产品即广告的表现方式，广告片的投放是最主要的形式，但是此类广告不需要栏目制作，而软性植入广告则完全取决于栏目的策划。摆放在主持人桌上的商品、贴在主持人笔记本电脑上的商标、嘉宾表演使用的道具、栏目拍摄场景、冠名栏目名称等，都需要有一个合理的策划和植入方式才能取得良好的传播效果。附加产品不是电视栏目营销的主体，但是作为长期合作的最好法宝，电视栏目定期提供自身的受众分析报告是对广告商家的最佳服务。

（二）价格策略

价格是当今营销中使用最为活跃的因素，科学合理的价格策略对于促进栏目的健康发展，形成一个良性的循环大有裨益。一档电视栏目的定价取决于收视率的高低，这虽然在很多电视台内不属于电视栏目支配区域，但是随着电视栏目制播分离的日益推广，对自身包含的价格体系进行科学合理的规划是越来越多电视策划人的分内工作。

（三）渠道策略

电视栏目的广告投放位置和类型是电视栏目作为商品的重要营销渠道。电视栏目广告的定价标准取决于所在频道的基础定价，同时取决于该栏目的首播时间和重播时间，更取决于该栏目的受众数量和受众类型。然而从策划的角度而言，单一的广告时段定价已经过时，期望达到传播效果的广告商更看重组合广告的作用。随着网络的发展，电视与网络融合的速度加快，很多品牌栏目营销的手段和渠道已经从传统的电视手段延伸到了网络视频的播出。

（四）品牌策略

一档新栏目的品牌意识是其日后成就的重要开端。从策划之初的宣传语到品牌识别标识的设计制作，再到栏目为自身推广宣传拍摄的“宣传片”等，都是这档栏目的营销策略。

培养一个品牌需要一个周期，而用一个成型的品牌带动更多栏目的营销则是品牌营销的新模式。湖南卫视《快乐大本营》《天天向上》两大栏目在品牌营销上可以充当典范，近年湖南卫视周末黄金时段就是利用上述两大品牌捆绑季播栏目的模式进行推广。2020 年年初，湖南卫视周五时段播出《歌手》《我家那闺女》，周六时段播出《快乐大本营》《声临其境》，周日时段播出《天天向上》，将“栏目集群效应”发挥到极致。

由此可见，编排播出上的创新促成资源的有效整合，原有品牌栏目的知名度和美誉度被备份扩张，借助这一资源优势，一些新栏目得到了有效的推介，知名度随之上升，假以时日，一个新的品牌会应运而生。

（五）促销策略

频道宣传、台网融合、衍生宣传是近年电视栏目促销的主要手段。

1. 频道宣传

频道宣传主要是指在本频道播出栏目宣传片、主持人宣传片、栏目本周亮点推介片等，通过频道收视率增加目标受众的知晓率，以此提升新栏目的认知度和收视率。但是由于电视体制改革等诸多原因，很多栏目已经是由体制外的电视机构进行制作了，而电视台和频道对其进行的栏目宣传也是要收取相应的广告费，所以也促使更多的制作机构开辟了网络宣传和社会宣传的新途径。

2. 台网融合

伴随媒体融合进程的进一步加深，台网相融共生、合作联动已然是大势所趋。在这一背景下，传统媒体要客观判断自身优势，对原有资源进行整合，同时要聚焦现代互联网传播热点，寻找新的传播着力点。对于品牌栏目和网络而言，这样的协作联动互惠互利，对于起步阶段的栏目与网络而言，可以实现资源共享，强强联合，增强了新栏目的推广与宣传效果。基于此，出售电视栏目的网络播放权、购买主流网站的链接、购买搜索引擎的推广、购买贴吧话题的置顶、推出栏目的官方微博、建立微信号等已变成电视栏目网络促销的常规手段。这样不仅大大提高了网络群体对电视栏目的认知，同时将潜在受众吸引回电视机前。

在常规宣传手段基础之上，电视要充分利用短视频、网络直播等内容形式，主动拥抱网络的超链接性、移动性和社交性，助推节目持续发酵，以吸引更多的受众。广东卫视大型音乐文化类栏目《劳动号子》联合抖音短视频开展“劳动号子让你红”、联合全民 K 歌开展“唱出劳动范儿”两大主题活动，实现了传统文化与新兴媒体的有效共振，让劳动号子这一传统的文化艺术真正走进受众身边，对于栏目做出了有效的推广。如今，抖音、快手、火山、微视、西瓜等诸多短视频平台已成为电视栏目宣传的重要阵地。

3. 衍生宣传

衍生节目的开发、与电商平台合作提供栏目衍生品售卖等手段，均对电视栏目起到较强的宣传效果。例如，湖南卫视《亲爱的客栈第三季》播出时同步推出网络会员衍生节目《客栈不打烊》，专属内容不仅满足了受众“不够看”的需求，也帮助视频网站扩大了会员规模，深化了台网互动，达到了共赢效果。北京卫视《上新了·故宫2》与电商平台展开合作，将文创产品在电商平台进行售卖，扩大了宣传覆盖面。

实践证明，随着新媒体的快速发展，电视栏目的网络促销手段也将会长期处于变化之中。

单元三　电视栏目策划方案范例

本节以某电视台《K 歌之王》①栏目策划竞标案为例，逐一分析电视栏目策划案写作中应注意的事项。

一、《K 歌之王》策划案解析

（一）栏目名称：《K 歌之王》

解析：作为一档亲民栏目，《K 歌之王》充分抓住了“亲民”这一特点，与众多歌唱类栏目拼技术拼专业不同，它是拼“贴近性”，从栏目名称入手达到吸引大众关注的目的。这是一个成功的栏目名称。

（二）栏目标识（Logo）—— K^+

解析：标识作为一档栏目包装营销的重要手段，在栏目策划初期就要设计完成，在栏目样片制作和推广宣传时同步上市，从而使观众达到品牌记忆的效果。而《K 歌之王》这一设计也是与亲民特点紧密结合的产物，从“扑克牌”入手，运用大众喜闻乐见的“K”作为主体标识，但是又与游戏区别开来，因此“K^+”的组合起到差异性作用。

（三）策划背景

1. 初衷

××电视台需要一档综艺娱乐栏目提升周末黄金时段的竞争力。

2. 为什么是歌唱类节目

歌唱类栏目在各个地方卫视收视成绩显著。经过长达两年的市场发展，歌唱类栏目仍旧保持着强劲的势头，成为继访谈类栏目之后各地方卫视必备的常态栏目类型，如湖南卫视《挑战麦克风》（持续进入全国收视前 10 名）、江苏卫视《谁敢来唱歌》（持续进入全国收视前 10 名）、浙江卫视《我爱记歌词》（持续进入全国收视前 10 名）等。

解析：该方案称为策划背景，但从其内容而言实为媒体环境分析。从深度和广度而言，《K 歌之王》的上述分析欠缺较多。其中对自身环境和对手环境均未做出客观科学的评定。

首先是对自身的分析不足。作为地方卫视，娱乐是否是自身的优势？虽然全国

① 根据地方电视台竞标会内部资料整理。

各大电视台黄金时间都在拼娱乐，但并不代表后进者能用类似栏目取得相关的进展。所以，做出特色是进行环境分析的重要一环。建议修改时一定要加入详实的自身环境分析，即本台所处的全国卫视地位排名；该栏目设计的时间点现为何栏目，在全国收视率排行情况；本台其他歌唱选秀栏目的基本情况以及收视情况等。

其次是对对手的分析不足。方案中所指的三个卫视品牌栏目所处时间点与即将设立的《K歌之王》是否重合，这种正面交锋的自身优势何在，是主持人？是歌曲？是嘉宾？是结构？还是选手的亲民特点？三个品牌栏目的特色为何，如若《K歌之王》顶风上阵是否有避险的机会？嘉宾的邀请是否有明显的差异性等？建议修改时全面将上述三档栏目的播出时间、时长、内容、主持人、风格、嘉宾类型等进行表格式规划整理，形成科学对照后的设计方案。

最后是对其他媒体环境分析不足。2010年已经是网络发展的高峰期，本方案未见对网络竞争的对比和融合，也未见对传统广播的分析。尤其各地交通发展带来的广播重振，有很多知名的广播音乐频率参与着这类栏目的竞争，是有效合作还是针锋相对，该方案未见详述。建议修改时加入本地区音乐广播的情况分析和主要音乐网站提供卡拉OK服务情况的分析。

（四）项目优势

1. 氛围优势

××市拥有全国顶级的卡拉OK商业环境，根据2008年商业统计，××市正规卡拉OK场所消费价格居全国省会城市之首，场所人流量稳居全国省会城市第二名。由此可见××地区普通百姓对于卡拉OK情有独钟。

解析：从上文所述情况可见氛围优势其实主要是对栏目所处城市的“文化环境分析”。上文对此项目优势的分析略显肤浅，仅从卡拉OK场所消费价格和人流量上进行简单的分析，缺少对人口类型促成的文化流动性、现代文化冲击形成的文化分流等深层次原因的分析，复杂问题简单化，缺少对市场定位以及受众定位背景的深入思考。

2. 受众优势

××台需要年轻观众，卡拉OK伴随着“80后”“90后”的整个成长轨迹，开立一档能够开放互动的卡拉OK栏目契合年轻人的价值观，必然引发青年观众的关注。

解析：这个优势把握得并不准确，对性别、收入程度、文化层次等受众类型的分析都不清晰。尤其是忽略了在地方环境中文化消费和休闲娱乐活动会分流很多的受众，而这些受众对此类栏目关注程度的高低没有准确的数字调查，只是主观地认为“必然”，这不符合电视栏目策划案基于受众调查基础上这一基本切入点。建议以此栏目样片为契机进行基本的受众调查、问卷调查、网络调查和街头随机访问。但要注意以初步划分的目标受众为调查主体。

3. 明星资源优势

本地演艺资源丰富，明星参与《K 歌之王》可以只做评委不唱歌，或只唱自己的歌；加上事先的精心准备，在这个栏目中明星不会出现突发状况，可以把握参与尺度，极大地扩容明星参与范围。

解析：这个优势是一些地方的特色，也是一个电视栏目策划环境分析中专业环境的一个部分。毕竟媒介和明星是一对不可分割的组合，充沛的演艺资源可以促成栏目长期稳定的内容资源，为栏目的生命力提供有效的保障。

4. 差异性优势

《K 歌之王》和其他地方卫视同类栏目的主要差异体现在以下几个方面：

(1)全民参与的广泛性。K 歌之王将开立日播外景节目，走进当地正规 K 歌场所，邀请网络 K 歌达人参加节目，同时在网络和广播开展地面选拔，力求每一个登上电视荧屏的参与者都有出处，保证栏目的量化互动和起步层次。

(2)K 歌房设备的升级研发和现场引入，打破其他地方卫视的单调模式。(细节见附文环节介绍)

解析：这一点正是弥补了媒体环境分析中的不足，但是仍然分析得不很透彻。尤其是对全民参与这个概念处理得过大、过宽、过于理想主义。毕竟全民时代已经过去，连春晚都在不断流失观众，“高大全”的电视栏目是不存在的，所以对网络和广播合作的分析应当有受众针对性，强调媒体受众与栏目受众的吻合度。

5. 衍生内容优势

针对首发影视、文化资源设计节目专场，积极策划主题专场。例如，针对动作演员群体设计高难度专场节目。

解析：这部分属于栏目内容定位，撰写在此处不太合适，毕竟整体方案的模式还未建构，无从探讨内容的创新和衍生，因此位置上应当进行调整，在基本结构和形式前后再进行内容的定位更为准确。

(五)栏目制播

(1)播出平台：××卫视

(2)节目形态：歌唱类综艺秀

(3)播出时间：周六 21:35—22:25

(4)节目时长：50 分钟

(5)播出形态：录播

(6)播出周期：季播 13 期

(7)收视人群：全国范围内 15～35 岁青年受众

(8)收视目标：同时间段，同类型节目，全国收视前三名，全国收视率 1.0 以上，地方收视率 3.5 以上。

解析：这部分内容涵盖了策划案的多个项目。

首先是栏目类型的定位。歌唱类综艺秀。从主体定位的歌唱类而言，对类型的把握还是准确的，但是从综艺秀这个概念着眼，会发现栏目整体结构体现不足，这样会造成宣传过程中的空白点。综艺的概念是各种艺术形式的集结，因此除了演唱本身外，栏目还需设计其他艺术形式或者娱乐形式的展现，但是从栏目方案中并无这样的其他形式，说明策划者对栏目单一的“演唱”形式不满意，试图要加入“综艺”的色彩，但是在实际策划中没有完成。建议修改时加入一些简单的游戏环节或者其他才艺展示环节，将单一的歌唱形式作为主体，其他形式作为配合，增加节目的可看性和互动性。

其次是栏目时长和时段定位。作为选秀类栏目，60～90分钟为宜，但是算上广告和片头片尾实际节目内容也就50～80分钟，因此《K歌之王》设计的50分钟长度如果不包含广告时长尚可，如果加上头尾和广告，实际歌唱竞赛的时间略短了一些。播出时间定位错开了20:00—21:30的高峰期，对一档起步阶段的栏目而言是合理避险的方法，同时城市人群作息时间整体后延的情况使得21:35—22:25依然是一个相对的黄金时间段，因此时段定位准确。

再次是栏目播出周期定位。“季播”是欧美节目大量涌入对中国电视栏目发展带来的巨大影响，大型的真人秀栏目从参赛者的招募到栏目的制作都需要一定的周期，传统的日播、周播需要的节目量过大，对此类制作周期较长的栏目而言不适用，而季播带来的周期空当可以保证栏目组有足够的创作时间，尤其对保证节目质量影响最大。这也是《中国好声音》《我是歌手》《全能星战》等季播栏目较之传统的周播歌唱选秀类栏目精致的重要原因。然而对于中国电视市场而言，季播的缺陷也不言而喻。中国没有带薪休假的社会环境，休假制度也不够充分，因此全年除了春节外，大多数的中国人都是在周而复始地过着工作、休息两点一线的生活。电视栏目对民众而言是需要日复一日地观看，而季播的空当就成了收视的空白点，给了其他栏目可乘之机，而一旦受众被分流，除非极佳的吸引力否则再要找回则是难上加难。因此建议从栏目策划上升到“栏目群”策划的高度，有效地在不同“季”上不同类型的栏目，这样在给足每个栏目组制作周期的同时充分留住同类受众，对栏目和频道而言均是大有裨益的。

最后是收视目标定位。这个定位的假设性极高，具体实施中情况的变数较大，所以在常规策划案中较少涉及。建议修改时充分考虑竞争对手栏目的收视率、此时段全国品牌频道的收视率、本台以往此时段的收视率等因素，综合分析数据并得出相关结论，避免主观性和盲目性。

（六）栏目描述

《K歌之王》栏目以大规模观众参与为主体，明星参与为协力。在遵循电视制作规律的情况下尽可能还原当前都市年轻人卡拉OK飙歌的乐趣所在，吸引青年电视观众参与其中。

主要环节分在“选歌、抢麦、比赛、奖励”四个现实空间中，K 歌房是青年人最常见、最熟悉的部分。此环节与现代都市生活紧密相连，凸显本台对青年受众习惯和思维的重视，精心拉动青年受众的收视。整个节目节奏快、熟悉的 K 歌音乐此起彼伏，保证紧张而有序，欢乐热烈的气氛持续不断，适合全家人一起观看。《K 歌之王》的目标就是依托人气 K 歌风潮，营造一场青年观众参与的，健康、青春、火爆的周末电视盛宴。

解析：本案将功能定位与内容定位、形式定位相结合，简单陈述了栏目的娱乐功能。建议修改时单列其中每一项目，一方面可以对功能进行充分挖掘；另一方面可以更为详实地描述栏目所表现的内容和形式。

（七）栏目形式与结构

1. 日播节目

(1)形式

两个小型外拍组(主持人、摄像及助理、收音师)，每天奔走于本地所有高校和时尚 K 歌场所，勇闯每一间 K 歌房，找寻年轻的 K 歌达人。

选拔条件非常简单，能够完整地唱出一首好听的歌曲，外形气质积极、健康，愿意参加电视台录像即可。

每当主持人找到符合条件的人，当场发出一张××电视台录像邀请，该幸运儿就有可能参加当周的电视录像，并有机会向全国观众展示自己的歌喉和个性。

小日播节目每期 1 分钟左右，每天做出多期在××电视台所有频道以《K 歌之王》宣传片形式播出。

(2)结构

①主持人时间地点介绍。

②K 歌达人唱歌(以过关的为主，也有一些电视表现力强，但歌唱水平一般的选手)。

③主持人发出邀请信，告知观众本周谁将登上节目大舞台。

(3)日播节目功能

①找寻有歌唱能力的都市时尚青年，使节目更具可看性。

②在城市中引发热潮，让人们在 K 歌放松的同时有机会上电视，引发栏目关注。

③自我炒作和宣传，不断制造连续的影响力。

2. 季播 13 期栏目形式与结构

(1)开场，表现主题(2 分钟)

a. 精彩 K 歌达人 VCR 小集锦。

b. 华丽开场。整个现场五彩绚丽，全场 400 位观众(男、女各 200 位)。每位面前都有一部液晶点歌机，沙锤、手铃等 K 歌装备一应俱全。每位选手身后安置一部小型彩带炮，随着节目火爆进行，现场将金花四溅。全场同唱一首开场曲，观众热烈鼓掌镜头和年轻的笑脸表情交替出现。

c. 女主持人、嘉宾主持棚内亮相，再次引发尖叫喝彩。

女主持人讲明到场的全部是通过网络报名和日播节目选拔上来的准 K 歌之王，今晚将是全市乃至全国最大规模的一次欢乐 K 歌聚会。场内选手将在这里连续战斗，连闯 4 关的最后胜出者将获得××著名卡拉 OK 机构提供的一年完全免费欢唱礼券。

(2)第一环节：超级选歌(10 分钟)

火爆气氛继续，所有选手面对卡拉 OK 选歌机，当嘉宾主持人宣布超级选歌环节开始，所有参赛者将在银幕上的上千首歌曲中迅速找出自己喜欢的 30 首，同时大屏幕上爆出本周最受欢迎的 30 首热门歌曲。选手所选曲目和最终结果最接近的一位，身后的彩炮爆响，全场为其热烈鼓掌，这位幸运儿因为夺得“最懂流行大奖”而第一个“抢麦”成功，获得演唱机会。

此时现场超级“人物”——计算机“ K 歌巨无霸 ”将现身大屏幕，它告诉“抢麦”选手：选手可以 30 选一，一展歌喉，时间是 1 分钟。如果歌词全部唱对，而且经过计算音准积分达标，选手就将立刻获得特别礼物，一个月 K 房免费优待券。

挑战立刻开始，如果选手敢于选中嘉宾主持的歌，嘉宾主持还有可能当场同唱，为其加油鼓劲。

一段小悬念过后，选手的成绩呼之欲出。或失败或成功，快乐就好。

(3)第二环节：超级“抢麦”第 1 次机会(10 分钟)

女主持人告诉大家刚才的环节还只是热身，接下来正式的集体“抢麦”战斗马上打响。

当嘉宾主持宣布超级“抢麦”正式开始的时候，所有选手将在热门歌曲 30 首中第一时间选出自己最想唱又擅长的歌曲。时间只有 5 秒。

选手选歌结束后，现场观众普遍想唱又普遍能唱好的一首歌曲名字出现在大屏幕上，最快选中这首歌曲的前五名选手身后的彩炮爆响，女主持人欢迎他们走上台来，每人得到一只麦克风，针对屏幕上的同一首歌曲展开麦霸大比拼。

“K 歌巨无霸”将再度现身，告诉 5 位“抢麦”选手：他们将按照顺序依次联唱这首歌曲。最终将根据歌词准确度和音准积分选出一位优胜者，并且立刻获得特别礼物，一个月 K 房免费优待券，并有机会参加节目最后的大奖争夺。

无论胜负如何，一首美妙的歌曲融入了 5 个人的情感，相信现场和电视机前的观众都不会错过。

“K 歌巨无霸”还在卖关子，选手的成绩最终揭晓。

胜利者在欢呼，失败者也在开心地笑，因为他们登上舞台已经是非常幸运了。

(4)第三环节：超级“抢麦”第 2 次机会(8 分钟)

(5)第四环节：超级“抢麦”第 3 次机会(8 分钟)

第二、第三轮“抢麦”和第一轮思路一样，细节操作有所不同，因为上来的人完全不同，效果也会不同。

总之，《我爱记歌词》的记忆考验、《挑战麦克风》的唱功比拼，最受欢迎的电视形式轮番出现在现场，火爆气氛一波高过一波。

(6)第五环节：“抢麦”大结局(10 分钟)

三位“抢麦”优胜者逐个产生，决定最后胜负的时刻即将到来，每人自选一首歌曲现场演唱，但这回“K 歌巨无霸”只提供参考数据，最终的优胜者将由现场所有的观众投票决定。场面酷似“快女”投票。悬念一步一步揭开，最终获得全年免费 K 歌优惠券的选手惊喜不已。

当然，如果优胜者是经由日播外景组选拔上来的，我们还会送上其当初在 K 房被发现一刻的视频资料。经历了一场欢乐聚会，一次神奇的电视之旅，此时又该是什么心情呢?

(7)热烈收尾，简单明快(2 分钟)

欢乐的收尾部分，整个节目在热闹、祥和、娱乐的氛围中结束。

解析：原方案本部分层次略显凌乱，一些具体环节描述不清晰，引用前我们进行了基本语句的修订以及格式的简单调整，在此基础上进行解析。

首先，日播栏目的形式简单生动，极具贴近性，符合栏目功能定位，且具备极强的操作性。尤其是日播形式达到的宣传效果较好，对周播总栏目的推动作用极大。一方面是周播栏目选手的选拔节目，另一方面是栏目营销宣传的重要手段，是很多大型季播节目值得借鉴的优秀经验。

其次，周播栏目的结构设计在原方案中较为凌乱，但是认真梳理文字可以清晰地看到栏目的脉络。整体而言，结构比较清晰，对每一个环节的具体操作表述也有一定雏形，唯一欠缺的是栏目不同环节内容的表述还是不够具体。例如，这 30 首歌曲的评判标准、类型划分等还需要进行详细的解释。

最后，形式、结构的策划可以和内容策划相结合，但是建议不要与风格策划完全混为一谈，这样对于指导编导操作会略显凌乱。

(八)栏目预算

样片预算：50 万元

单期预算：30 万元

合计预算：400 万元

解析：电视栏目制作经费预算是一套严谨的经济学体系，需要有标准的项目，而非上述的一个宽泛数字。应当具体到人、财、物等不同层面的开支，才能促使主管领导从经济效益和社会效益的双重角度判定栏目的可操作性。

二、解析总结

《K歌之王》栏目策划案，为电视娱乐栏目的策划提供了有益的参考。但纵观其策划方案，还存在一些不足。

一是栏目内容定位缺失。主要是对歌手和歌曲的类型缺乏清晰的表述。

二是栏目风格定位缺失。全案只在形式结构部分带有个别语句的风格表述，散落在文案中，没有形成体系，且彼此间也没有关联性。内容定位决定了内容导向的风格；形式决定了外在风格；而最关键的主持人风格，包括主持人的性别、类型、着装、语言等外在和内在的风格效果，在文案中基本未进行表述；对于栏目视听语言和演播空间也没有做出系统的表述，仅仅在形式结构部分用间隔期间的一半句话进行了提点，这对于一档完全崭新的栏目而言是远远不够的。

三是栏目营销策略定位缺失。全文除选手选拔过程中动用了网络和广播资源以及预算部分提出一句“广告招商实现商业创收”外，无任何该栏目营销对策的表述。作为一档季播大型栏目，营销是必由之路，否则巨大的投入对电视台而言绝不仅仅是单一的社会效益可以弥补的。

想一想

1. 电视栏目策划应把握哪些原则？

2. 电视栏目的策划要点有哪些？

3. 如何撰写一份高质量的电视栏目策划文案？

团队实训

1. 项目名称：编写电视栏目策划文案

根据单元2开展的相关类型电视栏目调研报告，分组进行电视栏目策划方案的撰写。

2. 实训目的

通过电视栏目策划文案的编写，使学生系统、深入了解栏目的策划过程与策划要点，掌握电视栏目策划的基本知识与基本技能，培养学生的质量意识与团队协作精神。

3. 实训要求

(1)策划文案应包括栏目环境分析、栏目宗旨、栏目类型、栏目收视对象、栏目播出时间、栏目定位(内容定位、形式定位、风格定位)、栏目的营销策略、投入产出预算八个方面。

(2)每组选择代表汇报栏目策划方案，专任教师、行业一线专家及学生对策划文案进行论证，文案须经教师与全班同学各2/3通过时，方可进行撰写。

4. 评价标准

评价内容	分值	得分
选题新颖，导向正确	15	
文案完整，应包含电视栏目策划的九个维度	25	
文案具有较强的逻辑性	15	
文案具有现实性与可操作性	25	
随机抽取小组成员进行方案汇报，考察学生的主动参与意识与团队协作精神	20	
合计	100	

专题四 电视节目策划文案的编制

【专题概述】

电视节目作为电视栏目的组成部分，是体现栏目定位的关键，方案中所有确定的方向都需要每一期节目的贯彻，也只有每一期节目都遵循定位来策划实施，才可以称之为一档栏目的一期节目。本单元在介绍统一性、创新性、时效性、独立性、操作性五大原则的基础上，从节目选题策划、节目结构策划两个层面，对电视栏目策划知识与技能进行了阐释，旨在为电视节目策划文案写作提供系统、完整的框架。

【学习目标】

1. 了解电视节目策划的五大原则
2. 了解电视节目策划的两个层面
3. 掌握电视节目选题策划的方法
4. 掌握电视节目结构策划的原理
5. 能进行电视节目策划文案分析
6. 能初步撰写电视节目策划文案
7. 培养学生精益求精的工匠精神
8. 培养学生文化固本、艺术涵养的职业精神

单元一　电视节目策划的原则

一、统一性原则

一档电视栏目之所以被记忆，被观众忠实守候，绝不是单一的一期节目的魅力，而是日复一日、周复一周，月复一月的播出被观众感知和认可，最终成为习惯。电视节目策划的第一原则就是要遵循电视栏目策划案的要求，与电视栏目策划的定位统一，无论是宗旨目的的贯彻，还是对受众心理需求的满足，或是结构流程的分布、风格的体现，均需达到统一。例如腾讯视频自制栏目《吐槽大会》的口号是“吐槽是门手艺，笑对需要勇气”，以口号为带动的宗旨在选题策划和结构分布上对栏目的发展形成了有效指引。

二、创新性原则

创新绝不仅仅是栏目策划的原则，同时也是节目策划的必要原则。对一档品牌栏目而言，一期节目的创新就是在创造一种“熟悉的陌生感”，不断更新内容，让观众在不变的形式中见到期期在变的内容。对一档起步阶段的栏目而言，一期节目的创新就是在创造“竞争力”，不断创造新的表现形式，让观众从一个崭新的视角审视那些熟稔于心的内容。对一档步入暮年的栏目而言，一期节目的创新就是在创造“起死回生的灵丹妙药”，“变则通，不变则壅；变则兴，不变则衰；变则生，不变则亡”，电视栏目的生存竞争压力极大，对处于衰退期的栏目而言，一期节目的改变可能会带来一个乾坤大逆转，观众求新求变的眼光会在调台的一刹那发现你的改变。

三、时效性原则

时效性指的是信息效用依赖于时间并有一定的期限，其价值的大小与提供信息的时间密切相关。新闻的时效性是指对最新、最近发生的事件进行报道，强调的是新闻报道的时间距离事件发生的时间越近越好。但是时效性绝不仅仅是电视新闻栏目的专利，每天不断更新的信息是很多电视栏目选题策划的重要源泉，由此而形成的节目之间对于新鲜选题的竞争也成为必然。

当然除了新闻节目外，更多的节目所需的“时效性”并无那样精准量化，而是强调与时俱进，侧重于对整个时代发展方向的掌握和顺应，或者可以说是“时代感”。节目内容必须与时代同步，必须是近期现实社会的反映，节奏与时代要一致，栏目在任何时代下都能存活。节目如果没有时代感必然会被观众所抛弃，很多长寿栏目从20世纪90年代末期延续至今，中间经历了时代的变革，但是它们能够做到根植于时代，在变化中求新，每期节目都跟随、关注社会热点话题，尽到引导百姓生活、学习、娱乐的传媒责任，栏目也因此具有长久的生命力。

四、独立性原则

表面上看统一性和独立性是矛盾的，但从具体操作层面分析，这是两个不同的评判角度。统一性要求节目的策划充分服从栏目方案的规定，而独立性则强调作为一期电视节目，属于这期的内容和特色绝不能与其他节目重合，或者说一期节目离开栏目必须是一个独立完全的整体，可以被观众单独阅读和感知。

《今日说法》诞生于 1999 年，是中央电视台第一档全日播法制栏目，如今已经成为家喻户晓的品牌栏目。栏目秉持“点滴记录中国法治进程”的理念，以“重在普法，监督执法，促进立法，服务百姓”为宗旨，全力打造“中国人的法律午餐”。虽然栏目全日播对很多固定收视的午休家庭是极好的，但是毕竟还有很多人群午休的时间是极不稳定的，有一天没一天地观看午间节目是现实情况，因此每期节目的独立成章是对观众的尊重，也是促成更多潜在受众随时观看的关键所在。例如，从 2020 年 1 月 2 日至 8 日七天的选题“赴汤蹈火”“少年的你”“ 26 年前的劫案”“双胞胎哥哥的遗产”“难缠的老赖”“生母的诉求”“解密‘危’整形”可见，每天一个法治案件，每天一点法律知识，不求系统学习法典，但求点滴记录中国法治进程。独立的案件和独立的知识点让随意经过的电视观众也可以停留观看，让工作休息时间不稳定的受众也可以在有空时来到“说法课堂”。

五、操作性原则

就像电视栏目策划案是为指导栏目实践工作而撰写的文本一样，电视节目策划案也是为了指导一档栏目每日或者每周都有可以呈现的具体内容。因此这类文本的可操作性成为衡量策划水平的重要标准。电视节目选题、节目拍摄提纲的设计、节目拍摄制作方法的安排等不能仅从理论上的最优化出发，而应考虑到电视栏目摄制团队自身的特点、能力水平、专业层次等其他因素。

单元二　电视节目策划的要点

一、节目选题策划

好的选题是节目成功的基础，选题的策划应从以下三个方面入手。

(一)选题的标准

1. 选题争先

“先”强调了选题的第一性，同一个事件谁先报道，同一个内容谁先表现，同一个嘉宾谁先请到谁先采访，这些都直接影响观众的热情度。所以，争先是电视栏目选题的第一标准，若自身的资源条件在某种情况下无法做到时效上第一的话，那么有效发掘“鲜”的话题，就成为选题的又一标准。

同样是名人谈话栏目，《艺术人生》《鲁豫有约》《杨澜访谈录》在选题的竞争上一直处于激烈的较量之中。华人明星成龙登上过海内外无数的电视栏目作为访谈嘉宾，现在已经无从考证最先访问成龙的是哪一家电视台的哪档栏目了，但是对国内观众而言，上述这三档栏目都请到过他，且在不同的时期表现出了不同的关注热点。2003 年凤凰卫视《鲁豫有约》最早在节目中涉及了成龙的感情生活，也成为国内观众最早知晓成龙与邓丽君情感纠葛的途径。2005 年中央电视台《艺术人生》访问成龙，因为对观众而言，成龙访谈不是第一次了，所以“切入点”的新颖就成为必要条件，于是观众在这次访谈中听到了更多成龙成长和艺术生涯中的酸甜苦辣，这既和栏目的宗旨吻合，又避开了选题的重复。2006 年成龙登上了阳光卫视《杨澜访谈录》，作为八卦绯闻的中心，成龙在节目中直面了“小龙女”事件，使得《杨澜访谈录》虽然不是第一个访问成龙的栏目，但却是成龙在私生女事件后，第一次痛彻心扉直面表达的媒体。

2. 选题争“人”

选题要关心人的需求、尊重人的需求、满足人的需求。人性化选题的基础就是吻合这个时代绝大多数人的需求。

很多生活服务类栏目是以“人”为本的典范。选题上始终围绕“贴近百姓生活，服务广大观众”的宗旨，关注普通人生活中小到柴米油盐酱醋茶大到工作、车子和房子的困难事，从百姓利益出发，着眼于生活琐细，增加栏目的亲切感，提升观众的忠诚度。近年来口碑很好呼声很高的养生类栏目就是抓住了“人”对“生命”的热爱，抓住了随着物质文化生活水平的提高人们对生活品质的关注，对身体健康的需求。其中北京卫视的《养生堂》就是一个典范，“传播养生之道，传授养生之术”。节目选题秉承传统医学理论，根据中国传统养生学“天人合一”的指导思想，按照二十四节气来安排节目内容，每期既系统介绍中国传统养生文化，又有针对性地介绍实用养生方法，通过医学和养生专家的专业解读，为观众奉上实用、权威的知识。从百姓的视角寻找他们需要的信息，做百姓的电视百科全书。可见，生活服务类栏目只有确立这一以“人”为本的选题标准后，才能获得观众的长久关注，赢得观众的认可和赞扬，也才能为栏目稳固长久地播出打下坚实基础。

“以人为本”原则在《开讲啦》《朗读者》《见字如面》等文化类栏目中也是其一贯坚

持的原则。《开讲啦》栏目组邀请“中国青年心中的榜样”冯小刚、成龙、邓亚萍、俞敏洪、王潮歌等各界名人作为演讲嘉宾，分享他们对于生活和生命的感悟，讨论青年们的人生问题，让“人”成为话题的核心，《朗读者》则是将贾平凹、余华、贾樟柯、巩俐、扎克伯格等文学艺术商业等不同领域的名人引入节目，从一段平实朴素的人生交谈开始，让“人”成为作品的导引。“短”时代的“短信”“短视频”带来的不完整性都造成了对“人”的解读的片面性，《见字如面》则抓住了时代的空档，以人与人最原始的交流平台——“信”打开历史节点，触碰人生故事。

（二）选题的方法

1. 策划

一档电视栏目播出规律中常见的有日播、周播、季播。周播一期的一年有 48 期节目，如中央电视台新闻频道《新闻调查》、湖南卫视《快乐大本营》；周播两期的一年有 96 期节目，如江苏卫视《非诚勿扰》；全日播的一年有 365 期节目，如中央电视台新闻频道《新闻联播》《今日说法》；工作日播的一年有 250 期节目，如中央电视台科教频道《健康之路》；季播在国内是配合真人秀节目的盛行而出现的新的播出规律，浙江卫视《中国好声音》就是在 2012 年 7 月开播的第一季，至 2022 年暑期，已经播出了第十一季，在播出季期间每周一期。

这些看似与策划毫无关系的数字是一年内策划“节目”的期数，不同的播出规律意味着一年内策划的节目数量。通常来说，48 期《新闻调查》，是 48 个值得深入调查研究，发现背后原因的事件；48 期《快乐大本营》，是 48 组服装款式，48 个娱乐主题，48 名以上的嘉宾明星，48 个以上的游戏项目；96 期《非诚勿扰》，是 480 名男嘉宾，1440 条男嘉宾短片；365 期《今日说法》，是 365 个法制案件，365 条以上的法律条款，365 人次到场的法制专家；250 期《健康之路》，就要有至少 250 名谈话嘉宾。

策划，首先要有一个基本数量，一本带有节假日标记的日历是新闻节目策划的红宝书；一本带有一年名人诞辰逝世纪念日的日历是谈话节目策划的红宝书；一本一个月电影排放表，一个月电视剧播出单是娱乐节目策划的红宝书；一本带有二十四节气、传统节日的日历是农业栏目、生活服务栏目、文化专题栏目的红宝书……选题策划，一年 365 天，除了日常突发新闻是无法策划的，更多的选题都是可以利用上述的日历、日程安排提早做准备的。

2. 拾遗

除了那些可以在日历和日程安排上呈现的选题外，还有很多选题是策划人在生活、工作和学习中拣拾的遗漏点。

路边一张张小广告背后隐藏的社会黑暗面可以成为深度报道的选题，成为民生新闻的选题，成为生活服务类节目的选题，成为法制节目的选题，正是电视策划人的火眼金睛才发现了生活中散落四处的细碎；一个策划人一趟乘车之旅中的见闻可以是文化专题的选题，可以是谈话节目的话题，可以是农业节目的由头，还可以是竞赛节目的考题。无处不在的选题不是印在日历上的定式，也不是书本上的理论，是策划人对生活的热爱；一名编导在医院里的一次经历可以是医药卫生节目的选题，可以是养生节目的案例，可以是新闻评论的话题，也可以是社会民生节目的事件。选题的拾遗和偶遇都是没有必然规律的，但是细致的观察和记录是选题的重要方法。

（三）选题的角度

对于不同类型的栏目而言，选题的基数不同。表面上新闻栏目是最不缺选题的，但是新闻栏目也是最多采用日播规律的，因此相对于每日所需，纷繁复杂的世间百态依然有不够或者说需要重复使用的时候。面对这样必然的重复，选取不同的切入角度就成为创新的最好办法。

2010 年成龙再次登上《艺术人生》舞台，同一个栏目同一个嘉宾，很多内容 5 年前已经谈过，更多内容已经被众多媒体翻炒数遍，如何调整谈话重点，成为节目选题策划的核心。于是，一方面结合成龙最新电影《大兵小将》，另一方面结合成龙在电视栏目《龙的传人》之后组建的新成家班“七小福”，由这些崭新的元素引导的艺术人生就不单单沉浸在对成龙过往艺术人生的复述，而是全面进入展望未来的艺术之路。2012 年北京卫视的《超级访问》第一次访问成龙，轻松的谈话氛围和之前成龙登上的很多谈话栏目不同，因此这期节目虽然还会涉及很多旧有的话题，但是因为表达风格的差异性，很多曾经被认为不可饶恕的错误反而帮助人们理性看待成龙由演员而明星，由明星而艺术家的历程。

二、节目结构策划

如果说策划案中既定的电视栏目结构对于娱乐栏目而言是有效而节省的，那么对于更多的非混合型结构栏目而言，每期节目的策划中除了类型化的结构外，还需要对具体的结构进行调整和梳理。

中央电视台《新闻调查》从 1996 年开播至今已经走过 20 多年，其间有很多优秀的单期节目进入了优秀新闻节目的评选范围，但有一点需要指出，新闻调查的获奖节目在结构上并不完全相同。

首先是揭露类选题，此类节目虽然可以采用类似结构，但每一期都需要微调。如《公交之痛》一期，将重庆公交接二连三的恶性交通事故的原因调查作为选题，全片分为四部分：事件后续影响陈述；近期两起大事故的直接原因调查——司机身体、主观认识、具体操作层面；事故间接原因调查——承包经营者失职、交通管理者的失职、监管部门的失职；事故本质原因调查——相关制度法规的不健全、执行过程中的推诿拖沓。这就是在较典型的新闻调查结构之上，对结构进行了微调。

其次是正面报道选题。一般来说，正面报道采用“讲故事”结构有利于观众对事件及主题的读解。例如，《网瘾少年》一期讲述了两个戒除网瘾的典型少年。节目开头和结尾使用的是少年吴穹的网瘾症状和戒除情况，其实拍摄时吴穹的网瘾已经完全戒除，但本片采用倒叙式作了“情景再现”，中间贯穿周阳和戒除指导者陶教授的交谈和采访以及戒除过程。其实拍顺序是记录周阳及其父母与陶教授的交流过程；采访周阳；采访陶教授。而节目中的剪辑结构，将周阳与陶教授的谈话以及之后对周阳的采访在时间轴上截取若干段，分别插入采访陶教授的相关段落，形成许多个“局部事件——评论”的子结构。

最后是中性报道选题。很多中性选题本身就是一个矛盾体——正反对比，这时中立客观成为结构的最好依据。如《生命的救助》一期，片中反映的主要矛盾是一部分捐献的人找不到渠道；而通过对专家的采访再表明另一个原因——捐献者太少。这期节目既将社会上普遍存在的问题进行了分析和调查，又引入专家的专业分析打破了偏听偏信的嫌疑，两者共同出现在观众面前，反思的同时呼吁更多的爱心人士加入捐献骨髓救助他人的行列。

总之，任何栏目类型在宏观结构确定的基础上操作每期节目时，都需要订立与该期选题吻合的具体结构。

单元三 电视节目策划方案范例

《对话青春》栏目是中国黄河电视台于 2006 年 7 月正式开播的一档以青少年性教育为主要内容的社教类栏目，栏目于 2007 年年底停播。

案例一：《对话青春》栏目策划案[①]

一、栏目策划背景

成长是每个个体记忆的一部分。我们总是因为自己的青涩记忆而对青少年的成长指手画脚，其实我们恰恰在指手画脚中重蹈我们父辈的覆辙。

《对话青春》正是一个与正处于成长进行时的青少年探讨成长酸甜苦辣的电视综艺谈话栏目。本栏目通过对青少年在成长中心存疑虑的话题进行有选择性的探讨，充分利用原有广播节目“零点悄悄话”的话题资源优势，拓展青少年关心的题材，使谈话更具代表性、参与更具主动性、影响更具普遍性。性教育是广大青少年及家长、老师十分关心的内容，通过对此项内容多种方式的表现，可使相关网站等获得更高的点击率与美誉度，同时为黄河电视台的全面改版带来更强有力的节目资源。

二、栏目宗旨

1. 社会方面。本栏目可以弥补中国学校教育、家庭教育中最为缺失的心理教育和生理教育；弥补青少年最为期待的沟通和交流的不足。

---

① 本章作者贾月为《对话青春》栏目编导，参与了栏目策划案的起草及多期节目的制作。

2. 受众方面。本栏目可以满足广大青少年对自身生理及心理的强烈认知需求，为他们创造一个良好的成长平台；提供一个真正属于自己的、不愿与父母和老师分享的懵懂期许与青涩记忆；力求在山西省内掀起青少年关于自己的热点话题和讨论之声，进而更广泛地影响青少类节目的“视角”变革。

3. 家庭方面。本栏目可以在获得主体受众群——青少年认同的同时，适当迎合次主体受众——家长的需要，策划一部分两代人交流的话题，帮助“成长中的家庭”处理一些亲子矛盾，增进代系之间的了解和沟通。

三、栏目内容

1. 栏目内容的主导定位是关于青少年成长过程中的心理、情感和生理方面的相关问题。

2. 内容选择的原则

(1)优先选择那些青少年关心的话题，其次选择社会广泛关注的青少年话题，较少选择那些容易误导的话题。

(2)敏感问题一般不报道。除非经过智囊团研讨过的特殊情况。

(3)父母家长关心的话题可以定期组织特别节目探讨，但不要影响节目内容的主导定位。

四、栏目受众定位

1. 第一受众群：年龄在12～22岁的青少年(主要为初中、高中、高职、走读大学的在校生，同时包括部分社会青少年)。

2. 第二受众群：年龄在35～50岁的家长。

3. 第三受众群：年龄在22～50岁的教育工作者。

五、栏目播出时间及时长

播出时间：首播　周日19:20—19:50

播出时长：每期30分钟

六、栏目形式

栏目分四个板块，每个板块根据具体的节目内容采用不同的节目形式并灵活运用，包括情景再现、剧场表演、动画模拟、外景专题、街头随机访谈、演播室谈话、短信互动、网络互动、真实体验记录等各种电视手段。栏目设置一名演播室主持人，除了担任串联板块任务外，还要担任演播室谈话的主持任务。外景专题、街头随机访谈将设置助理主持一名，负责全部外景的主持工作。情景再现、剧场表演则每次根据剧情设计的不同，寻找不同的演员表演，可以是专业演员，也可以是业余的爱好者，视内容而定。

谈话板块以一条线索为依据，借用传统文学结构方法中“开端、发展、高潮、结局”的结构方法，由主持人串词或者提问，完成结构的推进。重点在突出嘉宾，尤其是青少年嘉宾的相关回答上。以不同问题的不同回答带出“问题”的多义性、“思想”

的多样性。主持人参与谈话，但不要得出结论，更不要主导谈话结论的方向，让谈话的起承转合来吸引观众。每期设置三个嘉宾参与，注意男女搭配，身份搭配、年龄搭配。

七、栏目结构及具体要求

片头　30秒

板块一　成长日记本(2～3分钟)

选题来源：选题多取自网络上的热点话题、新闻事件、青少年点击率较高的内容。

操作形式：

1. 新闻素材。

从教育新闻网上采制一些青少年新闻事件的视频资料或者图片资料，重新编辑或者编排之后，配以新的解说词或者背景音乐。本形式有利于表现一些新闻性较强的话题。

2. 影视剧素材精编。

在现有电视剧、电影的成品中摘选素材，编辑成讲述一个简单故事的电视短片。本形式有利于表现一些搬演难度较大或者表现形式较为复杂的话题。

3. 情景再现。

在小型情景的再现中展现一个青少年的心理、情感、生理问题，形象直观地让观众以及现场谈话的嘉宾明确本期谈话的具体问题。本形式有利于表现一些故事性较强或者具备参与性表演性的话题，同时可作为引入栏目第二板块的引子。

板块二　成长加油站(20～23分钟)

选题来源：第一板块。

操作形式：在温馨的演播环境中进行，主持人充当话题开题者，由主持人引导嘉宾围绕前一板块中所表现的青少年关心的一个具体问题聊天，聊自己的类似经历，聊不同的处理方式，聊真实的事件结果。并且引导嘉宾进入谈话环境中，按照既定的问题来逐渐展开自然而然的讨论。谈话中可以穿插现场模拟表演、现场道具等辅助形式，将视听手段综合运用，让时空观念贯穿始终，避免落入单一的形式和时空环境中，失去可看性。同时结合网络互动、短信互动等互动形式，让一些不能或不愿像嘉宾一样露面的青少年像参加广播热线一样参与到节目中来。既可丰富节目形式，也可增加节目的知名度。

插播广告(60秒)

板块三　成长训练营(2分钟)

选题来源：初期可以从网络上获取大量测试题目，随后请相关心理学专业人士设计部分选题，增加原创的比例。

操作形式：由主持人引导嘉宾直接进入青少年心理测试环节，以题板或者游戏的方式让嘉宾在轻松的气氛中学习青少年健康心理知识、情感方式、生理常识，掌握这些学校里缺少的、家庭中逃避的、社会上忽视的学习内容。训练青少年在成长中保持一颗健康阳光的心。

板块四　飞翔留言簿(30秒)

操作形式：字幕版展示青春寄语。

片尾字幕或拍摄花絮：20～40秒

注：板块二、板块三之间的界限可以模糊，比如适宜现场作答的就穿插进入板块二，不适宜现场作答的就直接在板块三中以不同选项不同文本题板的方式制作即可。

八、栏目风格

1. 主持人风格。

稳定的主持人风格对栏目风格的稳定至关重要，主持人具体风格应包括五个方面。

一是判断力。《对话青春》栏目在选题上会选一些有争议的话题让大家参与讨论，各种不同的意见、倾向都在此汇合、交锋，这些意见有闪光点，有值得提倡的，也有一些比较偏激的，有的甚至偏离了社会的道德取向，这就要求主持人能够在短时间内判断出哪些观点值得宣扬，哪些必须予以否定，通过讨论的形式对不同的观点、意见进行整理，最终形成一种对问题相对正确或者说处于主流地位的认识。

二是引导力。每期节目有既定的主题，主持人要能在既定的主题下，及时判断出什么样的话题可一带而过，什么样的话题应突出讨论；要注意发现细节，关注细节。谈话节目中细节是导演安排不出来的，它是特定情况下人的特殊反应，但它却以其真实性，充满生活的原汁原味而有着巨大的感染力。主持人在现场通过对细节“大做文章”式的随机选择和引导，在掌声和笑声中留给人以思考和回味。

三是自信力。主持人必须有充分的自信。主持人的自信，应是在对节目整体风格、基调正确把握，对采、编、播意图完美理解，与采、编、播人员充分协调统一的基础上建立起来的。只有充满自信，主持人才能在谈话现场以自己的热情感染观众、调动观众、完美地将编排意图向观众展现。

四是语言风格。主持人的语言必须要有个性，有吸引力。不要官话、套话，以我们习惯的民众话语为主。主持人应适时驾驭、组织语言，给现场观众舒服、自然、畅快的感觉。谁也无法保证在即兴状态下次次都能出口成章、语惊四座，但至少每个人都应在适应谈话节目这种纪实传播方式及还原真实话语的制作中，在提高自身素质的基础上，努力形成适合自己、同时也能被观众接受的语言风格。

五是应变力。在谈话进行中，不免会出现意料不到的事，如嘉宾说不到点上或游离主题，观众现场提问尖刻、观点偏激，或嘉宾和现场观众因种种顾忌而保持沉默等。为了还自身和对方以真实的说话状态，使谈话能够兴趣盎然、真实生动、平实可信，需要主持人在其中穿针引线、积极介入，即对“谈话场”的应变力。

2. 演播室风格。

既然是聊天，就要有自然、轻松的环境，因此在演播室的设计上也要考虑到年轻人对自然、轻松的理解。首先，色彩上应尽量避免黑白，而多采取鲜艳的色彩来形成谈话场的青春气息；其次，造型上应尽量避免写实的物件使用，更多使用抽象的色块、线条组合，象征年轻人正在形成的、不够成熟、不够具体的思想观念。最后，涉及外景的也要有专业的美工师指点，尽量与内景保持同一个风格。

3. 视听语言风格。

人物：要求化妆、服装都要有一个统一的基调，即青春的人物，包括主持人、嘉宾、情景表演者、街头随机被采访者等。

环境：内景和外景、实景和置景也要风格上保持一致。

物件：布景道具、效果道具、手持道具等。

光效：内景人工光源要尽可能保持稳定，避免过冷或过暖，这样才能有此类谈话节目应有的“中立”。外景自然光源可以视话题表现的冷暖，后期进行调整，凸显出情景再现、街头访问对于电视视听语言的综合运用。

色彩：内景布景基本以暖色、亮色为主，显现出青少年的成长不论遭遇何种挫折终究是阳光明媚的。灯光色彩则保持中性。外景色彩视再现话题的性质而定。

景别：室内谈话中近景为主，辅以小全景和特写；街头采访以近景为主，表现被访者的态度；情景再现则以电影短片的风格为主，多种景别交叉使用。

拍摄：内景以固定镜头、规则构图为主，全景机位适度规则运动；街头采访可以适当表现出随机晃动的不稳定性，但适度；情景再现以固定、规则为主，同时依情节调整。

角度：内景平角、正面略加斜侧为主，不作俯仰变化；街头采访平角、正面略加斜侧为主，不作俯仰变化；情景再现则以电影短片的风格为主，多种角度交叉使用。

剪辑：室内谈话现场即时切换，不作特技，基本在“谁说切谁”的原则内，适当加上“反应镜头”“动作镜头”“表情镜头”；街头采访以长镜头为主，保持真实性、可信性；情景再现则以电影短片的风格为主，根据每次情景的不同采用丰富的剪辑风格。

案例二：《对话青春——“中性”女生》节目策划案①

一、话题阐述

随着《超级女声》新一轮比赛的火热进行，关于2005年度的超女现象又成为热点话题，因为从“超女”走来了一个“中性美女”——李宇春，由此，很多年轻人心中的

① 本策划案为本章作者贾月担任《对话青春》栏目编导时，起草并实施的一期节目策划方案。

美女形象被改变了。这些21世纪的中性现象成为青春群体中的一个热点话题，本期节目希望通过嘉宾的交流，展现一些鲜为人知的中性现象，让他们表达不同的认识和看法。

二、本期看点

女生中性现象的校园表现、中性现象的影视片段。

三、嘉宾

学生两名：一女一男

女：(基本观点)中性现象在女生中挺多的，我个人能接受一部分，只要度把握好，也未尝不可，但是我个人不会往这个方向上发展。

男：(基本观点)中性的女生和我们称兄道弟可以接受，但是让我找个这样的女友我不能接受。

专家一名：客观给予评价及原因分析

观众：大中学校学生

四、节目流程

1. 开场

以李宇春为主角的中性现象小片，配解说，但淡化“李宇春”本身。

主持人：观众朋友大家好，这里是《对话青春》，又与您相聚在周六的夜晚，我是你们的主持人怡然。李宇春是许多中学生的偶像，而她伴随“超女”带给我们的不仅仅是那一首首动听的歌曲，还有一种“中性现象”。这一现象在孩子们的世界里广泛蔓延。

我们今天的话题就从这里开始——“中性”女生。先来认识一下我们本期来到现场的两位嘉宾。[请G和B跟观众朋友们打个招呼]

两位嘉宾：观众朋友们晚上好！我是……很高兴来到这里！

2. 中性现象看看看

主持人：小G你好！刚才也看到了，小片里的主角是深受许多少男少女喜欢的李宇春，你喜欢李宇春吗？

小G：我很喜欢“超女”，李宇春是我的最爱之一。但是我的喜爱还算不上狂热，我认识一个同学小Q，她喜欢李宇春简直到了痴迷的程度，是个地地道道的“玉米”。她参加歌友会，在班上发动所有的好朋友为李宇春投票……甚至后来自己的行为举止上也发生了一些变化。比如看上去会非常爽朗，大大咧咧的，买的衣服也比较偏男孩子那种，像运动裤、T恤衫什么的。不知道她这算不算在向中性化发展呢？

主持人：你这个问题很有意思的，在讨论之前我们不妨先来看看我们对于性别特征的认识。题板上是关于男孩、女孩的外表和性格的一些不完整的概括，哪些应该是女孩子的特质呢？(稍顿)我觉得呢……

我先不说了，请我们的小B来说。

现场大屏幕或者题板展示

	女生	男生
1	纤细的腰身	强壮的身体
2	佩戴首饰	香烟
3	色彩鲜艳、装饰亮丽的衣服	色彩简单、款式简洁的服饰
4	长发	胡须
5	细声细语	高声大嗓
6	略带犹豫的处事方式	执着果敢的处事方式
7	认真细心	刚强坚定
8	坐下时双腿并拢	分开
9	十分注重外形和服饰	不修边幅
10	注意体形的保持	生活随意
11	小心眼	爽朗，大大咧咧

小B做选择。

小G：不一定啊，你刚才做出的选择，比如说“爽朗，大大咧咧”，有些女孩子也是这样子的。

小B：可我说的是一般普遍的看法啊，社会普遍观念会认为女孩子温柔一些，贤淑一些好，古代对好女孩的评价标准就是“温良恭俭让”。哪有说女孩子“风流潇洒，玉树临风”的？

小G：那不一定，比如说我刚才说的那位同学小Q，她平时对人就特别好，大大咧咧的，人们都愿意跟她在一起，人缘特别好。

小B：跟她好的是男孩还是女孩呢？男孩肯定都是把她当哥们一样对待。

主持人：两位嘉宾先不必争论，其实刚才你们争论的是一个性别特征的问题，的确现在有这么一个事实，就是在“超女”现象的带动下，很多女孩子看到李宇春夺冠后眼前一亮，心想，啊，李宇春，原来女孩子也可以这样！

小G：是啊，小Q有时候就这么问我们：“你说我是不是不像个女孩？不知道我这样的会不会有男孩子喜欢？”问得我们也不知道该怎么回答。

主持人：我想请问两位嘉宾，你们身边这样的中性特色的女孩多吗？她们都从哪些方面，比如说行为方式、遣词用语、风度气质、服装打扮和兴趣嗜好等，显现她们的中性特色呢？

（嘉宾举例说明女性中性现象，只谈现象不发表观点）

小G：女中学生谈论的女生中性现象（实际例子）是：比如一个同学的黑T恤、黑甩裤、寸头等；比如一个莽撞的、咋呼的女孩在办事中遇到的误会；比如在公共场所（澡堂、游泳馆等地方）被误会。

主持人：这些特色女孩在你上学的哪个阶段最多呢？

小G：女中学生谈女生中性现象在小学高年级和初中多，尤其是那些发育较早的女孩明显地在服装和发型上将自己与男孩靠拢，反倒是一些发育较缓的女孩一直在女孩堆里。

主持人：这样有特点的女孩子更受女孩欢迎呢，还是更受男孩子喜欢？

小G、小B分别谈自己的认识。

小B：男中学生谈论的身边女生中性现象（实际例子）是：比如一个同学的黑色蛤蟆镜就是我送的；比如一个女同学和男生一起骑车去很远的地方郊游；比如有两个女生和我们的男生球队一起训练。

主持人：在你上学的哪个阶段身边的这样的女孩最多啊？

小B：好像初中时候多些，小学的时候男孩和女孩分得很明确，反倒是到了小学高年级、初中，有些女孩很爱和我们在一起玩，和我们在一起玩的女孩很像我们，尤其是性格上很接近我们；但是到了高中，女孩们变化还挺大的，绝大多数女孩开始在改变，很多初中玩得好的女孩不再玩了，她们的形象也改变了，当然也有一些一如既往地和我们保持友谊至今，形象也保持不变，很酷！

主持人：看来现在的女孩子觉得中性也是一种美，以前那种羞羞答答的样子似乎有一点落伍了？就像小Q那样，潇潇洒洒也未尝不是女孩子的一种美。

（主持人这里请注意，如果现场嘉宾不能讲出很有典型性的事例，那么请转向你的观众席）

【出字幕】人一出生，就带有自己终生不变的性别，由于两性在社会生活中扮演着不同的角色，造成了两性在心理上的差异。但是中性倾向似乎成了一种时代的潮流。（待调整）

3. 中性现象原因探究

主持人：还是回到我们刚才说到的小Q的例子，她的性格和我们传统中说的纯粹的女孩子有很大的差异。包括李宇春在内，这么多喜欢隐藏自己性别特质或者说向中性化靠拢的女孩子们都受到大家的喜爱，说明她们是被大家认可的。那么大家说这个原因是什么呢？我们今天请到了……专家，有请。

嘉宾小G、小B回答：社会对中性化形成的促动。

观点一：在巨大的竞争压力下，社会不会因为你是女人而宽容你，特别优待你，而需要女性不断地付出，甚至比男性付出得更多。为了适应社会，女性只有不断地改变自己，选择放弃性别特征。

观点二：独生子女政策让许多父母把女孩当男孩培养。还有些家庭把对男孩的喜爱转移到对女孩的教育上。

观点三：因为升学和就业的压力让女孩和男孩一起竞争，这要求女生要有像男生一样的能力和素质，如坚韧不拔、刚强、冒险的精神。而传统的温柔、亭亭玉立、善解人意的特质往往被取而代之。

观点四：遗传因素。先天遗传的原因导致个别人从幼儿起便产生性倒错。比如有的女孩子生来不喜欢花衣服、洋娃娃这些女孩的物品或玩具，而喜欢刀枪、棍棒，她们的思维和行为方式以及整体气质都是男性化的，角色认同于男性，因此她们没有一般女孩子的娇柔，喜欢和一些弱小的女孩一起玩，去保护她们。

专家从社会学和心理学角度解惑：女孩追求中性化的几种心理动因。

动因一：追求标新立异。在这个个性张扬的时代，有个性才会更有吸引力。反传统、求新，成为女孩吸引人的亮点。所以有些女孩借助中性化来得到更多的认同。

动因二：家庭教育的导向。大多数家庭只有一个孩子，家长考虑到社会竞争的压力，会要求女孩子能够自立，不要依附男人等，于是便按照男性化的方向去培养她们。据一项调查显示，目前超过90%的家庭使用趋向男性化的方式来教育女孩。

动因三：不喜欢自己的女性性别。她们对自身性别不满，是因为觉得做女性意味着软弱受欺负，会受到性骚扰，学习会越来越比不过男生，在就业等方面容易受到歧视。因此，她们想当男孩，在言行举止方面对中性化容易认同。据一项对“青春期性心理研究”的课题调查发现，对自己性别不满的女生比例已占50%。

动因四：想得到异性的友谊。因为女孩总被要求要“端庄、内敛、本分、淑女”，使得她们容易处于生活的被动状态，丧失了人际交往和选择的主动权。而很男性化的女生容易和班级里的男生打成一片，满足了她们青春期渴望与异性交往的心理需求。

4. 关于中性现象的看法以及引导

主持人：这么多的中性现象在我们身边出现，不知道我们是认同呢？逐流呢？还是坚决反对啊？

小G：谈不上认同还是坚决反对，我个人认为人的外表可以中性，但言谈举止和内心，一定要泾渭分明。虽然女生可以坚强甚至刚强，但她的声音和举止应该有女孩子的标准，不能太过。

小B：我个人其实对偏向中性或者偏向中性打扮的女生没有特别的好感，当然也没有特别的恶感，我大概还是属于性别意识比较明显的那种。不过，很多时候，人的打扮首先是满足自己的精神需要，自己觉得舒服是最重要的，别人的感受是次要的。所以，我个人虽然来不了这个，但是如果我的朋友或者家人喜欢这种风格，我对他们也没有意见，更不要说是不相干的人了。

另外我觉得出现中性这个现象是好事，说明我们这个社会，终于开始学会把属于个人的权利还给个人了，终于能够接受非传统的、非主流的、非集体的风格和选择了。类似着装、兴趣爱好这样的东西，是完全属于私人范畴的东西，也是无所谓对错、好坏、高低的。

主持人：很多网站上谈中性是一种“流行”现象，你们怎么看这样的观点？

小G：现在中性美确实是一种流行，我看现在很多十来岁的初中生，她们打扮挺中性的，但其实性格上并没有什么特别，依旧很小女孩。这种中性美可能只是打扮上的一种流行吧，就像曾经流行超短裙、喇叭裤一样吧，很多小孩其实只是一种跟风，在性格上并不见得怎么中性，尤其是在《超级女声》的服装潮流下带来的服饰中性美。

小B：我无法接受现在这种中性美。我不喜欢李宇春，更别说最近更加剧烈的《我型我秀》这种女人像男人的现象了。说到底，我的观点比较抵触，性别意识比较强烈。不过话说回来，我不是歧视她们，只是认为如果女人不像女人，并不是值得标榜的事情，不该出来炫耀。

主持人：一个女性如果很有男人缘，只说明她有双性的魅力，而如果她同时可以得到同性的喜爱，则说明她还有个性的魅力。所以这样的流行一方面会有很多的正反观点，从中也不难看出时代的变化、多元的观点在年轻人中间的力量啊！

专家：表达自己的观点。

主持人：还有这么一种观点很流行，就是“未来偏向中性的人更适合于社会中生存和发展”，不知道各位对这种提法有什么看法？

小G、小B：各自表达自己的观点。

（主持人请注意，如果这里嘉宾的回答不是很好的话，请转向你的观众席，让观众畅所欲言）

专家：大家一定要把中性化的人和中性化的性格区分开来，我们需要的是两性之间取长补短，比如说女孩子需要一些爽朗和干脆，但绝不是提倡丧失自身的性别特质。（理论表达）

主持人：没错，我们虽然没有见到她，但可以想象小Q一定是一个非常可爱的女孩子，她之所以受到男孩子和女孩子共同的欢迎，是因为在她的身上拥有两种性别各自的优点，这才是最能顺利发展的人，这才是问题的核心。你们现在认同这种观点了吗？（两位嘉宾，点头表示赞同）

主持人：话说回来，上帝在造人的时候，每一个人都是独一无二的，其中也包括性别，两性之间拥有自己所独具的性别特质，那才是最美的。

好的。感谢您收看《对话青春》，感谢专家和嘉宾的到场，更要感谢我们没有见面的朋友——小Q，谢谢大家！

想一想

1. 电视节目策划应把握哪些原则？
2. 如何进行电视节目的策划？
3. 如何撰写一份高质量的电视节目策划文案？

团队实训

1. 项目名称：编写电视节目策划文案

根据单元3完成的电视栏目策划文案，各组策划一期相关类型的电视节目，并进行策划文案的撰写。

2. 实训目的

通过电视节目策划方案的编写，使学生完整、全面了解电视节目的策划要点，掌握电视节目策划的基本知识与基本技能，培养学生精益求精的工匠精神，质量至上的职业素养。

3. 实训要求

(1)节目策划文案应包括话题或主题阐述、嘉宾选择、节目流程三个方面。

(2)每组选择代表汇报节目策划方案，专任教师、行业一线专家及学生对策划文案进行论证，文案经教师与全班同学 2/3 通过后，方可进行下一个实训单元电视节目的拍摄制作。

4. 评价标准

评价内容	分值	得分
选题新颖，导向正确，文化内涵丰厚	15	
文案包含电视节目策划的基本要素	25	
文案符合电视节目策划的理念、要求、结构与风格	15	
文案具有较强的操作性与可持续性	25	
随机抽取小组成员进行方案汇报，考察学生主动参与意识、工匠精神、团队协作精神，未参与，计分为 0	20	
合计	100	

CHAPTER 5

专题五 电视栏目的品牌化策划

【专题概述】

电视栏目作为一种文化产品，其品牌意味着栏目的影响力、竞争力、生命力；既是栏目个性化的体现，也是区别于其他栏目的重要标志。品牌栏目已成为电视台和频道必不可少的无形资产。本单元从品牌的内涵、栏目品牌的构成、品牌的评价体系、栏目品牌的特点四方面来剖析。从开展市场研究、确定栏目定位、品牌包装设计、品牌宣传推广四方面来阐述如何进行品牌构建。从品牌维护、品牌创新两方面分析电视栏目品牌运维的方法，为学生电视栏目品牌化构建学习提供系统的解决方案。

【学习目标】

1. 了解品牌的内涵、特征与意义
2. 了解电视栏目品牌的内涵与构成要素
3. 掌握电视栏目品牌构建的要素与方法
4. 掌握电视栏目品牌维护与创新的方法
5. 能进行 CIS 品牌包装策略分析
6. 能初步进行电视栏目品牌策划
7. 培养学生的创新意识与创新精神
8. 培养学生的文化自信与爱国情操

单元一　电视栏目的品牌化解读

电视媒体的品牌经营首先是栏目的品牌经营。因为观众往往由关注一个栏目进而关注一个频道，首先记住一个品牌栏目然后记住一个电视媒体。一个电视台、一个频道只有办出品牌栏目和节目，才可能最大限度地吸引观众，拥有观众。美国电视行业流行这么一句话：人们看的不是电视台而是节目，意思是说观众是根据节目来择台的。再以央视为例，2019 年 9 月，中央广播电视总台全面启动高质量发展改版工作。其中，央视财经频道确立了“专业、权威、价值”的频道定位，为了进一步通过高质量的财经节目占据财经舆论制高点，大幅度增加了财经新闻的容量和分量，节目的新闻性显著增强。改版后，财经新闻栏目总时长达到 540 分钟，比之前增加了 74%，形成了贯穿全天的新闻资讯流，对财经新闻进行不间断的报道和解读。具体来说，《第一时间》开启每天的早间问候，全天七档《正点财经》与财经市场同步，与全球经济共振；午间《天下财经》荟萃当日天下财经动态；晚间的《经济半小时》《经济信息联播》《央视财经评论》对当天经济大事进行全方位解读和深入评论。可以说，改版后的财经频道构建起一个全天候财经媒体框架，力求竖立与中国经济相匹配的专业性和权威性，以及国际一流财经媒体风范。而央视纪录频道突出大小屏互动，推出跨电视端、移动端、PC 端的融媒体短纪录片《9 视频》和《微 9》，努力打造风格化新纪录片形态。

2020 年 9 月，中央广播电视台正式发布“品牌强国工程”，探索数字媒体对企业营销和优化品牌的传播服务新路径。2022 年 2 月，中央广播电视总台召开 2022 年工作会议，提出要精心打造新时代“大剧”“大作”，进一步把“总台出品”的金字招牌擦得更亮。

品牌栏目是频道营销的核心。对于专业化频道营销来说，重心应当首先放在品牌栏目的建设上。全力打造品牌栏目，以品牌栏目带动整体节目质量的提高，以品牌栏目提升频道的总体形象。

栏目品牌向观众传递的是一种价值观念与生活方式，受众在观看品牌栏目时，被赋予一种象征性的意义。电视栏目品牌作为重要的无形资本，其优势主要体现在三个方面：第一，有利于受众识别电视栏目。通过品牌标识等，可以将品牌栏目同其他栏目有效区分。第二，有助于降低受众搜寻成本，减少观看风险。受众对节目的预期需求量越大，获取信息的难度越低，那么受众对该媒介的选择概率就越高。打造优秀的电视栏目品牌形象，可以减少受众选择的时间和精力，使受众用最少的时间和精力享受最高的质量。[1] 第三，良好的品牌有助于树立媒体形象。品牌在受众头脑中的反应已不仅仅局限于它们曾经给我们提供过什么内容，而且会使人联想到一系列与这些品牌、名称相关的地位、风格、气质与意义。电视品牌栏目从侧面反映出整个媒体在受众心目中的形象。良好的品牌形象有助于受众建立品牌偏好和品牌忠诚度。

一、品牌的内涵

美国营销名师菲利普·科特勒认为："品牌是一种名称、名词、标记、设计，或是它们的组合运用，其目的是借以辨认某个销售者或某群销售者的产品，并使之同竞争对手的产品区别开来。"他对品牌做出了如下定义：用以识别一个(或一群)卖主的商品或劳务的名称、术语、记号、象征或设计及其组合，并用以区分一个(或一群)卖主和竞争者。

可见，品牌的含义有 6 个层次，即属性、利益、价值、文化、个性、用户。其中价值、文化、个性是品牌的实质，有着最为持久的含义。品牌特征与品牌价值不可分割，它是品牌价值的组成部分，是品牌定位和品牌个性的产物。

(1)属性：品牌代表着特定商品的属性，这是品牌最基本的含义。

(2)利益：品牌不仅代表着一系列属性，而且还体现着某种特定的利益。

(3)价值：品牌体现了生产者的某些价值感。

(4)文化：品牌还附着特定的文化。

(5)个性：品牌也反映一定的个性。

(6)用户：品牌暗示了购买或使用产品的消费者类型。

基于上述 6 个层次的品牌含义，对于电视栏目来说，电视品牌绝不仅仅是一个名字，栏目品牌的形成与其元素构成密切相关。从传播学的角度来说，栏目品牌的构成元素往往决定着栏目品牌的形成和栏目的收视率。

二、栏目品牌的构成

品牌是产品和服务的名称、标记、符号、设计，以及这些方式的不同组合。在传播领域中，电视栏目品牌主要由栏目名称、标识、标准色、口号、声音、演播室风格等元素构成。作为一个品牌栏目，它应该有相对稳定的艺术风格，各栏目构成元素也应保持相对统一。

(一)栏目名称

一个栏目的名称是区别于其他栏目最直观的标志，这是电视栏目形成品牌的第一步，是构建品牌的基础。品牌名称要有独特性，文字要简洁明了，发音响亮并易

[1] 孟凡君：《电视栏目品牌的建构与创新》，硕士学位论文，山东师范大学，2012。

识易读，注意谐音的含义，以避免引起不好的联想。好的品牌名称能够在观众心目中建立良好的初步印象，同时，品牌名称是该电视节目内容的高度概括和体现，还能体现该节目的制作风格、创作理念、价值取向、文化品位等。如湖南卫视的品牌栏目《你好，星期六》，在国家广电总局对文娱领域综合治理的大背景下，把关内容，恪守价值底线，体现主流媒体的责任与担当，在 2022 年打出了一片天地。中央电视台的《经典咏流传》则充分体现了其“和诗以歌”的栏目形式，将传统诗词经典与现代流行相融合，把经典诗词转化为优美的歌曲，用现代的唱法和曲调来演绎传统。因此，电视栏目要形成品牌，一个独特而又易记的名称是第一步。

(二)栏目标识

栏目标识是栏目的象征与识别符号，是文字、图形、颜色的有机组合，图文并茂，反映了品牌的立体式视觉形象，这些标识一般都遵循“简洁、鲜明、富有文化意蕴”的原则。栏目标识通过简练的造型、生动的形象来传达栏目的理念、内容、特性等信息。标识的设计不仅要有强烈的视觉冲击力，而且要表达出独特的个性和时代感，具有一定的文化内涵。

《焦点访谈》作为中央电视台收视率最高的栏目之一，定位于时事追踪报道、新闻背景分析、社会热点透视、大众话题评说，它以深度报道为主，以舆论监督见长，其栏目的 Logo 是由三个立体的元素和栏目的名称组成，上方的图形中间是一个圆形，在左右两侧围绕着两个由细变粗的弧形，用随意性的笔刷效果结束，整体的形象类似于一只眼睛，象征着栏目“焦点”的存在。[①]

综艺性节目的标识设计，在传达节目主题的同时，能起到营造节目氛围的作用。江苏卫视适应现代生活节奏而推出的大型婚恋交友节目《非诚勿扰》的标志设计十分简洁，仅由两部分组成：左边是蓝色文字“非诚勿扰”；右边是一位姿态优雅、充满自信的美女形象，人物侧身站立，且以红色剪影的形式出现，与左边的字体对比明显，引人注目。《脱口秀大会》从 2017 年亮相腾讯到 2021 年“爆火”，在成就流量和口碑的背后，离不开其栏目标识的打造。其 logo 设计搭配了矩形背景，撞色设计体现了年轻的碰撞与活力。正是综艺效果字体和各种“爆笑名场面”，成就了《脱口秀大会》的“高光时刻”。

栏目标识与栏目名称一样，都是栏目传递给大众的第一印象。电视栏目的标识就是一个品牌标识，从大众心理学的角度来看，群体是易受到暗示的，栏目品牌的标识往往能够对群体形成内容上的暗示，让受众较快地接受。

(三)栏目标准色

标准色也是栏目重要的识别元素之一，体现出栏目的属性和情感。标准色可以

---

① 孔令强：《新闻类电视栏目的整体包装设计——以〈焦点访谈〉为例》，载《电视指南》，2016(12)。

是一个，也可以以一个为主、两三个相近的色彩为辅。选择一种色彩，就代表着一种象征意义。这是品牌中用来体现品牌特色并区分其他品牌的色彩体系。标准色的使用不宜过多，通常不超过三种。

如新闻类节目《焦点访谈》以蓝色为基调，块面结合的抽象包装风格给观众冷静、真实、权威的审美体验。文化类节目《故事里的中国》以暖黄色、历史伟人图片展现等来包装，传达出伟大、温情、传承的人文之美。

（四）栏目口号

栏目口号是栏目提出的宣传标语，是栏目理念的概括，能表达出栏目发展的目标和方向，加深栏目在公众心里的印象，使社会大众在瞬间的视听中了解栏目核心。栏目口号力求文字简洁、朗朗上口。央视大型日播旅游栏目《远方的家》在每一期节目的开始，出境记者都这样说：“爱美丽中国，看远方的家，《远方的家》摄制组现在来到的是……”，“爱美丽中国，看远方的家”是一句非常生动的口号，很朴实，又押韵，将栏目的风格和定位明确，突出了栏目特色，为品牌形象的建立打下了坚实的基础。通过每集口号的反复出现，一方面可以加强观众对于该节目名称的记忆，另一方面，也可以让观众明确栏目组所谓的“家”的概念，树立了形象品牌。

国外很多的电视栏目都把口号标语化，也就是把标语与标识、字标等元素严格的组合成一个整体，以寻求信息的完整化。国内有些栏目的口号是直接使用办台方针，这样做的传播效果很不好。其实，创作口号时应该注重观众端的反应，而不是去迎合栏目内部专家或领导。也就是说，观众在第一次听到或看到这个口号就要觉得有意思，产生浓厚的兴趣，愿意主动地去关注这个栏目。在创建口号时抓住观众的兴趣点就能迅速地吸引观众，观众是不会对太乏味、太挑衅的口号产生兴趣的。要让观众快速了解电视栏目所传递的信息，就需要将栏目的核心理念浓缩成一句容易理解的话，这是对观众的一种奉献，也是挽留住观众的一种方法。口号的阅读性一定要强，一定要让信息容易理解。观众在看到口号后，还想了解更多的内容。只有这样，观众才有足够的耐心和时间去接收电视栏目的更多信息。因此在设定口号时，应适当地含有暗示，这样能增加观众收看的机会。

（五）栏目声音

栏目声音是指给观众带来听觉冲击的声音部分，是栏目的一种音频标识，通常由主题音乐、人声和效果声三种元素构成。目前国际上的电视包装通常采用主题音乐和人声，主题音乐一般很简单、动听、易于记忆；人声可以是固定的播音员，也可是同一种配音风格、配音方式；标志声能够增加观众的品牌记忆，让人们只要听到声音就能知道是什么栏目。

在电视栏目中声音是不可缺少的，没有声音就回到了早期的无声影视阶段，缺少了重要的视听语言元素。电视栏目品牌构成中，音乐、形象设计和色彩搭配应融为一体。栏目的声音要让观众有亲切感，拉近与观众的距离。声音在设置时要与栏目的定位相符合，力求高质量、高标准。声音要长久而稳定，观众对栏目长时间的关注有利于最终塑造声音的形象品牌。一个好的电视栏目的音乐形象，除了表达栏目的宗旨和内容外，还应突出地域、民族和人文特色，汲取传统的音乐精华。对国人来说，中央电视台《新闻联播》与《天气预报》这两大栏目的声音无疑是深入人心的，甚至大部分观众听到这两档栏目的声音就能够准确地判断出时间。再如，《非诚勿扰》每个板块都有区别性的音乐，女嘉宾出场时播放的背景音乐、男嘉宾出场时播放的背景音乐、男女嘉宾配对成功的背景音乐、男生败退的背景音乐都各有特色，音乐在《非诚勿扰》中既体现了栏目板块的区隔标志，也能暗示嘉宾的心情，调动现场气氛。

（六）演播室风格

演播厅的风格对于主持人风格的发挥、嘉宾现场的反应、镜头的运用等形成栏目个性的要素起着重要的作用。演播室的形状、大小、摄像机的数量、位置、灯光的使用等，都是演播室设计中需要考虑的因素。功能区的优先级别和使用频次也会影响演播室的设计。①

2019 年，央视新闻频道《午夜新闻》亮相新演播室。新版演播室整体布局大气且更具空间感、立体感。演播室台面也首次引入了“CCTV13”的频道元素，节目包装镜面依旧保持午夜时段的风格。

2020 年 7 月，央视“联播黄金档”掀起了改版升级的新浪潮，《新闻联播》演播室对画面景别和人物间距进行调整，启用了“电子提词器”(如图 1-5-1)；《天气预报》《焦点访谈》也为适应总台高清制播调整了录制画面(如图 1-5-2、图 1-5-3)，《焦点访谈》更换了 150 平米标清演播室，在全新搭建的 250 平米 N11 演播室进行制播。

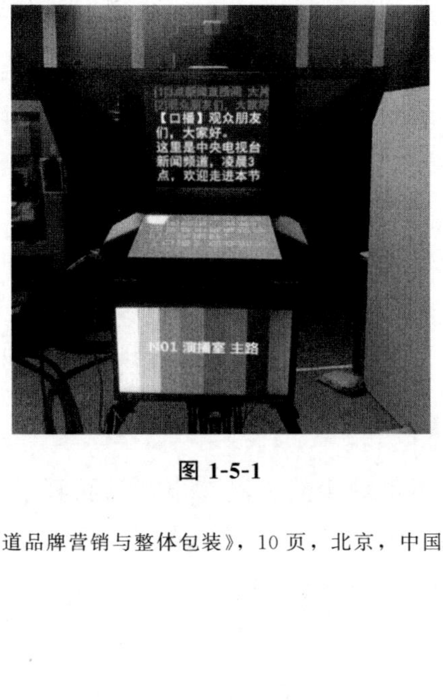

图 1-5-1

① 罗军、范冬阳：《电视频道品牌营销与整体包装》，10 页，北京，中国广播电视出版社，2003。

图 1-5-2

图 1-5-3

在电视新闻栏目中，主持人在演播室的出镜时间较长，伴随着新闻评论节目的兴起，演播室成了新闻栏目非常重要的一部分。演播室的布局往往决定着观众对节目的第一印象。演播室的布局需要与栏目的定位相符合，故事性比较强的电视新闻栏目可以采用氛围较为轻松的布局，而以播报资讯为主的新闻栏目则适合采用较为严肃的布局。总之，演播室的风格特色很多时候就是电视栏目的特色，在塑造电视栏目品牌的过程当中，演播室风格的确立占据着非常重要的地位。

三、品牌的评价体系

品牌代表着观众对电视栏目的感受和印象，品牌存在于观众的心中。品牌价值源于观众对品牌的认知、信赖与忠诚。成功的品牌构建体现在 4 个评价指标上，分别是“品牌知名度”“品牌美誉度”“品牌忠诚度”“品牌联想度”。依托于以上指标体系的品牌评价应遵循动态化、精细化原则。

（一）品牌知名度

品牌知名度通常包括观众对栏目的名称、标识、内容、主持人等方面的认知、了解的程度以及栏目的影响力和覆盖范围。它显示栏目为多少观众所知晓，反映的是受众的广度。品牌知名度是评价栏目社会影响大小的指标。

品牌知名度是栏目有竞争力的一种体现，特别是在同类栏目竞争激烈的今天，各栏目形式、内容等存在很大的相似性，而观众选择电视栏目时往往不会投入太多的时间和精力，在这种情况下，观众更倾向于依据品牌的熟悉程度来决定其收视行为，品牌识别度较高的电视栏目容易成为受众的选择。

（二）品牌美誉度

品牌美誉度是栏目获得观众信任、支持和赞许的程度，其体现为业界评价和受众口碑。如果说品牌知名度是一个量的指标，那么品牌美誉度就是一个质的指标，它反映栏目社会影响力的大小。

品牌满意程度的高低取决于观众的收视体验与对栏目的收视预期之间的差距。当收视体验超越收视预期时会带来超额满意度；当收视体验与收视预期保持一致时，会使观众感到满意；当收视体验低于收视预期时，随之而来的便是不满意。品牌满意度影响着受众的重复收看行为，当观众强烈不满时，会把不满传给他人，从而影响其他人的收看行为。

（三）品牌忠诚度

品牌忠诚度是指观众在收视决策中多次表现出来的对某个品牌的偏向性行为反应。品牌忠诚度不仅是一种收视行为过程，也是一种心理决策和评估的过程。栏目品牌除了用来体现与其他栏目之间的差异，更重要的是受众可以借此对该栏目产生一种偏爱与体验。

一旦形成较高的品牌忠诚度，观众的收视行为便从习惯变成自发，收看这一品牌栏目变成受众生活的一部分。品牌忠诚度是观众对栏目感情的量度，为栏目提供稳定的收视率、阅读率和市场占有率，是栏目重要的竞争优势。

（四）品牌联想度

品牌联想度是指观众看到某一特定品牌时，能记起与品牌相关联的信息，包括感觉、经验、评价等。如消费者看到“万宝路”这一品牌，就会联想到铁骨铮铮的西部牛仔形象。品牌联想包括了任何与品牌记忆相关联的事物，是消费者对品牌的想法、感受和期望等一连串的集合。电视栏目品牌联想指当受众看到该栏目时，会联想到其品牌个性，如提到《对话》，就会想到商界、高端；而提到《开讲啦》，就会想到青年、激情、人生感悟、分享等。

每个成功的电视栏目品牌都有自己的特征，如果这些特征能够和受众收视需求保持一致，符合受众的利益，那么品牌联想便成为受众收看的重要驱动力。品牌联想是品牌内涵塑造和个性强化的结果，要想构建品牌联想差别优势，必须首先塑造品牌的内涵，强化品牌的个性。

四、栏目品牌的特点

电视栏目品牌与商业品牌相比较，既存在共性又有特殊性。因此，做好电视栏目品牌需在借鉴商业品牌运营的同时，认识到栏目作为媒体所具有的特殊性，只有把握栏目品牌所具有的独特特征，并以此为基础，才能展开有效的电视栏目品牌运营。

（一）较强的社会属性

由于栏目承载着传播新闻信息、进行舆论宣传、开展社会教育、提供文化娱乐、提供服务等职能，因此电视栏目品牌在具有经济属性的同时具有社会属性。这决定了电视栏目品牌在追求经济效益的同时必须强调社会效益，应努力实现两者之间的平衡，相互促进，相互发展。

电视栏目作为一种精神产品，应充分发挥品牌栏目良好的社会影响力，其品牌所体现出的个性、情感、理念、文化等应积极向上，引导公众形成正确的社会价值观、弘扬社会主旋律，对受众的满足须与主流意识形态和健康文化的要求相一致。和一般的商品品牌比较而言，媒体品牌更强调历史传承、历史价值，注重历史积淀。任何媒体的发展要获得社会的认可都要通过一个较长时间段的考验。因此，媒体维持长时间的稳定性，取得社会稳定的认可度，才能逐步建立品牌。[①]

（二）稳定性较差

相对而言，栏目品牌比一般的商品品牌更容易创建却更难维护。

电视栏目依靠大众传播媒介，基于其广阔的受众接触面和较高的关注度，一方面较易产生影响和树立品牌，快速建立品牌知名度；但另一方面，栏目在选材、任务、编排、音乐等方面都要接收观众的检验和信息反馈，一两次栏目质量的下滑，就可能导致品牌受损，受众美誉度、忠诚度下降；而且电视栏目的周期性容易产生视觉疲劳。在市场竞争激烈的今天，如果电视栏目重复设置，类型化、同质化现象明显，那么观众就很容易游离，在不同的栏目间徘徊。

（三）地域性明显

电视栏目作为传播的载体，受地域文化、语言的影响明显。一方面，电视栏目

---

① 何琴：《电视媒体品牌策略研究：以浙江卫视形象品牌“中国蓝”为例》，硕士学位论文，重庆大学，2010。

成为地方展示文化特色、风土人情的窗口，对地域文化的传播与保护起到了不可估量的作用；另一方面，地域文化也为电视传播提供了丰富的内容，为栏目品牌的差异化发展提供了保证。只有对地域文化特征的深入捕捉才能满足区域受众的收视需求。因此，依托地域文化资源，办地方特色栏目，打造地域文化品牌，实施差异化竞争是各类栏目，尤其是地方电视台树立栏目品牌的首要选择。

单元二　电视栏目品牌的构建

电视栏目品牌的构建是一个长期而系统的工程，主要包括以下几个环节：市场调查研究、确定栏目定位、品牌包装设计、品牌宣传推广。

一、市场调查研究

在确定栏目定位之前，必须进行系统、科学的调研工作，取得大量的数据，真正做到从定性到定量、从粗放到精确、从宏观到微观，重点应放在进行目标受众分析、竞争对手分析、自身特点分析上，并以这些调研数据与分析结果作为栏目定位的基本依据。需要注意的是，云计算、大数据等新技术的快速发展有效拓展了数据来源渠道，为栏目品牌构建决策提供了更加科学的依据。

（一）目标受众分析

栏目需在受众细分的基础上根据受众特征有效辨别出栏目的目标受众，即栏目的受众对象。从一定意义上讲，栏目定位是受众定位的反映。电视栏目在进行品牌定位时，一定要瞄准特定的受众群，明确栏目的发展空间。对于目标受众的确定要根据电视媒体自身的资源优势和外在客观环境综合判定。能否最大限度地找准目标观众群是栏目品牌化的关键，在此基础上还需要引入一定的调查统计方法，通过数据挖掘和深入分析精准地对受众需求进行定位和量化说明，使栏目品牌的构建更科学。其主要调查包括观众构成，观众收视倾向、观众收视行为习惯、观众收视的渠道等。

（二）竞争对手分析

定位就是要在消费者心中树立不同于竞争对手的独特形象。在激烈的竞争栏目下，任何一个栏目在品牌定位之前，都必须研究分析已有的类似电视栏目，了解竞争对手的规模、目标、市场占有率、栏目定位、栏目内容、栏目风格、传播策略等，做到知己知彼，从而寻找自己的独特个性，确保自己在竞争中以不可替代的特色而立于不败之地。这方面，美国两个科普频道的成功经验值得我们借鉴和参考。美国的“国家地理频道”（NGC）与“探索频道”（Discovery），虽然都是专业化的科普频道，但这两个频道却各有自己的特色，相互区别，并不雷同。NGC 是美国国家地理协会与 NBC 合办的一个频道，该频道的特点是知识性与教育性相结合，不但每年为美国中小学提供大量的音像教材，而且向全球 100 多个国家发行，普及自然与地理知识。而探索频道自 1985 年开播以来，一直强调节目制作中的人文关怀，强调人文性和趣味性的结合，甚至将电影故事片的有关镜头剪辑下来，与纪录片和文字、史实、传说等融合起来，制作出诸如《恐龙纪元》《木乃伊》等特别系列专辑，在全球 145 个国家中拥有 1.2 亿观众。探索频道曾于 1997 年被联合国教科文组织授予“人类探索特别贡献奖”，还成为全球十大知名品牌中唯一一个媒体类产品，与可口可乐、麦当劳等品牌并列。[①] 上述例子充分表明，只要研究分析得当，找准特色，同样的主题也可以打造出完全不同的电视栏目，塑造良好的栏目品牌。

（三）自身特点分析

在栏目市场研究过程中，一个重要环节是对栏目自身优势与缺点进行认真、客观、实事求是的分析研究。在剖析自身的基础上找到适合的定位，成功的栏目定位一定能有效地彰显自身优势。

这个阶段要求栏目全员共同参与，对自身开展深入的分析。确定栏目运营的起点以及资源，为栏目的发展提供依据，指明方向。

二、确定栏目定位

菲利普·科特勒认为，定位就是对公司的一种形象设计，使其能在目标顾客心目中占有一个独特的位置。可见，市场定位的意义在于凸显自身所具有的独特竞争优势。

对于电视媒体来说，品牌的定位就是针对某一收视人群的特定需要，对栏目和频道进行整体设计和改造，为自己的品牌在媒体市场上树立一个独特形象，以利于媒体品牌推广和线下产品销售，为媒体的发展开辟市场空间。[②] 诞生于 2002 年的旅游卫视是国内为数不多的旅游专业频道。开播以来，频道“身未动，心已远”的传播理念深入人心。2017 年，旅游卫视将频道定位调整为“体育＋旅游”，在保持旅游特色的同时，尝试旅游与体育之间的融合发展，树立了复合型专业媒体的良好形象。2019 年 5 月，旅游卫视正式更名为海南卫视，启用新呼号、新台标、新节目编排。升级后的海南卫视延续了体育＋旅游的定位，《行者》《有多远走多远》《卫视高尔夫》《中国体育旅游报道》等精品节目以独特的定位有力地塑造了其差异化的品牌形象。

建立栏目并不是难题，难的是提供大量富有特色的栏目内容，难的是塑造栏目的个性特点。在同质化相当严重的情况下，如果一个电视栏目能够办出自己的特色，

---

① 彭吉象：《机遇与挑战——电视专业化频道的营销策略》，75 页，北京，中国广播电视出版社，2006。

② 段鹏：《电视品牌战略研究》，北京，中国传媒大学出版社，2007。

具有独特的内容与风格、独特的角度与包装，就能提高栏目的收视率，就能在激烈的媒体竞争中站稳脚跟，树立自己的品牌和市场地位。以央视文化类演播室益智竞赛节目《中国诗词大会》为例，其定位为“赏中华诗词，寻文化基因，品生活之美”，旨在通过演播室比赛，分享诗词之美，感受诗词之趣，重温经典诗词，继承和发扬中华优秀传统文化。《中国诗词大会》充分激发了亿万中国人对于经典诗词的热情与传承意识，掀起了全民亲近和学习中华经典诗词的新一轮热潮。

受众分析、对手分析、自身分析，都为栏目准确定位提供了基础。关于电视栏目的定位方法主要有两种：一种是根据栏目内容的不同来区分和定位；另一种是根据受众群体的不同来区分和定位。乍一看来，这两种定位法似乎没有区别，实际上如果认真研究一下，这两种定位方法之间存在着明显的差别。相比之下，后者更加科学。以不同受众的不同需求为依据，根据重点收视群体的需求来制作栏目，进行栏目包装，实现电视市场的细化与有序化。只有定位准确、特色鲜明，比竞争者更好地满足目标观众的收视需求，才能使其形成稳固的收视习惯。这样可能栏目的观众面缩小了，但由于满足了受众市场的多层次性和欣赏趣味的多样性，观众的注意力、忠诚度与满意度都会大幅度提升。

总而言之，栏目的定位问题十分重要，如果定位不清晰很难制定有针对性的品牌策略。必须在详细市场调研的基础上对自己的栏目明确定位，解决环境定位、受众定位、宗旨定位、时间定位、内容定位、形式定位、风格定位、营销方式定位等一系列定位问题，整合营销、整体包装，才能适应受众的需要与传媒的竞争。一个成功的定位，只是成功战略的起点，构筑战略门槛，强化核心竞争力，则是一个长久而艰巨的过程。

三、品牌包装设计

1999 年，中央电视台最先提出了“频道专业化、栏目个性化、节目精品化”的发展战略。从中国电视媒介的发展现状看，“频道专业化、节目对象化、营销品牌化”已成为传媒人的共识。品牌化经营，离不开内外形象的整体包装与塑造。只有在栏目内容、形式、个性、特色、情感、文化等基础上形成一个形象生动、易于记忆和接受的外在特征，才能使之具有一个比较完美的整体形象。

有效的市场调研和明确的栏目定位，可以为下一阶段的品牌包装奠定坚实的基础。在设计时，一定要以栏目定位为重点诉求，只有符合栏目定位，才能为栏目品牌形象塑造做出贡献。偏离栏目定位的包装毫无意义，甚至会损害栏目品牌形象。完成栏目包装设计后，接下来便是执行，包括前期拍摄和后期制作。

栏目品牌包装设计应遵循以下三个原则：

(1)受众至上原则。栏目品牌包装并不是目的，而是一种手段，它搭建起栏目与目标受众收视需求之间的联系，有效引导了收视行为，更好地满足了收视需求。

(2)独特性原则。打造新颖独特、难以复制的栏目包装，利于受众识别与记忆，逐步形成收视习惯，进而建立栏目竞争优势。

(3)连贯性原则。栏目包装是一个持续演进的过程，在为适应环境变化不断调整的同时，应保持与栏目定位相一致，包装风格相一致。

CIS(Corporate Identity System)可以较好地帮助栏目完成品牌包装设计。所谓CIS即企业形象设计，又称企业形象识别系统，是企业有意识、有计划地将企业的各种特征向社会公众主动进行展示与传播，使其对特定企业有一个标准化的印象，以便更好地识别。企业形象设计是一个复杂的系统工程，它由三个子系统构成理念识别系统(MI)。它是企业的文化理念、经营理念、经营方针和经营宗旨，是一个企业的灵魂；行为识别系统(BI)，它对内是企业的文化准则与行为规范，对外则是通过公关促销与公益活动来贯彻企业的文化理念；视觉识别系统(VI)，它通过企业独特的视觉形象设计，在所有的产品、商标、包装，乃至办公用品上塑造企业独特的视觉形象，形成具有文化内涵的视觉冲击力。

(一)栏目品牌理念识别系统

栏目品牌理念识别系统是指栏目所形成的价值体系，源自于栏目定位，是栏目文化价值、媒介精神、经营理念的综合体现。在品牌栏目识别系统中，理念识别是原动力和基础，必须与整个栏目所在频道的定位相吻合，这种延续性和系统性使受众对栏目及频道拥有极高的忠诚度，可以成功地将栏目品牌牢牢地树立在观众心中。凤凰卫视“向华人报道世界的资讯，向世界发出华人的声音”“拉近全球华人距离”的频道定位统领着其各个具体栏目的理念。

(二)栏目品牌行为识别系统

电视栏目品牌行为识别系统是以理念识别系统为基础和原动力，通过各种行为活动对已经确立的栏目理念的执行和实施。具体说来，行为识别包括对内行为识别和对外行为识别两部分，规划着栏目的内容管理和对外宣传，反映其经营理念和价值取向。对内识别通过建立有效的管理制度和规范，约束和指导工作人员的业务行为和经营行为，有效协调部门和人员关系；外部识别主要包括对外社会公益文化活动、公共关系、营销活动等。

(三)栏目品牌视觉识别系统

任何栏目都离不开视觉识别系统，它包括名称、标识、主持人背景、记者采访服、采访车装潢及其他识别元素。视觉识别在形象识别系统中最具传播力和感染力，最容易被社会大众接受。良好的电视栏目视觉识别系统架构了整个栏目的形象，直接表达了栏目的独特风格，以强烈的视觉冲击力吸引观众，留给观众鲜明的栏目形象，有效地建立起观众对电视栏目的认知和对栏目品牌的形象记忆。

四、品牌宣传推广

传播推广是栏目品牌构建过程中不可缺少的组成部分。可以说，栏目的形象提升，被社会和观众认同的速度和程度，在相当程度上取决于栏目的传播推广。通过有效的宣传推广，能让目标受众广泛了解栏目，使栏目的定位深入人心，还可不断提升受众满意度、增强受众对栏目的忠诚度。

品牌传播，首先要清楚的认识"3W"。即"who"，向谁传播，你的目标受众是谁；"what"，传播什么内容；"which"，以什么样的渠道和形式来传播。

电视栏目天生拥有传播工具和渠道，这种资源优势决定了它实施品牌传播的主动性和便利性。与其他企业总要综合考虑成本、效果的情形比较起来，电视栏目的品牌推广有足够的自主性和空间。[①] 在互联网快速发展的今天，品牌传播渠道早已不再局限于自有媒体传播平台，官方网站、微博、微信、APP 客户端等新媒体平台日益发挥着明显的作用。节目借助新媒体平台进行立体化的推广成为栏目品牌传播的主要趋势，央视《朗读者》栏目的成功便是一个典型的例证。《朗读者》建立了中央电视台、视频网站、权威纸媒和自媒体的立体传播矩阵，采取的是多元化的媒介组合策略。第一期《朗读者》于 2017 年 2 月 18 日晚上与观众见面，栏目的官方微博和官方微信也同步开通，通过节目策划报道、录制幕后纪实、朗读嘉宾的选择等话题来吸引关注度和人气。节目组还邀请成龙、杨利伟、韩红等为节目拍摄宣传视频，为节目造势。随着节目每周六日在中央电视台的热播，腾讯视频、爱奇艺、央视影音三个视频平台相继推出完整回看，同时还有《人民日报》《新华日报》《金融时报》等二十余家权威纸媒对节目进行报道与评论。

栏目品牌宣传常见的具体形式有以下几类。

（一）栏目形象宣传片

栏目形象宣传片旨在突出栏目的总体特征，注重栏目形象的塑造和品牌的打造。栏目形象宣传片一般不对栏目具体内容进行宣传，只对栏目做总体推介。其着力于栏目的定位和风格特性，影响观众的收视倾向，让观众迅速对一个新栏目有所认知，树立栏目的知名度和识别度。宣传片可以反复播出，其长度一般在 25～45 秒，最长不超过 3 分钟。栏目形象宣传片要求有极高的创意，画面应概括出栏目的价值观念，能代表整个频道的追求和定位，具有明确的传播指向性和强烈的视觉震撼力，而且要与音乐、音响完美结合。比如广西卫视的《广西故事》，开篇就把航拍的广西自然风光呈现给观众，接着是民族风情、特有的物质资源(桃花水母、墨兰、白头叶猴等)等，此时画外音是"广西故事，带您走进广西的一山一水，一城一景，一草一木。《广西故事》，广西卫视每周六晚 21：20 播出"。此宣传片的目的在于让观众对栏目

---

① 娄凤娟：《基于整合营销的电视栏目品牌化战略研究》，硕士学位论文，中南大学，2007。

有一个基本的认知，很好地传递了该栏目宣传和展现广西历史文化、民族风情及自然风光的栏目主题。[1]

山西省旅游发展委员会和山西广播电视台打造的《人说山西好风光》旅游综艺竞演节目，其第二季宣传片开篇就把航拍的山西自然风光呈现给观众，展现地域风土人情和秀美山西。在配合节目比赛规则介绍、传递山西旅游形象的同时，吸引观众关注节目本身。这档节目被称为我国第一档公务员真人秀，也是国内第一档旅游城市品牌推介竞演类节目。

（二）栏目导视宣传片

栏目导视宣传片的核心任务是预告一期节目精彩内容和播出时间，通过高密度、高频率播出，激发观众强烈的期待感，使其及时收看栏目。它是频道整体包装的重要组成部分。

栏目导视宣传片就是具体栏目内容的促销广告，“这个节目如何精彩、它在什么时间播出”是栏目收视宣传片要告知电视观众最重要的两个信息，目的是直接引发观众的收视行为。

栏目字幕导视一般由衬底加字幕再辅以优美音乐来进行。除了版面设计要精美之外，播出频率不能太少，播出时间相对固定为好，如在整点前开始或从整点开始。

在创作栏目导视宣传片时，应该仔细研究目标观众的收视需求，捕捉观众收视“兴奋点”，力求将栏目的核心点与观众的收视需求对等统一，这样的宣传片才是有效的。[2]

（三）栏目片头

栏目片头是栏目形象宣传片的精华版，是栏目内容、品格特性的直接反映。相对于栏目形象宣传片，栏目片头的“宣传”功能被弱化，“提示”功能被加强，提示观众正在收看的是什么栏目。栏目片头一般都是把名称、标识、标准字、口号等单独或组合在一起作为片头最重要的符号来使用。其时长为10～15秒，甚至更长，这主要取决于频道的编排风格和不同栏目的宣传手段的差异性。栏目片头的设计同样应统一于频道的整体包装，但同时也应体现栏目个性。

比如《国家宝藏》片头，以兵马俑、战马雕塑、青铜鼎、饕餮纹等为元素，衬托出栏目里国家宝藏的传统文化之美，最后“国家宝藏”四个大字以厚重金色和仿象形文字的形式缓缓降落，扬起一阵尘烟，厚重而又神圣。国宝展示的背景以朦胧黑加上细腻的金点流光，使得珍宝神秘又美丽。《国家宝藏》角标继承片头字体，琉璃金的颜色镶嵌在似乎是印章的半透明框中，犹如一幅动态的书画，意境无穷。这样的片头不仅仅是为节目增色，更多的是把节目主题升华后展现给观众，传达节目内在

---

① 黄丹妮：《浅谈电视栏目宣传片的编排播出——以广西卫视为例》，载《视听》，2019(10)。

② 郭蔓蔓、世纪工场：《电视频道品牌包装艺术》，61页，北京，中国广播电视出版社，2006。

的文化美。[①]

（四）主持人宣传片

频道依靠栏目支撑，栏目的品牌打造则时常借助于主持人，因为主持人作为栏目最直接的实践者和体现者，通常都是以媒介代言人而出现的，是品牌栏目的重要组成部分，在一定程度上被赋予品牌标志的角色。栏目与主持人之间总是相互作用、相互促进的。名牌栏目需要明星主持人，明星主持人造就名牌栏目。一些极富个性魅力的主持人成为某些栏目或电视台的标志，他们以自己的个人魅力与主持风格，成为栏目与受众之间的有效的“黏合剂”，增进观众对栏目的信任。受众往往会由于喜爱品牌主持人转而关注主持人背后的传媒机构，通过主持人的形象对栏目产生品牌联想，建立对栏目的品牌忠诚和品牌依赖，从而实现了媒体品牌信息的有效传播，有效地提高了媒体的竞争力。著名节目主持人董卿凭借自己深厚的文化修养厚积薄发，在主持《中国诗词大会》中引经据典，妙语连珠，个人身上散发出来的文人气息与这档浓厚的人文节目相得益彰，成为节目一道亮丽的风景线。而后董卿将《中国诗词大会》中温婉、知性、干练的主持形象延伸到《朗读者》中，自身的文化素养和文学造诣与《朗读者》节目的气质完美契合，用满腹诗书的文化魅力再一次塑造了一档文化类节目的品牌形象，并获得观众的一致好评，提高了节目的美誉度。从端庄优雅的晚会主持人到知性温婉的文化类节目主持人，是《朗读者》让她成功实现个人品牌形象的嬗变，而董卿又征服所有的观众，成就了《朗读者》节目的品牌高度。[②]

越来越多的频道都把主持人包装作为体现栏目人文色彩的重要手段，把加强对主持人的宣传作为栏目营销的重要策略。这可能是构建品牌栏目最困难的一个环节。主持人不但必须具备各种素质，而且应当具有渊博的知识，这就给栏目的主持人提出了更高的要求。

主持人的形象首先应符合频道的整体形象，在统一的理念指导下，行为规范成为主持人的行为准则。除可见的行为规范之外，还有一些不可见的行为规范，例如主持人在日常工作、生活中应不断提高自身素养，积累知识与经验，努力完善个人形象。[③] 同时，栏目也应当根据自己独特的风格和主持人特色，量身打造富有个性的主持形象。

在这方面最具代表性的莫过于凤凰卫视。凤凰卫视致力于打造“三名”，即名主持人、名记者和名评论家。凤凰卫视的主持人不仅仅是明星，更重要的是他们成了凤凰卫视的名片、招牌，成为凤凰卫视的一道独特风景，他们使受众对凤凰卫视有了更感性的理解。

---

① 陶丹：《电视栏目包装在电视节目中的作用》，载《卫星电视与宽带多媒体》，2020(2)。

② 戴世富、颜璇：《〈朗读者〉电视栏目品牌打造策略》，载《东南传播》，2017(10)。

③ 李冬冬：《品牌主持人形象策划的CIS战略》，载《青年记者》，2007(22)。

央视《远方的家》栏目则将节目主持人成功转化为新生代的出境记者，以体验者的身份代替观众触摸当地人的真实生活和内心感受。他们不同于一般的幕后记者，而是走到摄像机前，快速敏捷地把自己的观察和思考总结成流利通畅的口头语言，并且配合自己的面部表情和肢体语言传给观众。他们也不同于演播室的主持，除了对目的地风光场景的解说和串联，还要“真人秀”，出境在整个节目的始末，真实表达自己所看所想和内心感情，而这正契合了这档节目的标题《远方的家》。另外，《远方的家》的记者出境时统一身穿印有节目标志的户外服，色彩以单一的黄色、红色、蓝色和绿色为主，女记者简单朴素的妆容(不戴假睫毛、不画眼线，看上去干净利索)也成为《远方的家》的品牌标志之一。①

单元三　电视栏目品牌的维护与创新

创建和经营品牌栏目不可能一劳永逸，必须根据观众求新求变的心理而不断变化。针对受众发展变化的收视需求，任何品牌栏目都必须不断调整、更新内容，确保栏目的可持续发展。品牌的维护和创新主要是针对品牌的老化而言的，品牌老化实质是品牌资产的流失或贬值，品牌老化是品牌长期管理中需要解决的问题，不断地对品牌进行维护，是避免品牌老化的重要手段。

电视栏目要想走上可持续发展的轨道，就必须建立一整套先进的栏目创新与维护机制，形成一整套完整的栏目运行体系。需要格外注意的是，在品牌维护与创新的过程中，要处理好“变”与“不变”的关系。一方面，栏目的变化十分重要，应具有与时俱进的能力，根据受众反馈信息，不断完善品牌；合理调配人力资源，保持栏目旺盛的创造力，只有不断地维护与创新才能适应新形势的发展和观众口味的变化。另一方面，品牌栏目又必须保持一贯的风格，有一定的延续性和长期性，在定位上应相对固定，保持自身的独特性，尤其是栏目的文化理念以及与此相关的核心元素不能常变，过多变化会造成个性的散乱，只能在原来的基础上，根据受众新的需求进行不断微调。

一、品牌维护

品牌维护，是指针对外部环境的变化给品牌带来的影响所进行的维护品牌形象、保持品牌的市场地位和品牌价值的一系列活动。品牌维护是品牌战略实施中一项重要的工作。在市场经济条件下，良好的品牌形象是企业在激烈竞争中强有力的资本。

① 刘阳梓：《电视栏目品牌的打造与传播——以CCTV4〈远方的家〉为例》，载《卫星电视与宽带多媒体》，2019(9)。

市场竞争力和品牌的价值来之不易，需要保养、经营和维护，只有不间断地进行品牌维护，才能使其保持长久的生命力，产生稳定的品牌效应，将知名度转化为美誉度和顾客忠诚度。现代市场竞争，品牌维护不容小觑。

（一）品牌维护的意义

1. 品牌维护有助于保持和增强品牌生命力

品牌栏目的生命力取决于受众的收视需求。如果品牌能够满足受众不断变化的需求，那么就能在竞争激烈的市场上保持旺盛的生命力，真正实现基业长青，反之，就可能出现品牌老化。因此，不断对品牌进行维护以满足市场和消费者的需求是很有必要的。

2. 品牌维护有利于预防和化解危机

品牌栏目随时面临来自各方面的威胁，应该树立危机意识，特别是在电视媒体迅猛发展的今天，更需要保持清晰的头脑，居安思危，提高对潜在危机的预见力，制定应对危机的策略。品牌维护要求时刻洞悉环境变化，预警可能发生的危机，挖掘原因，提出应对办法，将危害消除在萌芽状态。同时加强品牌的核心价值，进行理性的品牌延伸和品牌扩张，降低危机发生后的波及风险。

3. 品牌维护有利于抵御竞争品牌

在栏目竞争中，竞争品牌的市场表现将直接影响到企业品牌的价值。不断对品牌进行维护，能够在竞争中强化差异优势，不断保持竞争力，提高竞争门槛，从而保持竞争优势。

（二）品牌维护策略

栏目品牌维护既要保持基本形态的稳定，内容、播出形式又要与时俱进，根据受众反馈信息不断完善，合理调配人力资源，保持栏目旺盛的创造力。应该做到以下几点。

1. 建立科学的栏目品牌评估体系

“广播电视品牌评估”即是通过一套科学的指标体系和计算方法，对一定时期的电台、电视台品牌，或者其所属的频率、频道品牌，或者节目、栏目品牌的品牌附加价值或附加利益进行评估。[①]

在电视品牌化时代，必须建立一套科学的具有可操作性的适合中国国情的广播电视栏目品牌评估体系和方法，以利于制定和规划品牌发展战略，以利于品牌推广和管理。电视栏目品牌评估体系的建立应充分结合传播学、社会学、心理学、经济学、营销学、统计学等领域，提炼出一套具有创新性、科学性、可操作性的品牌评

---

① 李岚等：《广播电视品牌评估的理论框架和体系建构》，载《电视研究》，2010(7)。

估方法。电视栏目品牌的评估不同于其他领域，除了重点考虑其经济性，还需要考虑其社会性，由此，评估体系主要侧重于栏目的经济收益(市场份额和广告收益)及社会影响，以此来判断品牌价值。

2. 建立以法制为依据的品牌保护体系

在当前信息高速传播的环境下，搭便车的不正当竞争行为屡见不鲜，很多优秀的栏目品牌不断被抢注。良好的栏目品牌是栏目重要的无形资产，创立这样的品牌要付出长时间的努力，因此，对于栏目品牌的保护应特别注意。在市场法制条件下，利用法律工具是保护品牌最直接最有效的手段，相关法律包括中华人民共和国《商标法》《专利法》《著作权法》《产品质量法》《消费者权益保护法》《反不正当竞争法》及《公司法》等。首先应通过商标的注册和驰名商标的申请来对栏目品牌进行保护，这样能够赢取品牌保护的主动权，不仅有利于提高电视媒体的受众市场占有率，而且还能赢得广告客户。更重要的是，当品牌受到侵权的时候，可以应运用知识产权的法律武器捍卫自己的正当权益，依法追究针对品牌的侵权行为。

3. 适时调整栏目内容、形式

受众的需求并非一成不变，而是会随着环境的变化以及栏目播出时间的推移发生变化，栏目应密切跟踪受众，及时采纳正确的反馈意见，对不够完善的环节进行检查和修补，以新颖的主题、灵活的形式调整内容板块，使品牌更新换代，实现自我超越。

大型戏曲文化类节目《喝彩中华》于 2017 年接档《诗书中华》正式在东方卫视播出，节目旨在弘扬优秀民族文化，传递艺术之美，让更多的年轻人了解戏曲、触摸戏曲。《喝彩中华》第二季在第一季的基础上进行了调整升级，在嘉宾设置上，除了著名京剧演员王珮瑜、“90 后”青年歌手霍尊，还有老戏骨方芳作为观察员；参与主体由戏曲专业人士扩展到各行各业的戏曲爱好者；内容更加注重情感和故事的分享。同时，为了打通普通观众和传统戏曲文化之间的壁垒，节目还把传统戏曲经典片段做了一些改造创新和跨界融合，例如昆曲和钢琴，戏曲舞蹈身段和现代舞、爵士舞，电音和大鼓、大木偶表演相结合，等等。

又如，电影频道旗舰栏目《中国电影报道》的影响力和权威性得到了电影界和观众的一致认可，被誉为电影界的“新闻联播”。该栏目在 2019 年年初启用新的演播室，节目回归实景棚录制，充分调动演播室多媒体和多形式的播报组合方式，大气并且专业。另外，采用双主播播报的形式并启用一批“95 后”新人主播，为这个老牌节目增添了一份鲜活的青春气息。

4. 品牌包装推陈出新

品牌包装特别是视觉识别系统是栏目品牌的外衣，应保持一定的稳定性，风格一致的品牌包装能够产生品牌效应。而同质化的竞争使栏目包装的适用期越来越短，看久了容易产生审美疲劳，这时需要依据频道与栏目品牌的个性，在保持栏目包装延续的前提下，调整栏目包装形式，加入一些新的内容和元素，以利于保持新鲜感，不断激发观众的收视兴趣。

5. 开展理性的品牌延伸

利用品牌原有影响力发展品牌，十分有效的方法就是品牌延伸。品牌延伸是实施品牌战略的重要内容，它是在原有品牌已拥有一定市场影响力的基础上，利用原品牌的影响力来推出新产品或新品牌，以达到让受众快速和顺利接受的目的。比如由东方卫视、欢乐传媒共同出品的喜剧竞赛真人秀节目《欢乐喜剧人》自 2015 年首播以来，深受观众喜爱。在《欢乐喜剧人第五季》节目总决赛后，节目组决定继续制作《寻找喜剧人》，用四期节目与《欢乐喜剧人第六季》产生“跨季联动”，这种创新的内容设置为把《欢乐喜剧人》打造成长线综艺做出了铺垫。2020 年 3 月，在全中国上下齐心协力抗击疫情的关键时刻，《欢乐喜剧人第六季》积极响应号召在线集结喜剧人启动“云录制”，制作了特别节目《云端喜剧王》，在防疫期间为大家送去欢笑。

对栏目品牌的合理延伸，一方面有利于新节目降低市场导入成本，使受众对原品牌的好感迅速转移到新产品中，另一方面，在栏目品牌延伸过程中，品牌在消费者的心目中不断地得到加深和强化，也给母品牌注入了活力，增强了老品牌的新鲜感，丰富了品牌的内涵，实现了栏目品牌价值的延伸。比如明星真人秀《极限挑战》，2016 年推出同名大电影《极限挑战之皇家宝藏》；同时围绕《极限挑战》中不曾播出的内容开辟了延伸栏目《我爱挑战》；在第二季《极限挑战》开始录制之际，还启动了公益项目“极限公益成长计划”。

二、品牌创新

所谓品牌价值创新，就是在一定的成本范围内，在不断改进产品、服务的基础之上，用新的品牌价值去满足顾客对原有产品或服务的更高价值目标的追求。品牌价值创新可以是更改品牌的价值属性，也可以是赋予品牌全新的价值属性(比如对现有品牌深度、广度和相关度的开发延伸，拓展品牌新的领域)，还可以是通过品牌新的经营策略，实现对品牌价值的管理和维护，达到品牌价值创造和价值增值的目的。

(一)品牌创新的意义

栏目品牌之所以要进行品牌创新，目的是不断增强品牌竞争力，更好地服务受众。通过品牌创新，一方面能增强顾客收视信心，提高忠诚度，增加栏目品牌的形象价值；另一方面可以为栏目创造新的价值，可以促进品牌声誉的价值溢出，促进品牌资产的扩张，建立有效屏障防止竞争对手进入。品牌的不断创新必须适应新的时代要求，它是栏目生长不竭的源泉。

（二）品牌创新策略

1. 定位创新

品牌定位是一个动态发展的过程。由于种种原因，曾经的成功定位可能随着市场变化而失去优势，甚至成为进一步发展的制约，此时就应考虑进行品牌的重新定位。所谓品牌重新定位就是对品牌再次进行定位，通过打破品牌在受众心目中所保持的原有位置与形象，使其按照新的观念在消费者心目中重新排位。通过调理关系，创造出一个有利于栏目发展的新秩序。品牌重新定位不是原有定位的简单重复，而是通过对市场的再认识，对自己原有品牌战略的一次扬弃。①

引起重新定位的具体原因通常有以下几种情况：(1)栏目实施战略扩张，原有的品牌定位不再满足栏目发展的需要；(2)栏目进入到衰退期，原有受众市场逐渐萎缩，无法实现栏目既定目标；(3)栏目原有品牌定位由于预测失误，或者是因为出现了新的强大竞争对手等各种原因，受众反响较差。

2. 受众创新

随着时间推移，受众的收视偏好可能会发生变化，原有的市场构成的基础——目标受众可能转变甚至消失。这样的企业品牌若仍然按原有的受众进行市场运作，注定会失败。这时就需要对受众市场重新细分，在原有目标受众的基础上扩大受众群体或者采取新的运营策略满足新的受众收视需求。比如，《明星大侦探》作为一部广受好评的网络综艺节目，随着节目前三季的成功，芒果台将节目的制作班底搬上了电视屏幕，推出了其姊妹篇《我是大侦探》。但是，网络综艺节目的受众与电视综艺节目的受众存在较大差异，18～29 岁的青年人群构成了前者的主要受众，而后者主要面对的是“合家欢群体”，年龄跨度较大，因此，《我是大侦探》为了适应电视节目的特点，开拓新了的受众群体，将受众人群扩大到 14～50 岁。受众定位的调整为节目的成功奠定了重要的基础。

需要注意的是，对潜在电视观众的挖掘也同样重要。通过提高观众覆盖率以及调整栏目的编排时段等方式提高潜在观众对栏目品牌的接触，培养其收视习惯，从而实现潜在观众向现实观众的转变，进而使其发展成为忠实观众。

3. 新品牌创新

以原有栏目的核心要素为纽带，拓展出新的子品牌或者系列，减少开发新品牌的成本，这样既发挥了品牌的晕轮效应，又有利于品牌保持活力。如 2019 年，河北卫视依托《中国好诗词》《我中国少年》两档品牌栏目，精心策划打造的综艺节目《成语天下》。

品牌栏目由于主持人具有鲜明的个性和特色，为受众所熟悉、喜爱，像名片一

---

① 李玲：《品牌重新定位时机辨别与策略选择》，载《商业时代》，2006(22)。

样被受众牢记，所以主持人常常承担了这样的纽带角色。如央视主持人撒贝宁因主持《今日说法》走入了观众的视野，深受观众喜爱，后凭借其独特的主持风格，相继主持了《开学第一课》以及青年电视公开课《开讲啦》、科普节目《加油向未来》、励志挑战节目《挑战不可能》、诗词文化音乐节目《经典咏流传》等系列文化科教类节目，取得了不错的收视效果。

事实上，创建品牌难，维护和创新品牌更难。栏目的运营管理应当以对受众市场的深入把握为基础，以市场竞争为动力，以提高经济效益和社会效益为目标，以满足受众收视需求为核心，以在内部建立创优机制和创新氛围为保障，把栏目品牌的构建、营造、维护和创新作为当前和未来工作的中心来抓，才能使栏目品牌保持长久的竞争力。

想一想

1. 电视栏目品牌的构成要素有哪些？
2. 如何进行电视栏目品牌评价？
3. 如何进行栏目品牌的构建？
4. 如何进行栏目品牌的维护与创新？

拓展资源

习近平总书记给中央广播电视总台“首届全球媒体创新论坛”的贺信。

模块二
电视栏目策划实务

CHAPTER1

项目一 策划电视新闻类栏目

【项目概述】

电视新闻萌芽于 20 世纪 30 年代，第二次世界大战后得到了迅速发展。如今，“新闻立台”已成为各大电视台尤其是省级以上卫视的共识。从最初的要闻简报到多样化的体裁呈现；从新近发生事实的汇编报道到正在发生事实的同步直播；从新闻节目的栏目化到台网融合的新闻现场同步直播，再到新闻频道的新闻系列节目的栏目化，电视新闻栏目已成为世界范围内各大电视台不可或缺的栏目类型。本项目在介绍国内外电视新闻栏目发展状况及基本分类基础上，针对消息类、深度报道类、杂志类等电视新闻栏目形态的策划进行了深入分析与阐述，旨在为学生电视新闻类栏目策划学习提供详尽的实践指引。

【学习目标】

1. 了解国内外电视新闻栏目的发展状况
2. 了解电视新闻栏目的类型与特征
3. 掌握不同类型电视新闻栏目的策划方法
4. 能进行消息类电视新闻栏目的策划与制作
5. 能进行深度报道类电视新闻栏目的策划与制作
6. 能进行杂志类电视新闻类栏目的策划与制作
7. 培养学生正确的导向意识与宣传思想
8. 培养学生社会主义核心价值观和爱国主义情怀

任务一　了解电视新闻栏目的发展概况

电视新闻是以现代电子技术为传播手段，以声音、画面为传播符号，对新近或正在发生、发现的事实的报道。“以现代电子技术为传播手段”区别了电视新闻与印刷媒体新闻的不同；“以声音、画面为传播符号”则区别了电视新闻与广播新闻的不同。电视新闻栏目是指以传播新闻信息、反映和引导社会舆论为主要内容和功能的电视栏目。电视新闻栏目化则是指电视新闻节目定期、定时、定量播出并冠以固定的栏目名称，赋予栏目特定的方针、内容和与之相适应的相对稳定的节目形式，它的出现有一定的发展必然性。1947 年，世界上最早的新闻专栏节目——美国的《骆驼新闻大篷车》的出现开启了电视新闻栏目化的探索。

一、国外电视新闻栏目发展简况

1947 年，美国《骆驼新闻大篷车》的出现，标志着世界上第一个新闻专栏节目的诞生。5 年后，由 CBS 著名主持人爱德华·默罗创办的《现在请看》成为较有影响的电视新闻栏目。随后，美国三大广播公司又先后开办了《今天》《今晚》《60 分钟》《ABC 今晚世界新闻》等较有影响的新闻栏目。1980 年 6 月，世界上第一家开办 24 小时新闻频道的电视公司——美国有线电视新闻网(以下简称 CNN)开创，同时开办了一系列名牌新闻栏目，如《CNN 世界报道》《新闻教室》《交火》《拉里·金现场》《可靠消息来源》《今日世界》《今晚时间商情》《CNN 今晚体育》《东西方会见》等。1996 年 10 月，传媒大亨默多克从时代华纳手中购买了 1700 万注册用户，在纽约建立了 24 小时连续播出的福克斯新闻频道(Fox News Channel)。该频道主要由深度访谈栏目、辩论类栏目、滚动新闻栏目、杂志类栏目构成。其品牌栏目主要有《欧瑞利因素》《你的世界——卡吾托主持》《汉尼拔与考姆斯》等。

二、国内电视新闻栏目发展历程

我国的电视新闻节目从 1958 年出现至今，已经走过了 60 多年的历程。60 多年间，我国电视新闻完成的“不仅仅是节目形态与内容上由单一到多元的转变，更是传播理念和手段上由落后到先进的跨越”。[①] 从口播到录播再到直播，从短片到栏目再到频道，我国电视新闻在不断地创新与改革中，完成了自己一次又一次的升华。纵观中国电视新闻节目的发展，大致可分为以下三个阶段。

---

① 吕正标、王嘉：《电视新闻节目理念、形态与实务》，北京，中国广播电视出版社，2004。

（一）早期的电视新闻节目阶段（20 世纪 50 年代末至 70 年代末）

1958 年 5 月 1 日，中国第一座电视台——北京电视台（中央电视台的前身）开始试验播出。在开播第一天播出的电视节目中就含有新闻节目“五一座谈会”（谈话内容主要是介绍生产情况，在讲话中插播了一些生产图表和照片）和具有新闻性的纪录片——《到农村去》（由中央新闻纪录电影制片厂摄制，反映干部下放劳动的主题）。5 月 15 日，开办了新闻栏目《图片报道》；6 月 1 日播出了自己拍摄的第一条图像新闻，报道《红旗》杂志的创刊；6 月 19 日，首次实况转播了“八一”男女篮球队同北京男女篮球队的表演赛；11 月 2 日，开始播出 5 分钟的口播新闻栏目——《简明新闻》；12 月 31 日晚上，北京电视台播出了“影片剪辑”《胜利的 1958 年》，这是一部将当年的重要新闻事件在年底做一个总结回顾的片子，属于新闻综述节目。1959 年 6 月 18 日，北京电视台播出了电视评论《谈西柏林近况》，全部影片材料及部分录音资料是由民主德国电视台供给的，片子还附带了评论稿件。

1976 年 7 月，中央电视台的《电视新闻》节目开始通过微波传送到全国十多家电视台联合播出，1978 年元旦，《新闻联播》栏目正式开播，这标志着电视新闻进入新的发展时期。《新闻联播》采用直播形式，新闻内容除中央台本台拍摄的外，大量采用了地方台选送的新闻。

（二）电视新闻节目的栏目化阶段（1980 年至 2000 年）

20 世纪 90 年代以来，随着电视技术的发展和频道资源的丰富，新的电视观念逐渐确立，如电视纪实观念、电视“栏目化”观、电视谈话观念、电视直播观念、电视游戏娱乐观念等。新的电视新闻节目也不断出现，各类电视新闻在题材、内容、功能以及风格样式等多方面各展所长，相互补充，初步形成了立体化、风格化、多层次、多功能的电视新闻传播格局，新闻传播技术取得突飞猛进的发展。

经济类新闻栏目、体育新闻类栏目、本地新闻类栏目、娱乐新闻类栏目等分类新闻栏目大量涌现；电视新闻专题类栏目也开始活跃于屏幕，大大增加了新闻类栏目的内涵。1993 年，电视新闻杂志式栏目《东方时空》开播。1995 年，北京电视台开播经济新闻杂志栏目《北京特快》；1996 年，广州电视台开播《城市话题》，湖南电视台开播《新闻半小时》等，新闻杂志类栏目大量涌现；1994 年 4 月，以“时事追踪报道，新闻背景分析，社会热点透视，大众话题评说”为栏目宗旨的新闻述评类栏目《焦点访谈》在中央电视台一套晚间黄金时间播出；1999 年 8 月，在美国轰炸中国驻南联盟大使馆事件之后，凤凰卫视开播了新闻评论栏目《时事开讲》，每晚 11 点的低收视率时段在半年之后就卖出了中国电视频道午夜时段的最高广告价格；1996 年 5 月 17 日，深度调查报道类新闻栏目《新闻调查》开播，此后出现了一批深度报道类新闻栏目，如上海电视台的《新闻观察》（1997 年 3 月开播）、河北电视台的《新闻广角》（1997 年 3 月开播）、成都电视台的《新闻背景》（1998 年 4 月开播）等；以《实话实说》

(1996 年 3 月固定播出)为代表的电视新闻谈话类栏目也不断走红，如上海有线电视台的《百姓话题》(1998 年 1 月开播)、上海电视台的《有话大家说》(1998 年 10 月开播)、湖南卫视的《有话好说》(1999 年 6 月开播)、中央电视台的《对话》(2000 年 7 月开播)等。

1999 年 5 月，我国第一个全新闻频道——福建电视台新闻频道开播。福建电视台新闻频道以贴近百姓、贴近生活的传播方式，为本地的电视观众提供了全面、方便、快捷的新闻资讯。

(三)电视新闻栏目的频道化阶段(2003 年至今)

2003 年 5 月，中央电视台新闻频道开始试播，7 月起正式播出。新闻频道试播时的专题类栏目主要有《新闻调查》《每周质量报告》《焦点访谈》《共同关注》《社会记录》《央视论坛》《新闻会客厅》《面对面》《人物新周刊》《实话实说》《东方时空》《世界周刊》《中国周刊》《法治在线》等。开播之初，将央视综合频道部分名牌节目移植过来，如《新闻调查》《焦点访谈》《实话实说》，保证了其权威性和舆论引导功能的发挥。不过，新闻频道的节目量虽然增多，但真正属于自己频道的精品栏目不多。此后新闻频道进行了多次改版，到目前为止开设的栏目主要有《新闻调查》《每周质量报告》《焦点访谈》《共同关注》《面对面》《东方时空》《世界周刊》《法治在线》《新闻 1＋1》《朝闻天下》《高端访问》《新闻 30 分》《新闻周刊》等。目前全国较有影响的新闻频道主要有中央电视台新闻频道、福建电视台新闻频道、广州电视台新闻频道、凤凰卫视资讯台等。

这一阶段省级卫视新闻节目尽管有通过卫星覆盖全国市场的能力，但大多数省级卫视的新闻节目在全国市场并没有优势，本省区域还是其主要市场，而地方电视新闻的发展主要集中在民生新闻上。2002 年，《南京零距离》栏目的开播，引领了民生新闻的热潮，电视新闻传播的功能由过去单一的宣传功能和喉舌评论，开始了细化和分工，形成了集宣传、监督、告知、沟通和服务于一体的电视新闻功能的多元化局面，民众化的制作理念和娱乐创作理念共同催生了民生新闻。

(四)新媒体短视频新闻(2011 年至今)

2011 年快手上线制作 GIF 的应用，标志着中国短视频行业的兴起。从 2016 年开始，短视频呈现出井喷式的发展态势，许多新闻媒体在客户端都推出了短视频新闻板块。2014 年全国“两会”期间，央视就已开始采用短视频的方式展开实时新闻报道。此后，新闻短视频化的热潮就在各个电视媒体掀起，其中最具代表性的便是北京广播电视台融媒体中心的“北京时间”，以及上海广播电视台(SMG)官方新闻客户端的“看看新闻”等。这些媒体都将短视频新闻作为其主要内容和特色，受到了人们的广泛喜爱。央视《新闻联播》于 2019 年 8 月 24 日正式入驻抖音平台，仅仅凭借 3 条短视频，就斩获 1300 万的粉丝，形成了现象级的传播。现阶段，广电媒体逐渐向短视频 MCN 拓展，如湖南电视台娱乐频道 DramaTV、浙江广电布噜文化、山东广电 Lightning TV 等。短视频逐渐演变成了传播电视新闻的重要载体。①

任务二　学习电视新闻栏目的类型

电视新闻栏目多样化的发展，是电视技术发展及受众需求发展的必然产物。对具有不同特点的新闻栏目进行合理分类有助于策划者更科学、明晰地进行栏目定位。关于电视栏目的分类可谓仁者见仁、智者见智。有学者按照功能，将电视新闻栏目分为新闻宣传类、新闻消息类、舆论监督类和服务信息类等不同类型；有学者则按照节目形态，将电视新闻栏目分为报道类、谈话类和杂志类；也有学者按照体裁，将电视新闻栏目分为消息类、专题类、评论类、杂志类。纵观中央电视台及各省级卫视的新闻类栏目，按照体裁分类的方法更能全面、清晰地涵盖不同类型栏目的特点。本教材拟借鉴体裁的分类方法，将电视新闻栏目划分为以下五种类型。

一、消息类电视新闻栏目

消息类电视新闻栏目是消息类电视新闻节目的汇编单位和划分形式，它以迅速、简要、客观报道新近发生、发现的事实为主要目标，是出现最早、最常用的新闻体裁，也是电视台实现要闻总汇的主要栏目类型。

消息类电视新闻栏目的基本表现形态为演播室口头播报与现场记者采访报道相结合，中央电视台的《新闻联播》及各省市电视台的新闻联播类栏目均属此类，具体如中央电视台的《新闻联播》《朝闻天下》《第一时间》《新闻 30 分》《国际时讯》《午夜新闻》《晚间新闻》，凤凰卫视的《凤凰早班车》《凤凰午间特快》《时事直通车》等。该类型栏目的优势在于信息量大、时效性强、信息面广、制作周期相对较短，是观众及时了解天下大事的重要选择。其劣势在于难以把新闻事实的进程在一个栏目中完整地呈现出来，因而报道往往缺乏深度。

在新媒体中，消息类新闻多以短视频新闻呈现，时长以秒来计算，内容开门见山、直奔主题，没有多余的铺垫，第一时间将最有价值的信息呈现在受众眼前，让受众能迅速知晓事件的发生过程与结果。与消息类电视新闻相比，短视频新闻多数没有演播室，甚至也没有记者采访，制作门槛低，将以前只能由电视台等专业的传媒机构完成的工作简单化，让每一个使用手机的人都能参与到新闻视频的制作和发布中，拓宽了新闻信息源，让新闻视频的制作和发布更加快捷，增强了新闻的时效性。以“梨视频”为例，“梨视频”本身是短视频资讯分享平台，通过“梨视频”应用可

① 徐佳：《融媒体背景下电视新闻深度报道面临的考验与对策》载《西部广播电视》，2022(1)。

以轻松制作短视频新闻内容，随时随地将身边的新鲜事拍摄并上传到平台上。

二、专题类电视新闻栏目

专题类电视新闻栏目是电视新闻深度报道的主要形式之一，主要是指每期节目中只有单一报道题材的新闻栏目。其着眼于对新近发生、发现的具有典型意义的人物、事件、问题、社会现象进行调查、分析，旨在揭示事件主题，深入完整地反映该事物的发生、发展、结果及影响的全过程。这类栏目在编排上的主要特点是讲求叙事结构和逻辑。

美国早期的电视新闻栏目《现在请看》是世界上最早的具有专题类性质的新闻栏目，此后CBS的《48小时》、ABC的《晚间报道》都采用了深度报道的形式。中央电视台1980年开播的《观察与思考》是中国电视新闻中较早进行深度报道的栏目。1994年中央电视台推出的《焦点访谈》正式拉开了我国电视新闻深度报道的序幕。而中央电视台1996年开办的《新闻调查》也属于此类型栏目。该类型栏目的主要特点在于在相对较长的时间内对新闻事实进行尽可能详尽、深入、系统和全面的报道，其劣势在于制作周期较长，时效性较差，报道题材较单一。

三、评论类电视新闻栏目

评论类电视新闻栏目是对新闻事件、新闻现象进行深入剖析和评论的栏目。主要是通过对新闻事实的深入调查采访和认真分析论证，由记者或主持人代表传播媒介旗帜鲜明地表达对所报道新闻事件或社会问题的看法和认识的一种栏目形态。它是电视新闻报道的重要形式之一，代表一个电视台新闻工作的总体水平，同时也是引导社会舆论的重要手段。

中央电视台20世纪80年代开播的《电视论坛》是较早的电视新闻评论栏目，它同《国际观察》一道，促进了国内评论类新闻栏目的发展。此外，中央电视台的《新闻1＋1》、凤凰卫视的《时事开讲》及《时事辩论会》、北京电视台的《第七日》、CNN的《交火》栏目及公共电视网(PBS)的《华盛顿一周评论》都是典型的评论类新闻栏目。该类型栏目的优势在于能够较深刻地解释新闻事实的本质，注重理性抽象的道理而非直观形象的事实，是意见信息而非事实信息。

四、杂志类电视新闻栏目

杂志类电视新闻栏目是指采用杂志式的专栏化分类编排方式，在一个统一的总名称下，由几个相对独立的子栏目单元组成的电视新闻栏目。该类型栏目借鉴杂志的编辑手法，将长短不一、表现形式各异的新闻性稿件，按照栏目的宗旨加以取舍，从而有机地组成一个定期、定时、定量播出的节目单元。它融信息、舆论、知识传播于一体，杂而有序、中心突出、形式灵活，既有大量的简讯，又有一定的深度报道，是电视节目栏目化的具体体现。

世界上第一个杂志类新闻栏目是由 NBC 前任副总裁西尔维斯特·韦沃 1952 年创立的《今天》。此后 CBS 的《60 分钟》《日界线》、ABC 的《20/20》《黄金时间实况》等都是典型的杂志类新闻栏目。我国的第一个杂志类新闻栏目是上海电视台 1987 年 7 月开办的《新闻透视》。随后，不少电视台都推出了自己的杂志类新闻栏目，如福建电视台的《新闻半小时》、北京电视台的《看世界》与《北京您早》、浙江电视台的《晚间 60 分》等。而真正产生巨大影响力的杂志型新闻栏目则是 1993 年中央电视台开播的《东方时空》。该栏目几经改版，目前主要由《时空视点》《时空观察》等子栏目组成。该类型栏目的优势在于其编排采用的灵活多样的板块结构方式，能够扩大信息含量。较之消息类新闻栏目，虽时效性较弱，但深度报道的力度较强；较之专题类与评论类新闻栏目单一的报道，其信息量较大，但报道与评论的深度相对较弱。

任务三　掌握电视新闻类栏目的策划要点

电视新闻栏目多样化的分类标准，决定了其策划理念及策划方式的多样性与独特性。本节将对按照体裁进行分类后的电视新闻栏目类型进行解析，以期为不同类型电视新闻栏目的策划提供思路与依据。

一、消息类电视新闻栏目的策划

消息类新闻栏目也称为集纳性新闻栏目。依据不同的分类标准，消息类新闻栏目可以划分为不同的类型。依据内容可分为时事类、经济类、体育类、娱乐类、综合类等；依据报道地域可分为国际新闻、国内新闻及地方新闻。而目前最能体现栏目各自特点和风格的分类方法，当属依照播出时段划分的电视新闻栏目类型。依据播出时段，消息类电视新闻栏目可分为早间电视新闻、午间电视新闻及晚间电视新闻。

（一）早间电视新闻栏目的策划

早间时段电视新闻在国外已经发展了半个多世纪，1952 年 NBC 推出的《今天》，开启了早间新闻节目的先河。《今天》以其轻松活泼、令人耳目一新的风格吸引了大批观众，收视率节节攀升。随后，美国的另外两大广播公司 CBS 和 ABC 也相继推出了《早晨》和《早安，美国》，促进了美国早间电视新闻栏目的发展。我国早间电视新闻栏目最早出现于 20 世纪 80 年代末。1986 年杭州电视台推出的《早上好》栏目、1987 年广东电视台推出的《早晨》栏目，1991 年北京电视台推出的《北京您早》栏目，使得早间新闻栏目逐渐进入人们的视野。而其真正发展，当属中央电视台 1993 年开播的《东方时空》。之后从中央台各频道到省台再到市台都纷纷开办早间新闻栏目，一时间早间新闻成了荧屏的亮点。广东电视台推出了《岭南早晨》、凤凰卫视推出了《凤凰早班车》、黑龙江电视台推出了《共度晨光》、河南电视台推出了《新闻 60 分》等。而其中的优秀节目《第一时间》《朝闻天下》已发展成为较具影响力，栏目功能比较完备，有一支采编播的高素质队伍和一个庞大的固定收视群体的栏目。

早间电视新闻栏目一般为早晨 6:00—9:00 播出，从生活习惯上讲，早间人们通常在忙碌着准备一天的工作生活；从心理上讲，早间的情绪会奠定一天的心绪基调；从信息需求上讲，人们在早间需要早餐式的快速信息传送。因而早间电视新闻栏目应该在内容选择、形式选择、节目编排上加强策划，以适应观众的生活习惯、心理需求和信息需求。

1. 内容的选择

一是强化时效性。在新闻实践中，要使早间新闻真正受到人们的关注，必须不断提高节目的时效性与新鲜度，对昨夜今晨发生的重大事件、突发性事件及时组织报道，以满足刚刚从睡梦中醒来的人们对世界发生的重大事件的了解与认知需求。清晨人们匆忙、紧张、快节奏的生活，很难有时间从容地坐在电视机前观看节目，因而只有快速播报、信息量大的新闻简讯才能满足观众快速获取信息的需求。这种信息可以是宽广的面上的一个个点，而不刻意要求每个“点”上的深入。如湖南卫视《新闻早班车》每天提供各种新闻信息 50 条左右，信息涉及面由省内到全国再到国际，这一集约化、放射性的信息链满足了观众的求知欲望，使观众能通过“早班车”及时全方位地了解国内外发生的重大新闻事件。因而在这一时段里，要闻总汇式的节目就要比深度报道类的节目受欢迎。

二是增强服务性。服务功能是大众传媒最基本的功能属性，对于早间新闻栏目而言，观众对其服务功能的要求更为强烈、直接与迫切。电视观众除了要了解昨晚今晨国内外发生的重大事件，更需要了解出行前的天气状况、交通状况以及市场物价等与自己一天生活质量密切相关的信息。因而早间电视新闻栏目不能仅仅把目光囿于时事新闻报道，还应该尽可能贴近人们的生活，营造浓厚的生活气息，体现深厚的人文关怀。

三是增添趣味性。“一日之计在于晨”，人们都愿意以愉悦的心情开始新的一天。陈鲁豫以轻松的语态——“说新闻”的方式开启了凤凰卫视早间新闻栏目《凤凰早班车》；同样，NBC 的《今天》栏目也以其轻松活泼的风格受到了观众的青睐；ABC 的《早安，美国》因混合了新闻和娱乐也获得了成功。而 CBS 开播的《早晨》栏目却因风格过于严肃沉重，收视率一直处于低迷状态，直到 1982 年，该栏目在形式上转向轻松活泼，状况才略有好转。因而增添趣味性，使栏目“轻松传播”，应该是早间新闻栏目的努力方向。央视的《第一时间》栏目在“第一时间 · 新闻”板块中，注重“以轻松的方式传播严肃的资讯，形成资讯扑面的感觉”；在“第一时间 · 读报”板块中，注重“通过轻松阅读，引领多元意见”；在“第一时间 · 时尚”板块中，注重以“娱乐化的方式传播严肃的有品位的内容，引领生活时尚”。

2. 形式的选择

早间新闻的受众是在时间比较紧张的状态下收看节目的，因此栏目在形式上要尽量轻松活泼、简洁明快。早间新闻节目的设置可尝试以下三种形式。

一是演播室的家庭化。家是人们心灵的港湾，也是最容易让人们放松的场所。演播室的家庭化与早间新闻栏目轻松自然的风格相吻合。如《第一时间》的小板块《天气预报》就经常采用家庭化的演播室风格，主持人坐在沙发上，为观众播报出行前的天气信息，使观众感到亲切、自然。

二是多媒介的融合化。针对观众早间希望尽可能全方位了解资讯的收视心理，栏目编辑人员要通过多种媒介的融合，广罗信息，从而满足不同年龄、文化、职业层次的受众需求。如中央电视台的《第一时间》，通过读报板块，将报纸及时、快速的信息编排特点与电视有机结合，使观众在第一时间了解到多家媒体的最新信息。《朝闻天下》则坚持“读大报、说大事、传播权威信息”的原则，所选新闻主要来自《人民日报》《光明日报》《经济日报》《新华每日电讯》等党报、大报及行业报这些主流平面媒体。栏目充分利用新闻图片、杂志封面来改善单一的屏幕效果，所选报摘内容与新闻组的选题有所区别，但要为新闻栏目中重点选题提供来自平面媒体的相关报道或评论。

三是电视播报的广播化。清晨的观众，很难坐下来一直盯着电视屏幕，流动性是早间收看的常态。因此电视“看”的属性更多的时候被“听”所取代。要提升信息的有效传播，争夺受众有限的注意力，就要求电视播报“广播化”，即在画面之外的信息要足够清晰。电视节目的播报要有广播语言的特点，注重观众的听觉感受，用最通俗、口语化的语言来表述新闻。另外，早间新闻还可以在播报方式上尽显“生活特色”，比如主持人的语言接近口语，语速较快，常引用一些百姓喜闻乐见的顺口溜、歇后语，并辅以手势等，这种“说新闻”的方式能带给受众交流的感觉。

3. 编排的原则

早间电视节目的特殊性，使得节目的编排具有一定的独特性。早间电视新闻节目在编排上应该注意以下原则。

一是多样性原则。电视新闻节目从外部形态上来看，应该是多样化的，既有新闻杂志的深度报道、对象性专栏，也有娱乐性节目；从内容上看，既有当地的、省内的，也应该有全国的、国际的；从体裁上看，既应有动态性新闻、连续性报道；也应有深度报道、系列报道；从报道形式看，可以有演播室报道，也可以有现场报道，否则就会显得乏味。

二是灵活性原则。传统的电视新闻节目编排总是遵循固定的模式，即先国内再国外，先时政再其他。但是，早间新闻的编排上要有所创新，让新闻回归本我，让新闻本身定夺，题材不再是唯一标准。一条新闻的最终播出位置将根据新闻本身的新闻价值和可视性来决定，也就是说占据先发位置的新闻，首先必须有重大新闻价值和相当的可视性。

三是个性化原则。没有个性的栏目在任何时段都难以立足，而早间时段的电视新闻节目更加需要个性化风格。无论是以杂志型为特色的《东方时空》还是以服务资讯为特色的《第一时间》，都因为有独特的个性，才在众多早间电视新闻节目中脱颖而出。

四是实用性原则。由于早间电视新闻受众的收视心态是实用性而非鉴赏性，因此，编排者在编排节目的过程中就要考虑实用性原则。在央视的《第一时间》和《朝闻天下》中，每隔半小时就会有天气预报和出行指南，这符合了早间新闻节目的实用性原则。

《朝闻天下》策划思路[①]

1. 栏目的创办

2006年6月5日，中央电视台新闻频道推出了综合性新闻编辑类直播节目——《朝闻天下》。它是中央电视台新闻频道播出的一档早间直播新闻节目，是央视播出时间最早、跨度最长的新闻节目。节目整合了早间时段原有的《6:00早新闻》《媒体广场》《7:00早新闻》和《新闻早8:00》，按6:00—7:00、7:00—8:30分成两大段，其中7:00—8:30时段在新闻频道和央视一套并机播出。

2. 栏目宗旨

栏目口号："开启全新一天，新闻服务生活"。

其节目内容的表达形式为：新闻＋服务＋生活。

3. 栏目时长及播出时间

栏目时长：150分钟

播出时间：CCTV-新闻　6:00—7:00

CCTV-1与CCTV-新闻并机直播　7:00—8:30

4. 栏目定位

(1)内容定位：栏目从内容上着力拓展选题范围，确保原有重大国内、国际新闻权威报道的优势不丢，加大观众收视意愿更强的社会新闻、文化体育新闻和天气出行信息及生活服务信息的报道量。强化时效性和服务性；强化对当天事件的关注和提示。其内容主要包括今天早知道(预告新闻)、综合新闻(播报大事要事)、天气预报(增强服务性)、节目互动(调动观众参与)、读报子栏目(平面主流媒体浏览)、民生新闻(侧重好看管用)等。

① 本部分内容参照闫妮：《央视早间新闻节目〈朝闻天下〉研究》，硕士学位论文，中国传媒大学，2007。

(2)形式定位

《朝闻天下》以6:00—7:00、7:00—8:30分成前后两大段落，广告和天气预报又将大时段分割成若干小的板块，两大时段内的板块设置和内容基本相同，只是在若干局部进行了调整：重新排列了各个板块的顺序，播报的方式和侧重点有了一定的变化，同时适量置换和更新了部分内容。板块之间这种重复播出、错位编排的模式照顾了不同观众的收视习惯，避免节目“一次错过”造成的资源浪费。其具体的栏目结构如下：

6:00—6:20 综合新闻

6:20—6:45 媒体广场

6:45—7:00 民生社会新闻

7:00—7:20 最新国际、体育新闻

7:20—7:45 媒体广场

7:45—8:30 综合新闻

5次天气预报、15分钟广告

(3)包装定位

栏目标识设计：演播室、片花片头，以及屏幕右上角的栏目Logo，包括新闻的标题都是以蓝黑和黄色为主色调，这种色彩大气、理性、明亮，“朝闻天下”四个字为亮黄色，衬在蓝黑色中特别显眼，适合节目所处的地位。

栏目片头设计：栏目的片头刚开始是旋转的地球，并配上迅速滚动的时间，正好是各个大板块播出的时间，节奏感强。片花和片头以及各个板块之间的音乐是轻松欢快、舒缓悠扬的，符合早间受众追求轻松的收视心理。

栏目演播室设置：栏目背景屏幕是淡蓝色和深蓝色结合，蓝色有冷静、大气、客观、庄重的气质，有时候背景屏幕也会变成粉色等鲜艳的颜色，这时候主持人的服装也会变成粉色系等鲜艳的颜色。同时栏目不仅设置了两位主持人的主演播台，还设置了“媒体广场”板块的小演播区。主持人在两个演播区之间走动，这在以往的新闻节目中是不多见的，这个环节拓展了演播室内的视野，与节目端庄大气的风格相匹配。

(二)午间电视新闻栏目的策划

午间时段通常指11:00—14:00的时间段。我国最早的午间新闻栏目是中央电视台1984年元旦创办的《午间新闻》。1995年《新闻30分》的创办掀起了各地午间新闻栏目的高潮。目前全国这一时段的主要栏目有中央电视台经济频道12:00播出的《全球资讯榜》、中央电视台新闻频道11:00和13:00播出的《整点新闻》以及13:30播出的《体育报道》、凤凰卫视中文台12:00播出的《午间新闻特快》、河北卫视12:30播出的《午间视野》、广东卫视12:30播出的《午间新闻网》等。

午间对于中国的电视台而言，是一个有相当规模收视群体的时间段。据《中国电视市场报告(2016)》调查显示：全天收视次高峰时段出现在午间 11:30—13:30，峰值为 13%。因为此时对于中国大多数的观众而言是一个休息时段，也是电视节目的一个收视高潮。从观众的需求来看，人们对于上午发生的事件有着较强的探知欲望，午间能够较为从容地欣赏电视节目。因而对于午间电视新闻栏目而言，应该在内容定位、功能定位、节目编排上加强策划，以达到良好的收视效果。

1. 内容定位

午间是观众用餐的时段，其主要受众是城市观众，且相对分散，因而午间新闻内容的安排必须考虑到收视人群的时间段特征与收视需求，尽量寻求受众共同关注的话题。午间新闻的内容除重大时政新闻外，还应注重国内社会新闻的采集与播报，同时可适当增加服务类的社会资讯。以中央电视台的《新闻 30 分》为例，除了对国内、国外的重大时政新闻进行简要播报，以及《出行参考》这个颇具特色的服务资讯性小栏目外，还把大量的关注点放在了环保、医疗、住房等国内社会新闻的报道上，成为国内影响力最大的午间新闻栏目。

2. 功能定位

午间新闻是要报道早间新闻播出后上午时间段发生的新闻事件，因而其功能定位应该明确，是午间和早间栏目板块平面媒体刊发的重大新闻的“第二落点”，及时追踪最新动态；捕捉聚焦新闻事件，适时进行新闻常态直播；收集财经、生活资讯，为观众提供实用信息。

3. 节目的编排

经过一上午的忙碌，午间人们一般比较懒散，午间电视新闻栏目要想吸引观众的眼球，在节目编排上一定要打破常规，在节目节奏上要张弛有度，在节目形式上要灵活多变。以中央电视台财经频道 2003 年开播的《全球资讯榜》为例，该栏目将排行榜的形式引入到电视新闻栏目中，开创了新闻编排的新模式。栏目的主要板块包括要闻排行榜、新闻人物榜、财经新闻榜、公司新闻榜、科技新闻榜，还有好看轻松的《图片新闻》和《今日看点》，对全世界一天发生的新闻事件进行全方位扫描并分类梳理，用这种方式提供观众最需要的资讯。作为中央电视台财经频道新闻主框架的组成部分之一，《全球资讯榜》在浩如烟海的资讯海洋中精选观众最需要知道的新闻。观众能看到颇具视觉冲击力的新闻图片，知悉沪深“股市红绿榜”，在轻松中得到令人耳目一新的全球资讯。

关于创办《新闻30分》栏目的策划方案(征求意见稿)[1]

1995年3月

一、节目时长

30分钟(包括片头和片尾职员字幕)

二、节目方针

打造成中央电视台白天段的一次综合性新闻节目。它汇集国内外重大新闻，关心生活中的小人小事，并从小人小事或大事的非常规思维角度入手以求贴近生活、贴近观众。作为党和国家的喉舌，同时做好群众与政府、群众与群众之间相互交流的桥梁和窗口；为政府说话，更为群众说话，让群众说话。

三、播出形式

统一包装。直播，主持人串联始终。每一天(组)有导语。语言口语化，语气平和，类似向观众述说新闻。标题字幕统一格式为地点+事件。力争导语有事件发生所在地的背景图示。报题时要有图像和音乐。

四、节目风格

新闻性与可视性相结合，权威性与接近性相结合，综合性与故事性、纪实(即时)性相结合，突出可视性、接近性和故事性、纪实(即时)性。不搞耸人听闻，不板起面孔灌输。做到既权威又轻松诙谐，既庄重又灵巧自如。

五、节目内容

1. 动态报道：会总当天及前一天晚间《新闻联播》之后发生的国内外重大新闻事件，以及有时效性的社会新闻、文化体育消息。不拘时长。国际国内新闻混编。重点题材力争多角度多层次充分报道。

2. 特色新闻(长新闻)：以自采自组稿为主，以记者现场采访为主。主要包括：

(1)当前社会普遍关心的事件在深度和广度上直面报道。包括深入报道、各个角度的充分报道，以增强新闻报道的力度。

(2)具有普遍意义的典型报道。主要指对某一些典型的日常生活中发生的小事的纪实报道，尤其是要抓一批观众不满的又不与党和国家方针政策法规相矛盾的小事，一报到底，为小人物解决一些小问题，直到事情有了结局为止。这是提高本栏目新闻权威性的重要内容。

(3)突发事件的即时报道。即在事件发生的第一时间(同时)把采访活动直播出去或在外地传送出去。这是牵涉到台内台外许多部门的报道活动，需要多方协调。这是本栏目新闻力争有所突破的重要一环，也是发挥电视媒体特长的重要标志。

(4)事件的非常规角度报道。即反思维报道，与别人唱反调……独辟蹊径，以区

---

① 转引自刘桂林等：《电视新闻栏目定位与运作实录》，116～118页，北京，中国广播电视出版社，2005。

别于焦点、热点。

(5)重大事件或有影响的作品的背后报道。这不是背景介绍，而是对事件制造者或新闻作品采访者活动的报道(事件或作品的由来或过程)，类似花边或花絮。

(6)记者直接介入的记者行踪纪实。记者以普通人的身份到选定的场合中去活动，同时以一定的手段记录下来，编辑后播出。

(7)人物报道。包括名人逸事、奇人趣事、新人新事。

(8)旧闻新编。即过去的新闻事件或人物新近发生的变化。

3. 服务性信息：

(1)当日股市：综指、成交量或上涨幅度最大的股票。

(2)文化、医药、日常生活信息，要求新闻性与知识性、趣味性相映成趣。

4. 以上各类内容，都应提倡以现场采访为主，并大力倡导对国内外大事、社会新闻、现实中的矛盾、记者行踪的报道，把采访过程尽可能多地展示给观众，提高观众对新闻的关切程度。

5. 提倡与新闻界同行特别是不同媒体间的合作，充分调动同行们的聪明才智，发挥电视媒体的优势，扩大报道面及其影响。

六、人员要求

1. 数量

核心队伍：编导6～8人(其中国际部分4人左右)，主持人3～4人。

基本力量：记者、编辑20人左右。

外围组织：技术保障人员若干，地方通讯员若干。

2. 素质

所有人员都要心甘情愿、无条件地投身于节目中，具有把节目当作头等事业的强烈责任感。核心人员要具备独立编辑、制作、播出、组织采访或主持节目的能力，尤其要求有较高的文字水平、反应敏捷、应变能力强。基本队伍要具备采访、拍摄、制作节目的能力，现场采访经验丰富者为佳。

3. 来源

核心层应以台内正式人员为主，以便于工作尽快上路并责任明确，其他人员可利用社会力量。

七、运行模式

采编播合一、轮流值班、策划组(制片人)指导下的编导负责制。

(三)晚间电视新闻栏目的策划

晚间新闻就是在晚间播出的新闻。就美国而言，晚间新闻特指在晚上19：00左右播出的新闻。美国三大电视网的晚新闻的播出时间都是18:30—19:00。如ABC彼得·詹宁斯主持的The World News Tonight with peter Jennings、CBS丹·拉主持的The Evening News with Dan Rather和NBC汤姆·布罗考主持的NBC Nightly

News with Tom Brokaw。一般来说，晚上 21:00 以后的新闻节目称为夜间新闻，是以深度报道为主，以解释、分析预测为表现手法的新闻节目。

中国对于晚间新闻的时间并没有固定的界定。学界一般将 18:00 点以后的新闻分为两大类型：18:00—20:00 为傍晚新闻，以《新闻联播》为代表；20:00 以后的新闻为晚间新闻，以央视的《晚间新闻》《经济信息联播》为代表。本教材将晚间 19:00 以后的新闻统称为晚间新闻。晚间时段，观众大部分处于身心放松的状态，有较为充裕的时间静下心来观赏节目，了解一天来发生的国内外事件。因而晚间新闻的策划应注重以下三点。

1. 内容的选择

准确、客观、全面地对一天发生的新闻进行汇总，是晚间新闻栏目肩负的重任。晚间新闻节目的内容涉及面广，由社会各个领域的信息综合而成，从严肃重大的政治新闻、经济新闻、富于教益的社会新闻到轻松活泼的体育新闻等，都可以囊括其中。

2. 形式的选择

晚间新闻的形式选择体现在播出时间、信息数量、报道体裁、新闻时效性以及新闻播报风格等多方面。晚间新闻播出时间相对固定，播出信息在数量上呈现非单一性。构成晚间新闻的最基本元素是单条电视新闻，每一次播出内容都由多个单条新闻汇集而成。报道体裁呈现多样性，有消息、简讯、系列报道、专题、专访等多种样式。不同新闻样式所占时间、版面不同。有的不仅提供消息，还提供简要解释和分析；有的只是简讯，屏幕时间仅 15 秒左右。晚间新闻节目时效性很强，通常就当日发生的新闻事件进行集中报道。播报风格不同。晚间新闻节目中，新闻主播的任务主要在于组织和串联，话语空间有限。

3. 节目的编排

晚间新闻栏目的时间都比较长，一般在 30 分钟以上，因而在节目编排上应进行一定的研究与策划。首先，节目结构和各个板块的内容相对固定。相对固定的结构和相对固定的内容容易培养观众的收视习惯，积累观众的收视心理，有助于建立忠实的受众群；其次，要重视新闻导视的制作。新闻导视是新闻节目的“封面”，制作精良的新闻导视能够激发观众的收视心理，吸引受众目光。最后，新闻的时间节奏要跌宕起伏。电视新闻时间的长度与资讯的总量成反比，与新闻的深度成正比。观众在需要资讯量的同时，还希望对重大的事件有更深刻的了解。要注意平衡深度与量的矛盾，要么满足“量”的需要，要么满足“深度”的需要。新闻或长或短，产生起伏变化，形成鲜明的节奏，一张一弛，吸引观众的注意力。

二、深度报道类电视新闻栏目的策划

深度报道类电视新闻是运用图像、声音等电视符号手段，以客观事实为依据，反映和揭示有价值的新闻事件和社会问题背后的真相。依据报道形式，可将深度报道类电视新闻栏目分为专题类(如《新闻调查》)、评论类以及直播类三种。

1980 年 7 月 12 日，中央电视台《观察与思考》栏目的正式开播，标志着中国电视史上第一个新闻评论性节目的问世。1988 年 11 月，中央电视台将《观察与思考》节目改组为《观察思考》，新的节目不仅确立了固定的节目周期和播出时间，还设立了固定的栏目主持人，栏目的风格与包装也相对固定。1987 年 7 月上海电视台推出了一档新闻评论节目《新闻透视》。1993 年 5 月，中央电视台推出早晨综合杂志类节目《东方时空》，其中《东方时空——焦点时刻》，以热点追踪和分析阐释相结合的深度报道和时事述评吸引了广大观众。1994 年 4 月 1 日，央视在《新闻联播》之后的黄金时段又开办了我国电视屏幕上一个影响巨大的新闻节目——《焦点访谈》。随后，全国各地电视台陆续开办了新闻深度报道类栏目，如央视的《共同关注》《新闻调查》《今日说法》《国际观察》《社会记录》《新闻会客厅》《面对面》《人物新周刊》《央视论坛》《实话实说》，凤凰卫视的《时事开讲》《时事直通车》，湖南卫视的《今日谈》，上海电视台的《新闻观察》，河北电视台的《新闻广角》，黑龙江电视台的《今日话题》以及山西电视台的《记者调查》等。深度报道类新闻栏目成为当时最活跃、最有影响的一种栏目类型。特别是 2003 年，中央电视台新闻频道的开播，将深度报道的发展推向顶峰。随着“新闻立台”观念的确立，现在深度报道已经成为各电视台争夺的核心资源，是其信息发布权威性的保证。

(一)内容的选择

1. 新闻性

深度报道类新闻栏目作为新闻栏目的一种类型，在其内容的选择上必然要具备新闻性，新闻性主要表现在以下三个方面。

一是真实性。深度报道类新闻栏目所报道的事件、人物、现象、问题必须是真实存在、真实发生的，不能人为虚构或捕风捉影。

二是时效性。深度报道类新闻栏目与消息类新闻栏目相比，虽然时效性较弱，但在策划与制作时应尽可能缩短新闻事实发生发展与报道的时间差。同时要强调策划的时效性，即要适应社会及形势发展的需要，抓紧时机，因势利导，增强对现实社会的影响与引导。

三是重要性。由于深度报道关涉面大，为达到最好的传播效果，就要靠近新闻性强、分量重的交叉点。应该关注关乎国计民生及实际生活中迫切需要解决的热点、焦点、难点问题。

2. 思辨性

深度报道类新闻栏目的深度性要求对发生的事件或出现的现象进行理性的思考和逻辑的辨析，运用现代电视技术手段，自然而巧妙地体现栏目的思辨力量。

3. 深刻性

深度报道类新闻栏目通常是在一个相对较长、较完整的时间段播出，它能够对事件进行深入的探究或调查分析。栏目内容不仅要告诉观众发生了什么，更重要的是要揭示事件发生的原因、背景、意义及影响，揭示出新闻背后隐藏的更深刻问题及更具代表意义的规律等。

(二)叙事的策略

《焦点访谈》节目组明确要求节目要有故事性，“每隔 3 分钟要有一个兴奋点”[①]，即要注意叙事的技巧与结构。传统的新闻叙述结构为倒金字塔结构，这种叙述方式有利于新闻信息内容的快速传播，但在新闻信息高度同质化的今天，受众对于传播形式的追求日渐高涨，新闻故事化、娱乐化的趋势日渐显现。形式相对呆板的倒金字塔结构在追求形式美的深度报道中已处于式微状态。深度报道充分吸收了文学叙述的种种结构手段，以强化叙述形式美，增强传播效果。深度报道类新闻栏目的叙事结构应从以下几个方面把握。

1. 叙事顺序

叙述的时间顺序可分为顺叙、倒叙、插叙、预叙。这几种叙述方式在电视深度报道中通常会得到综合运用。顺叙是最常见的新闻叙述手段，插叙通常在交代新闻背景、发表评论时采用，但其他两种叙述方法在故事化的新闻叙述中也不可或缺。如央视《焦点访谈》节目开始之前有一个十几秒的片花，对新闻事件进行预叙。片花或精选关键人物的关键话语，或展示典型场景，配以设问式或启发式的画外音加字幕，一开始就形成紧张节奏，以冲突和悬念吸引观众的收视欲望。深度报道的开头部分一般以倒叙的手法将新闻事件最新鲜、最重要、最吸引人的部分展示出来，这一部分可以是事态新近的进展，事件的典型场景，矛盾冲突的高潮部分，事件的悬疑，事件当事人的个人命运等。《新闻调查》节目曾经提出“新闻事件化，事件故事化，故事人物化，人物命运化”的操作理念，该节目往往一开头就展示新闻当事人个人命运的重大变故，引起观众强烈的关注欲望，深刻体现了新闻报道的“人本精神”。

2. 叙事的层次

相对于文学叙述而言，电视新闻报道由于历时性传播的特点，其叙述层次较为简单，算上主持人、记者和被采访者，叙述层次最多不超过三层。叙述线条一般为单线条叙述，如《新闻调查》一般以记者对新闻事件的调查过程为节目的结构线索，一些连续报道以事件发展的时间顺序为线索，系列报道则以同一新闻主题为线索。

---

① 参见张海潮：《电视新闻栏目制片人运作的理论思考》，转引自刘宝顺：《中央电视台优秀论文集——首届专业论文评选获奖作品》，北京，北京广播学院出版社，2000。

3. 叙事的技巧

在深度报道类新闻栏目中，通常采用的叙事技巧有悬念与冲突。就新闻深度报道而言，通常采取以下几种悬念设置法：一是突出反常情境，延缓道破原因。在一些曝光性的报道中，主持人或出镜记者常常在开场白中将事件的突变或反常性做一个简要交代。二是提出问题，延缓提供答案。《焦点访谈》节目中，记者经常以画外音的形式就前述现象提出疑问，让观众在随后的采访中逐渐得出答案。三是暴露矛盾冲突，凸显冲突双方的力量对比。如在一些典型人物报道中，记者首先提出人物所面临的巨大困难，使受众为人物能否战胜困难而陷入焦虑之中。四是在关键时刻，变换叙述节奏。《新闻调查》节目通常在关键的时候中断叙述，插入片花作为两个片段之间的间隔，一方面可以控制报道的叙述节奏；另一方面设置悬念，吸引观众继续收看。同时在新闻报道中不人为添加或设置冲突，只通过记者的采编行为将矛盾冲突彰显出来。多位被采访对象的不可靠叙述之间，被采访者的叙述与事件的真实场景之间，事件的场景与场景之间，往往相互证实或证伪。三者在电视深度报道中的符号表现分别为声声冲突，声画冲突，画画冲突。

（三）节目的编排

深度报道类新闻栏目除注重叙事策略外，还要在节目编排上下功夫，要通过把握节目节奏与运用同期声达到良好的叙事效果。

1. 节奏的把握

深度报道类新闻栏目时长较长，因而叙事节目的把握至关重要。深度报道类新闻栏目的节奏通常包括内部节奏与外部节奏。内部节奏指新闻事件本身的发生和发展过程，新闻人物的内心波动、创作者思绪变化所产生的节奏。外部节奏即摄像拍摄、运动所形成的快慢、长短、强弱等变化以及后期编辑时剪辑镜头、配音、特技处理等所产生的节奏。在栏目编排时要根据新闻事件的特点适当把握内部与外部节奏，共同营造整体的节目节奏感。

2. 同期声的运用

在新闻深度报道中，要增强新闻的真实感与现场感、增加节目的信息量、增进观众的参与感，同期声的运用必不可少。而同期声的运用要注意四点。一是同期声要有确定性。即声音和画面要统一，发声主体或声源要在画面中，不能引起观众的误解或导致信息模糊。二是同期声要有信息量。现场采录下来的同期声并非都与事件有关，要选用对展示事件、对表现主题有价值的同期声。三是同期声要运用精练。运用同期声应该言简意丰，节奏适度，起到画龙点睛，深化主题的作用。四是同期声要与解说词有机配合。首先，解说词不应该成为同期声的简单重复，而应是对其的补充、解释与升华；其次，解说词应该有很强的概况、总结作用，一些烦冗的同期声，可适当转换为解说词；最后，在后期剪辑时，要注意解说词和同期声的有机衔接，切不可脱节。

《焦点访谈》栏目简介①

一、创办时间

1994 年 4 月 1 日由中央电视台新闻评论部创办。

二、栏目类型

以深度报道为主、以舆论监督见长的电视新闻评论性栏目。

三、栏目播出时间及时长

首播：CCTV-1　每晚 19:38

重播：CCTV 新闻频道　次日 1:45(周日、周一除外)

　　　CCTV-1　次日 6:10

时长：13 分钟

四、栏目定位

时事追踪报道、新闻背景分析、社会热点透视、大众话题评说。

五、选题原则

领导重视，群众关心，普遍存在。

六、报道原则

1. 要力求事实准确，记者不能先入为主，更不能偏听偏信。记者要做到冷静观察，不能感情用事，主观意识太强。在对有争议的问题采访时，要听取多方的意见，不要轻易下结论。

2. 在评点时要就事论事，不要引申发挥，扩大批评面。

3. 要最大限度地去争取主管部门和权威部门人士的表态或得到他们更深一步的合作。

4. 问题要有普遍性，做到选题为受众所关心，有典型性。

5. 要选择好时机，把握好时事的动态走向。

6. 要有结果，给自己和受众一个可回味的空间。

三、杂志类电视新闻栏目的策划

杂志类电视新闻栏目是由消息、言论、深度报道、系列专题等多种报道形式有机结合而成的一种电视新闻节目类型。它借助杂志综合编排的方式，由节目主持人将消息、访谈、深入报道等不同内容、不同形式的新闻串联为一个有机整体，在固定时间播出。杂志类电视新闻节目的特点是综合性，以深度报道、背景报道、新闻分析、现实纪录短片等形式为主体。它最大的优势在于深入、透彻、完整、全面、多样，内容丰富、涵盖面广、信息量大，观众可以从不同栏目中找到自己感兴趣的

---

① 根据《焦点访谈》栏目官网资料整理。

内容，有选择性地收看。

杂志类电视新闻栏目的特征主要表现在四个方面：一是“节目群”的结构形式。杂志类电视新闻栏目是以杂志性的编排，将内容相对独立、形式各不相同的节目由主持人串联组成一个节目群。这种编排以一定的话题或线索为依据，对不同风格的节目进行串联，使节目群由内容的综合和形式的综合而最终实现传播功能的综合。二是丰富多样的节目内容。一般而言，杂志类电视新闻栏目每期时长均在 30 分钟以上，内容安排通常设置多个主题，并尽可能丰富。节目板块在题材内容上的多样变化，可以把观众的观看积极性调动起来。三是灵活多样的形式。该栏目类型可调动各种体裁，根据主题需要把不同体裁连缀成一个话题；按社会语言规范、广播电视的线性传播方式与节目整体语言环境相协调的要求，调动和组织声音、图像符号为表现内容服务；运用访谈、现场报道等形式，增强节目的现场感，引发受众的交流、参与欲望；发挥主持人组织和串联节目的作用。这些形式与内容表里相应，给观众“常看常新”的感受。四是板块间的协同化。杂志类电视新闻栏目包括若干板块，每个板块都有预先设定的功能或意图。在栏目中，各个板块的内容被有机地联结成为一个整体，从而达到“1＋1＞2”的社会功能。

（一）内容的选择

杂志类电视新闻栏目作为综合性栏目，选题范围非常广泛，涉及政治、经济、文教、科技、法律和社会生活各个方面，它从形式上突破了单一的新闻体裁的局限性，将消息、专题及言论等融为一体，将信息、舆论、知识传播融为一体，通过结构的优化组合，克服了以往电视新闻节目内容单一的缺陷，实现了新闻汇总与舆论中心的有机结合。在内容定位上，遵循以下原则。

1. 差异性原则

与消息类电视新闻栏目相比，杂志类电视新闻栏目时效性较弱，单位时间内的信息容量相对较少。而较之于深度报道类电视新闻栏目，其信息容量又较大，在相对固定的子栏目板块内，将不同类型的题材加以深度报道与剖析。因而在内容及题材的选择上，应明晰其与其他栏目类型的差异性，在共性的基础上寻求差异，充分体现“杂志型”栏目的内容特色。

2. 故事性原则

对于故事的需求是人的本质需求之一，新闻事件以故事的形态出现也往往更容易让观众接受。CBS 的节目主持人唐·休伊特曾经说过，《60 分钟》的定位就是新闻界与百老汇的结合，实际上，这个定位是对所有新闻杂志节目都适用的黄金法则。在选择报道题材时，杂志类电视新闻栏目要尽量选择那些事件本身具有曲折情节和悬念的题材。针对那些时效性不强的非事件性题材，在报道时也要尽量将其故事化。如《东方时空》创办时的子栏目《生活空间》与《东方之子》，通常采用故事化的叙事手法进行报道。

3. 情感性原则

与消息类电视新闻栏目报道内容的客观性相比较，杂志类电视新闻栏目在遵循客观性的同时，注重挖掘报道内容的情感性，引起观众对报道内容的共鸣。如 ABC 的电视新闻杂式栏目《20/20》，就倾向于选择典型的个人经历和个人命运来引出报道主题，因为人的命运往往能够唤起观众共通的情感，进而将观众牢牢地吸引住。突出放大新闻事件中的情感因素已经成为《20/20》惯用的做法。

（二）栏目的编排

杂志类电视新闻栏目作为一种综合性的新闻栏目，在一期节目中通常拥有多个主题、多种内容，使用多种新闻体裁及多种表现形式，形成新闻杂志栏目“杂”的优势。若处理不当，导致内容上的堆砌，编排上的杂乱，优势往往也会变成劣势。因而新闻杂志栏目的质量不仅取决于每个栏目的自身质量，而且取决于各栏目之间恰当的编排串联。

1. 子栏目的设置应各具特色

杂志类电视新闻栏目往往由多个子栏目组成，在进行栏目设置的整体构思中，首要明确每个栏目的指导思想，确立每个栏目在整体节目中的地位，办出特色，体现栏目宗旨。如《东方时空》，开播时由《东方之子》《生活空间》《时空报道》三个固定子栏目组成。其中《东方之子》通过采访名人、新闻人物和政界要员，展示人物的高风亮节、真知灼见、业绩与挫折、家庭与生活，通过人物的个性情感折射出一个社会、一个时代的精神风貌。《生活空间》则把镜头对准百姓，以纪实手法反映老百姓的生活、思想、情感和真实心态，具有很强的贴近性。《时空报道》通过记者、主持人的现场报道，剖析观众关注的焦点问题。

2. 子栏目的数量应符合栏目的类型特点

杂志类电视新闻栏目具有结构灵活、形式多样、内容丰富等特点，要求子栏目的时长和数量能够合理安排。一般栏目的总时长为 30～60 分钟，子栏目的数量 3～5 个。如 CBS 的《60 分钟》、中央电视台的《东方时空》均设有三个相对固定的子栏目，这样既能保证有充分的时间对每一个子栏目的主题内容进行深入报道，又能较好地形成舆论导向。

3. 子栏目的编排应富有节奏感

杂志类电视新闻栏目的每个子栏目均有不同的特色及时长，在保证每个栏目内容新鲜、体裁新颖、有吸引力并能激发观众兴趣的基础上，各栏目的有序编排通常会给观众带来常看常新的感觉。1996 年版的《东方时空》，由节目的总主持人串接《东方之子》《生活空间》及《时空报道》三个子栏目，其风格变化为凝重、轻松、严肃；其节奏变化为快、慢、快。由于节目的内容变化、节目体裁和形式的不同，加上栏目间的有机组合，整个节目排列给观众带来张弛有度的节奏变化，能够长时间吸引受众的注意。

《东方时空》栏目简介①

一、创办时间

1993年5月1日。

二、栏目类型

电视新闻杂志式栏目。

三、栏目播出时间及时长

首播：20:00　CCTV-新闻

重播：次日凌晨1:00、3:45　CCTV-新闻

时长：55分钟

四、栏目定位

围绕当天或近期的新闻热点进行全景式、多维度的报道，致力打造央视新闻频道晚间时段的黄金栏目。

五、栏目发展历程

1993年主要开设四个子栏目。

《东方之子》以“今天的新闻是明天的历史”为专业理念，通过面对面地访谈当代政治、经济、文化人物，从而“浓缩人生精华”，塑造鲜活、典型的人物形象。虽然《东方时空》几经改版，但《东方之子》一直保留至今，是央视开办时间最长、影响力最大的一档人物访谈节目。

《生活空间》以“讲述老百姓自己的故事”为广告语，以纪录片的方式来展示普通中国老百姓的百态生活，映射出社会转型期人们的生存状态，开创了国内荧屏“百姓新闻”的先河，实现了媒体由俯视大众向以普通百姓的言行、情感为叙述主体的观念转化。

《焦点时刻》在选题和叙事方式上强化了焦点问题的深度报道形式，在新闻界吹起了一股清新之风——批评性报道，并最终催生出新的独立栏目《焦点访谈》。

《东方时空金曲榜》以当下的流行歌曲为主打，强调趣味性、娱乐性。

1996年1月，《东方时空》首次改版，在保持《东方之子》《生活空间》的基础上，取消《东方时空金曲榜》，新增《面对面》，同时将《焦点时刻》改为“时空报道”，并开始设栏目总主持人。这一变革强化了节目的整体性，更加明晰地将其定位为电视新闻杂志。

2000年11月，《东方时空》进行了开播7年来的第二次改版，将节目时长从40

① 根据搜狐网新闻整理。

分钟扩充为150分钟，涵盖了早间6:00—8:30的大时段。它集专题、新闻、资讯于一身，设多个子栏目主持人，并对沿用多年的节目包装进行大胆改革。改版后的《东方时空》包括《早间新闻》《传媒连接》《时空资讯》《直通现场》《面对面》《百姓故事》等板块，每周还设置周末版节目，以此构成浑然一体的大型早间新闻杂志型节目。周末版在保留《早新闻》《时空资讯》的基础上，新增《世界》《纪事》《直播中国》三个子栏目。此次改版因时间过长、子栏目过多，主持人更换频繁而最终导致失败，只维持了不到一年的时间。

2001年11月，《东方时空》第三次改版。改版后的《东方时空》由原来的150分钟浓缩为45分钟，在保留原有的《东方之子》《百姓故事》《世界》《纪事》等子栏目的基础上，推出了新的子栏目《时空连线》。《时空连线》借鉴了国外最先进的节目样式，以演播室主持人的调度为轴心，以多视窗的形式由主持人对新闻事件的当事人进行互动式采访。同时，处于不同空间的各当事人的观点相互渗透、交叉碰撞，从而最终完成对新闻事件的透视分析。

2003年5月，中央电视台新闻频道开播，《东方时空》栏目由中央电视台综合频道、新闻频道并机播出。

2004年9月，《东方时空》首播移至CCTV-1晚间黄金时段18：14，在《新闻联播》前播出，重播时间为次日新闻频道的早间7：15，时长为30分钟。其三个子栏目《东方之子》《百姓故事》《时空连线》打破了过去条块分割的状态，节目以主播为中心，每期节目由一位主播贯穿整个节目，白岩松、张泉灵、张羽负责灵活地调度当期节目。

2009年8月，《东方时空》再次改版，于每天20:00—20:55在CCTV-新闻频道播出，CCTV-1(综合频道)不再播出该节目。这次改版，大大增强了对实时新闻的报道，整体变为时长1小时的新闻资讯类节目，只保留一个应急采访小组。一般不再外派记者采访，而是依靠各地电视台的相关联络员代为拍摄，栏目组主要负责策划、编辑、整理。

四、短视频新闻的策划

短视频新闻将视觉与听觉融为一体，以其多元化、即时性、简单化、移动性、社交性的特征，迎合了移动互联网时代的受众碎片化内容消费的习惯。随着互联网的发展，人们对碎片化信息的依赖愈加严重，而短视频时长短．轻量化的特点使用户量得以迅速增长。各家新闻集团也对自身新闻客户端的短视频新闻模块进行整改，使出浑身解数，从新闻内容、页面设计等方面着手，吸引用户注意力，使竞争日趋激烈。短视频新闻模块已然成为“兵家必争之地”。

(一)根据不同媒体阵营的特点，创作符合不同平台节目风格、调性的短视频新闻。

作为中国新闻资讯的主流发布平台，央视新闻栏目一直以积极严肃的风格展示在电视媒体上。比如《新闻联播》，以固定的时间呈现每日要闻，风格严肃庄重。而在新媒体平台上，新闻栏目在传统媒体架构的形式、理念、内容之上，进行了创新性改变，根据不同新媒体平台风格，对内容进行了贴近平台风格的创新性表达。例如，在短视频平台上创立央视新闻视频号，将内容二次创作为多个短视频，将长视频改为短小的单元新闻播出，内容形式都符合短视频的观看节奏[①]。

(二)短视频新闻的“轻量化”特征

传统媒体的新闻一直以来追求的是“加法”，而新媒体则一直在追求新闻传播的“减法”，将无关紧要的修饰去掉，仅保留最本质的新闻内核。传统媒体与短视频新闻呈现出新闻传播的两面性：一边是传统媒体将新闻内容不断细化，力求在新闻要素的基础上寻找更多、更全、更深的新闻细节，并拓展相关领域的新闻内容；让观众尽量全面地了解新闻背景、事实和未来趋势，从多个侧面呈现出传统媒体新闻从业人员的专业水平。而另一边的短视频新闻传播，继承了新媒体创作的简洁特点，在创作和传播过程中对新闻细节的要求不高；不论是自媒体人还是专业新闻从业者，在创作新闻短视频时，受到时长的限制，必须舍弃大部分细节内容，甚至需要人为制造内容上的跳跃，这是信息快速传播过程中必须做的取舍。将新闻要素拆分、删减、字幕化，保持单一短视频作品的“短”，已经成为当前新闻短视频创作的基本准则之一[②]。

(三)智能算法推荐，加强用户黏性

强化用户黏性的首要条件是，清楚人们在观看短视频新闻过程中，会有哪些交互式需要。将关注用户的需要，作为提高用户黏性和培养大量用户转变为粉丝的关键方式。唯有合理延展平台与利用产品的应用价值，才能持续增强用户的使用体验，最大化增强用户黏性。但是各层次的用户对信息的需求是不一样的，所以实现定制化与个性化，可以尽可能达到用户对信息的需要。例如今日头条这类新闻平台，基于云计算方式，把智能推荐当作自身的优势。将用户观看的移动短视频新闻在后台进行观察与记录，之后通过分析得出用户喜欢哪种类型的新闻，从而向用户推送相应的新闻。显而易见，唯有重视用户的刚性需求，才可以提高用户黏性[③]。

---

① 杨颖：《电视栏目与新媒体的关联和拓展》，载《新闻知识》，2021(10)。

② 樊蕾：《新闻短视频，当前融媒体转型的必然选择》，载《中国地市报人》，2022(8)。

③ 韩建民：《融媒体时代移动短视频的选题策略及传播效果研究》，载《卫星电视与宽带多媒体》，2021(7)。

想一想

1. 何谓电视新闻类栏目？
2. 电视新闻类栏目有哪些类型？
3. 如何进行消息类电视新闻类栏目策划？
4. 如何进行深度报道类电视新闻类栏目策划？
5. 如何进行杂志类电视新闻类栏目策划？
6. 电视新闻类栏目存在哪些问题？解决策略有哪些？

团队实训

1. 项目名称：电视新闻类节目的拍摄制作

依托专题4编写的电视新闻类节目策划文案，完成一期节目的拍摄制作。

2. 实训目的

通过将节目策划文案转化为一期电视新闻节目作品，使学生掌握电视新闻节目制作的基本流程，同时检验电视栏目和节目策划方案的科学性和可行性。

3. 实训要求

(1)节目的拍摄制作应严格按照构思创作、现场录制、编辑混录等流程进行。栏目组学生按照制片人、编导、摄像、主持人、嘉宾、后期编辑制作等岗位进行分工，共同完成一期节目的制作。

(2)每组选择代表展示完成的作品，专任教师、行业一线专家及学生对拍摄作品进行评价、打分。

4. 评价标准

评价内容	分值	得分
导向正确，弘扬主旋律	15	
作品完整，片头、导视、节目内容、字幕及片尾一气呵成	20	
能系统地体现栏目策划的基本框架	15	
作品具有较强的逻辑性与承递性	20	
能够引起受众的共鸣，达到栏目策划的宗旨与功能	15	
考察学生的工匠精神、团队协作精神、人文精神	15	
合计	100	

拓展资源

1. 国史讲堂：从新时代发展看中国特色社会主义理论自信。

2. 国史讲堂：新中国 70 年社会主义制度成就。

3. 国史讲堂：新中国 70 年政治建设成就和经验。

4. 国史讲堂：新中国 70 年中国特色大国外交砥砺奋进。

5. 每日一习话：中华文明是伟大的文明。

CHAPTER2

项目二 策划电视娱乐类栏目

【项目概述】

从 1936 年英国广播公司(以下简称 BBC)转播了一场规模盛大的歌舞演出开始，电视就以一种娱乐工具的身份出现在世人面前。电视娱乐类栏目以其多元的表现形态和传播内容为世界各大电视台所关注与创建。本项目在梳理国内外电视娱乐类栏目发展状况的基础上，按照节目样式，将当前电视屏幕上较为常见的娱乐栏目归纳为文艺类、综艺游戏类、娱乐谈话类、“真人秀”和益智博彩类等为五种类型，并对每种栏目类型的策划要点进行了全面分析与阐释，旨在为学生进行电视娱乐类栏目策划学习提供系统、详尽的实践指引。

【学习目标】

1. 了解国内外电视娱乐类栏目的发展状况
2. 了解电视娱乐类栏目的类型与特征
3. 掌握不同类型电视娱乐类栏目的策划方法
4. 能进行文艺类电视娱乐栏目的策划与制作
5. 能进行综艺游戏类电视娱乐栏目的策划与制作
6. 能进行“真人秀”类电视娱乐栏目的策划与制作
7. 培养学生正确的导向意识与坚定的文化自信
8. 培养学生正确的世界观、人生观、价值观

任务一　了解电视娱乐类栏目的发展概况

电视娱乐类栏目是指以娱乐大众为目的，以审美性、娱乐性、观赏性和趣味性为突出特点，综合运用声光电美等各种电视化手段，对各种文艺样式以及相关内容进行二度加工与创作，并以晚会、活动等方式通过电视这一特定的传播媒体传播的栏目形态。电视娱乐类栏目策划时，首先要践行社会主义核心价值观。要弘扬以伟大建党精神为源头的中国共产党人精神谱系，用好红色资源，深入开展社会主义核心价值观宣传教育，深化爱国主义、集体主义、社会主义教育，着力培养担当民族复兴大任的时代新人。

一、国外电视娱乐栏目的发展

1935 年，BBC 创立了世界上第一家电视机构。1936 年 11 月，BBC 在伦敦郊外的亚历山大宫现场直播了一台歌舞节目。1938 年，BBC 直播了《拼写蜜蜂》这档最早的电视益智游戏类节目。因此，一般认为电视娱乐节目的源头在欧洲。然而第二次世界大战在给欧洲大陆带来毁灭性打击的同时也导致了欧洲电视事业发展的停滞不前，于是战后的电视发展中心很快转移到了没有受到战争摧残的美国本土。

美国人向来重视娱乐，传媒行业更是如此——商业化的大众传播环境往往使娱乐相比艺术而言更加具有市场诱惑力。1947 年，CBS 聘用一些好莱坞演员开办了许多有特色的电视娱乐节目，如丑角露西尔·阿纳兹主演的《我爱露西》等。1950 年 CBS 开始播出竞猜类电视娱乐节目《猜猜我的职业》，受到了电视观众的热烈欢迎(后来在中国台湾地区风靡了十多年的电视娱乐栏目《我猜我猜我猜猜猜》就是脱胎于此)。1952 年 ABC 创办了带有较强艺术性的电视文艺节目《美国室外音乐会》。20 世纪 50 年代中期，彩色电视的广泛普及，使得电视节目逐渐依靠强烈的视觉冲击来吸引观众——堆积如山的现金无疑是最好的诱惑，于是 CBS 于 1955 年开播的《六万四千美元问答》便成了当时最火爆的有奖竞赛节目。

在欧洲，1955 年英国独立电视台(以下简称 ITV)作为英国最早的独立商业电视台正式播出，以播出娱乐节目为主的 ITV 很快就成了 BBC 强有力的竞争对手。

20 世纪 60 年代，借助 50 年代技术的大发展，录像带取代了电影胶片，电视中的大量直播节目逐渐被录播节目所取代，日益精美的娱乐节目变得更加吸引人，并大量销售到世界各地的电视市场。自此，电视娱乐节目在全世界稳步发展起来。1962 年法国电视一台播出了电视竞技类节目《夺标》(《城市之间》的前身)。

从 20 世纪八九十年代起，世界各国的独立电视台和有线电视网大量出现，电视业的竞争变得十分激烈。一方面，伴随着电脑网络等高新科技的发展，竞争常常由国内扩展到国际大舞台；另一方面，日益先进、准确的调查方法使得压力空前强大，各大电视公司纷纷展开疯狂的收视率大战——谁赢得了观众，谁才能赢得广告商的青睐，得到大量的广告收入。1990 年 BBC 创办了电视智力竞赛栏目《我带来的新闻》。1998 年，ITV 开播了风靡世界的电视问答节目《谁想成为百万富翁?》，此后，世界多家电视台，包括香港亚洲电视、广东电视台、贵州电视台等都与 ITV 合作，被授权制作播出各自版本的《谁想成为百万富翁?》。1999 年 9 月，由 Endemol 公司制作的最早的电视真人秀栏目《老大哥》在荷兰电视台播出，很快就创下了荷兰的电视收视率纪录，随后有 19 个国家出现了《老大哥》的克隆版——包括美国的《生存者》(2000 年播出)和法国的《阁楼故事》(2001 年播出)。由于西方的大多数电视台追求利润，甚至唯利是图，使得电视创作往往对新奇、刺激过分热衷，对个人私密公然窥探并津津乐道，高收视率及观众的热情证明了“暴露真实的人性阴暗面”成为娱乐节目不可或缺的道具。

2001 年英国 ITV 推出选秀鼻祖节目《流行偶像》，一时间偶像旋风席卷全球。美国福克斯广播公司(FOX)以 7000 多万美元的高价买下节目版权并加以适当改编，从 2002 年起每年举办《美国偶像》。2010 年，《流行偶像》的升级版——《荷兰好声音》在荷兰播出，取得收视率冠军，并很快席卷全球，在多个国家售出版权——这其中也包括了中国 2012 年的电视娱乐栏目收视率冠军《中国好声音》。

现今，欧美电视娱乐节目创作不但制作技巧更加复杂、成熟，包装更加精美，也更加注重在节目中凸显人性的真实，开掘出更多的人性内涵。除了电视产业高度发展的欧美地区之外，亚洲地区在经济发展的带动下，电视产业也有了长足的进步，其中满足了受众最大收视需求的电视娱乐节目成为各个电视台的重中之重。在这里尤其需要提到的是韩国。韩国的娱乐综艺节目诞生于 20 世纪 60 年代，发展至今已然一个甲子，而其真正进入中国观众视野大约是在新旧世纪之交。在输入中国的这二十年里，不仅韩国原版节目受到了中国观众的追捧，国内电视台购买韩国版权进行再次制作的引进综艺节目也充斥着荧屏，其中不乏《爸爸去哪儿》《奔跑吧兄弟》以及《我是歌手》这种高收视高口碑的现象级娱乐节目。下表笔者就大致统计罗列出近些年来中国引进韩国电视娱乐节目版权加以改造，并且成为所在电视台王牌节目的例子。

表 7-1　近年来中国引进改造的韩国电视娱乐节目表

改造后中国节目名称	韩国节目名称	中国播出平台	韩国版权引进方
了不起的挑战	无限挑战	中央一台	MBC 电视台
我是歌手	我是歌手	湖南卫视	MBC 电视台
爸爸去哪儿	爸爸！我们去哪儿?	湖南卫视	MBC 电视台
爸爸回来了	超人回来了	浙江卫视	KBS 电视台
奔跑吧兄弟	Running Man	浙江卫视	SBS 电视台
花样姐姐	花样姐姐	东方卫视	TVN 电视台

续表

改造后中国节目名称	韩国节目名称	中国播出平台	韩国版权引进方
妈妈咪呀	Super Diva	东方卫视	CJE&M
我们相爱吧	我们结婚吧	江苏卫视	MBC 电视台
蒙面唱将猜猜猜	蒙面歌王	江苏卫视	MBC 电视台

当然，在对韩国电视娱乐节目版权的引进中，也在节目的内容形式与版权问题上发生了一些争议，本章后续也将进行相关问题的探讨。

二、中国电视娱乐栏目的发展

20 世纪 50 年代，电视事业在刚刚从第二次世界大战硝烟中走出来的欧美地区获得了极大的发展。中华人民共和国成立的时候，全世界范围内还只有英国、美国、苏联、法国、意大利、荷兰六个国家创办了电视事业，而到了 1958 年年底，已经有 67 个国家和地区开始了电视播出。1954 年美国率先开播了彩色电视，把电视事业带入了彩色时代。

1955 年在周恩来总理的支持下中国中央广播事业局在北京筹建中国第一家电视台，并派遣人员到苏联和东欧学习调研。1958 年 5 月 1 日，中国第一座电视台北京电视台(现中央电视台的前身)开始实验播出。当晚 19 点整，北京地区仅有的 50 台电视机屏幕上同时出现了图像。当天的播出持续了一个小时左右，内容有：政治节目《工业先进生产者和农业生产合作社主任五一劳动节座谈》；纪录影片《到农村去》；文艺节目有中央广播实验剧团表演的诗朗诵《工厂里来的三个姑娘》，北京舞蹈学院表演的舞蹈《四小天鹅舞》《牧童和村姑》《春江花月夜》。从上面的这个节目单我们可以看出，中国电视在诞生之初就基本按照中央广播事业局“北京电视台应该担负起宣传政治、传播知识和充实群众文化生活的任务”这一要求进行节目编排的。值得一提的是，在电视机构创建方面，北京电视台在创建之初就设立了文艺组。

1958 年 6 月 15 日，北京电视台播出了中国第一部电视剧《一口菜饼子》。该剧根据同名短篇小说改编，当日以直播电视剧的形式被搬上了电视荧幕。1958 年 6 月 26 日，北京电视台第一次对在剧场演出的“革命伤残军人文艺表演”进行了现场直播。这次直播充分利用了电视媒体即时同步的特性，让电视观众在同一时间内看到了剧场表演的现场实况。此后大量的戏曲节目都采用了这一方式与广大观众见面，让剧场文艺演出的现场直播成为当时电视娱乐的主要形式之一。

1959 年，为了庆祝新中国成立十周年，北京电视台对天安门广场国庆十周年大型文艺晚会进行了大规模实况直播。1960 年，北京电视台首次在演播室里排练播出了由歌舞、戏曲、相声、诗朗诵等节目构成的综合性春节文艺晚会，这是后来的以春节联欢晚会为代表的大型文艺晚会的雏形。1961 年 8 月和 1962 年的 1 月、9 月，北京电视台举办了三场以“笑”为主题的专题晚会，主要以相声小品等戏剧性节目为主。1964 年年底，北京电视台利用刚刚从国外进口的摄录设备拍摄了豫剧《朝阳沟》和京剧《红灯记》里的选段，并在 1965 年的元旦晚会上进行了播出。从此，国内的电视文艺节目从实况直播舞台演出向录像播出过渡。

在这之后的“文化大革命”中，由于不正常的指导思想，电视文艺工作者们虽然也依靠自己的努力进行了一些创作，并对传统的戏曲节目进行了保护性的摄制，但总体来说，“文化大革命”期间的电视文艺节目的策划和创作乏善可陈。

改革开放之后，电视文艺节目的创作迎来了一个新的发展阶段。1982 年 6 月，中央电视台《舞台与银幕》栏目开播，其后接连推出了《艺苑之花》《音乐与舞蹈》《曲艺与杂技》《周末文艺》(后被分为《文艺天地》《旋转舞台》)等一系列电视文艺栏目。1983 年黄一鹤、邓在军执导了第一届春节联欢晚会，这一延续至今的电视栏目形式已经成为亿万国人除夕之夜的娱乐大餐。

进入 20 世纪 90 年代之后，随着《综艺大观》《正大综艺》《曲苑杂坛》等一批节目的相继面世，中国电视节目娱乐化的趋势已经不可避免。

北京师范大学于丹教授曾经将 20 世纪 90 年代至今的中国电视娱乐节目进行了分析、归纳。她认为，中国电视娱乐节目可以分为四个阶段。第一阶段是 20 世纪 90 年代初期兴起的《正大综艺》《综艺大观》等综艺节目。由于那时候人们可选择的电视节目很少，所以观众只能仰望主持人和节目本身。第二阶段以《快乐大本营》《欢乐总动员》为代表，观众已从仰望者变成了评价者，并开始参与节目。第三阶段是《幸运52》《开心辞典》等益智类节目，这个时候观众和主持人平起平坐，用平视的眼光和积极参与的态度去对待节目。第四阶段是从 2003 年开始出现在电视屏幕上的真人秀节目，如《超级女声》《星光大道》《非诚勿扰》，乃至近些年很火的电视娱乐节目《中国好声音》等一系列节目。在这些节目中，平民取代了原来电视娱乐节目所大力依靠的明星，纷纷走到了摄像机前、走到了观众的面前，成为新的“民星”。从以上的阶段性变化我们可以看出，20 世纪 90 年代至今，中国电视娱乐节目的发展趋势在节目形式上呈现出来的是主持人、明星嘉宾、观众的地位和参与程度的变化，其中最突出的改变就是观众以越来越积极的姿态加入电视娱乐节目的创作当中，从而使电视娱乐节目呈现平民化的特点。至此，我们可以认为我国的电视娱乐节目已经基本完成了从明星娱乐到大众娱乐的转变。

除了于丹对中国电视娱乐节目的阶段论之外，随着中国日益融入全球经济和网络时代，中国电视娱乐节目还有两个发展的重点必须加以重视。

一是应重视引进境外电视娱乐节目相关版权的合理性与合法性。前文曾经提及，当今中国电视娱乐节目大量引进国外已经成熟的节目形式加以改造利用，并获得巨大的效益。但在这种引进模式的跟风热潮之下也存在着一些不得不引起重视的版权问题。据不完全统计，当前我国影视创作行业有相当一部分节目打着“原创”的旗号进行所谓的“模式借鉴”，其实质就是打版权问题的擦边球——例如号称中国娱乐第一大台的湖南台，其创作的《向往的生活》与韩国同类节目《三时三餐》无论是宣传海报、节目情节还是拍摄手法都出奇的相似；《偶像来了》则是明显模仿 SBS 原创节目《英雄豪杰》；经营类节目《中餐厅》《亲爱的客栈》的情节与形式也与韩国同类型节目《尹食堂》《孝利家民宿》大同小异。此外，不同电视台的相同类型娱乐节目的版权问题也产生了不小的争议，比如湖南卫视的《花儿与少年》(自称原创)与东方卫视《花样姐姐》(从韩国 TVN 电视台购买了节目版权)二者的节目创意均源自于韩国热门娱乐节目《花样姐姐》；而东方卫视大热的娱乐节目《极限挑战》与韩国 MBC 电视台的《无限挑战》则极为接近，但购买了版权的正版节目只有中央电视台的同类节目《了不起的挑战》。不过颇具讽刺意味的是，从收视率上来说《了不起的挑战》远不及《极限挑战》，“借鉴的李鬼”完胜了“正版的李逵”，其中的缘由也十分值得传媒从业者深思。

如今，中国传媒市场已经成为全世界最大的单一市场，但是我国电视节目研发起步较晚，发展较慢——从全球角度看，虽然我国的传媒产业在产业运行和内容生产上与西方发达国家的同领域相比依然落后，但我们必须认识到电视节目的背后是模式，模式的背后是价值。如果中国只满足于扮演外方电视创意版权销售市场的角色，那么不仅将在经济领域失去原动力和竞争力，更会在文化领域丧失创造力、传播力和影响力。而无论从十几亿人民的生活需求、精神需求上看，还是从一个大国所必须具有的文化责任、政治责任上看，我们都应该加强电视节目模式的本土化创新，这也是社会主义先进文化的需求，走出一条符合大众审美习惯的中国电视娱乐节目的可持续发展道路。

传媒节目的创作形式以及版权，从引进到原创再到输出之途纵然漫长，但正确的态度依然是通过引进境外的成熟节目形态，学习、借鉴国外优质的电视节目模式，经过“本土化”改造，实现节目的“二次创作”，进而提升自身的制作水准，再进一步追求对同类型节目的制作、外销。而这也是获得节目经济效益、社会效益最大化的良好途径。这样才有利于提升我国电视节目制作品质，拓展国际合作渠道，从而在经济全球化语境中实现中国电视的自主研发、生产与运营，摸索出中国特色的节目模式理念和路径。

二是应当重视传媒环境改变之下网络娱乐节目的崛起。相对于诞生于 20 世纪的传统电视节目来说，出现不到十年的网络娱乐节目是一个不折不扣的新生儿。但是随着网络时代的来临，这个新生儿已然可以和传统的电视综艺节目分庭抗礼了。网络娱乐节目的成功首先是因为移动网络的普及。根据中国网络视听节目服务协会发布的《2019 年中国网络视听发布研究报告》显示，截至 2018 年 12 月，中国网民规模达 8.29 亿，全年新增网民 5653 万，其中网络视频(含短视频)用户规模达 7.25 亿，占网民总数的 87.5%。短视频用户、网络直播用户、网络音频用户规模分别为 6.48 亿、3.97 亿、3.01 亿。

随着人们作息越来越不规律，空余时间越来越碎片化，电视不再能很好地满足碎片化的收视需求，而移动终端恰恰满足了人们随时随地的娱乐需要。4G移动网络的出现标志着媒介融合时代的到来。节目内容可以通过移动平台进行实时传播和在线观看，既便捷又快速。因此作为传统媒体的电视地位开始下降，网络平台通过转播电视上的节目成为电视内容的副场，一部分年轻观众分流到了网络平台。在网络自制娱乐节目发展起来前，视频网站主要是依靠转播电视台综艺节目来获得流量，是一个视频分享的平台，满足了人们随时随地观看电视节目的需求。在这一时期各大视频网站为了吸引流量常常买断一家电视台娱乐节目的独播权，而这样的激烈竞争使得版权的购入成本大大提高了。相对于传统电视媒体，各大网络视频平台为了降低成本开始尝试自制娱乐节目。这也是利用了互联网、网络平台节目内容限制较小、可以利用大数据分析制作出更符合受众群体需要的节目内容的特点。

2007年，搜狐视频推出了中国第一档互联网脱口秀节目《大鹏嘚吧嘚》，它具备互联网的特性，成为当时影响力最大的网络自制娱乐节目。《大鹏嘚吧嘚》共播出近六百期，节目定位及话题都贴近老百姓的生活，走的是亲民搞笑的路线。每一期节目都会根据一个热点事件以幽默的语言和方式进行讨论和分析，节目分为几个板块，除了对一些讽刺性比较强的话题进行讨论，节目会插播一些"花边、无厘头"新闻，配上主持人的搞笑语言和表情，整场节目衔接流畅，娱乐性极强，并且整体风格轻松愉悦，没有距离感，和传统的电视娱乐节目相比非常新颖，而且内容的碎片化也非常符合年轻人的需求。但是由于时机的不成熟以及创作题材的枯竭，《大鹏嘚吧嘚》逐渐走向衰败。

网络娱乐节目迅速发展的一个重要原因是相关政策对传统电视媒体的限制。2011年10月24日，国家广电总局下发"限娱令"(即《关于进一步加强电视上星综合频道节目管理的意见》)，提出从2012年1月1日起，34个电视上星综合频道要提高新闻类节目播出量，同时对部分类型节目播出实施调控，以防止过度娱乐化和低俗倾向，满足观众多样化多层次高品位的收视需求。文件提出，对节目形态雷同、过多过滥的婚恋交友类、才艺竞秀类、情感故事类、游戏竞技类、综艺娱乐类、访谈脱口秀、真人秀等类型节目实行播出总量控制。每天19:30至22:00，全国电视上星综合频道播出上述类型节目总数控制在9档以内，每个电视上星综合频道每周播出上述类型节目总数不超过2档。每个电视上星综合频道每天19:30至22:00播出的上述类型节目时长不超过90分钟。2013年10月12日国家再次下发"加强版限娱令"(即《关于做好2014年电视上星综合频道节目编排和备案工作的通知》)，进一步要求各电视上星综合频道每年播出的新引进境外版权节目不得超过1个，当年不得安排在19:30—22:00之间播出；每季度通过评议会择优选择一档歌唱类选拔节目安排在黄金时段播出，其余不得安排在19:30—22:30之间播出；同时对电视晚会进行调控，原则上重要节假日期间每日不超过3台。2015年7月22日，国家新闻出版广电总局又发出“限真令”(即《关于加强真人秀节目管理的通知》)，重点指出应“避免过度明星化”和“摆脱对境外节目模式的依赖心理”。

上述政策的出台使得电视台娱乐节目尤其是综艺类节目的制作生产大幅减少，视频网站可以拿到的资源越来越少，但是社会需求一直稳增不减。因此独播权费用大幅上涨。这一改变对网络综艺来说是个不小的挑战，但也是一个非常重要的机遇，政策对电视节目的大力监管使得更多的观众把娱乐需求转向网络。网络娱乐节目在自制内容方面开始大力发展。当时的网络娱乐节目采取自己播放自己审核的形式，和限娱令限制下的电视台相比宽松很多，就此视频网站开始在自制节目内容和形式方面大展拳脚，大量的投资从电视台转向互联网。资本涌入之后的大投入大制作，加之视频网站对自制娱乐节目的重视，使网络娱乐节目的质量和数量有了明显提升，很多网络自制娱乐节目的整体水平完全可以比肩传统的电视媒体。

2014 年 11 月，爱奇艺网中国首档说话达人秀节目《奇葩说》第一季播出，取得了极高的点击率和流量。《奇葩说》的成功也使得 2014 年被业界称为我国网络自制娱乐节目的元年。可以说，《奇葩说》的播出开启了我国网络自制娱乐节目的先河，无论是节目的形式、辩论的话题、邀请的嘉宾，还是节目制作的模式以及广告播出的方式等都体现了我国网络自制娱乐节目与传统电视娱乐节目的不同，这档前所未有的节目中那种缺少束缚感的新鲜与以往的电视娱乐节目是截然不同的。2015 年，受政策影响，视频网站中的海外剧大量下线和停止播放，各大视频网站(爱奇艺、腾讯视频、优酷土豆、芒果 TV)抓住契机正式进军网络自制娱乐节目。2016 年和 2017 年，各视频网站在网络自制娱乐节目方面有了极大的飞跃，广告投资、节目整体数量质量，都呈现爆发式增长。涌现出了如腾讯视频以吐槽为主题的脱口秀节目《吐槽大会》、音乐偶像养成节目《明日之子》、女团偶像养成真人秀节目《创造 101》；爱奇艺的偶像养成类真人秀节目《偶像练习生》、嘻哈音乐类真人秀节目《中国有嘻哈》、明星经营体验类真人秀节目《小姐姐的花店》；优酷的《火星情报局》和进阶式真人秀节目《超次元偶像》；芒果 TV 的明星侦探推理类节目《明星大侦探/我是大侦探》系列、夫妻观察类真人秀节目《妻子的浪漫旅行》、明星夫妻育儿体验观察亲子类节目《萌仔萌萌宅》等一大批节目。

随着中国网络娱乐节目发展进入繁荣稳健期，投入的资金越来越多，许多优秀的电视制作人开始流转到新媒体，网络娱乐节目的制作也越来越精细。一些优质的网络娱乐节目开始反向输入到电视台，另一些视频网站和电视台合作制作网络娱乐节目。比如爱奇艺自制的网络娱乐节目《爱上超模》在爱奇艺和湖北卫视同时播出；由腾讯视频和东方卫视联合制作的大型生活实验真人秀节目《我们 15 个》也在东方卫视同步播出；由《明星大侦探》节目原班人马加盟、芒果 TV 与湖南卫视合作推出的姊妹节目《我是大侦探》在湖南卫视、芒果 TV、腾讯视频共同播出。

但是，在网络娱乐节目火热的表象之下也存在着较大的隐患。传统的电视娱乐节目，无论是节目的内容、形式还是广告播出方式，都受到广电总局的监管，而缺少监管的互联网娱乐节目则很容易在价值导向、受众人群、节目内容等方面出现问题。例如爱奇艺《奇葩说》第三季中的辩题“闺蜜约你去撕小三，你去不去?”“上司该不该列为发展对象”等内容因为不能为社会传递正能量已经被强制永久下线。因此，今后的网络娱乐节目创作应尽力避免这些问题。

任务二　学习电视娱乐类栏目的类型

电视娱乐栏目发展至今，在坚持大众娱乐性和商业性这两大重要特性的基础上已然创造出了丰富多彩、多种多样的节目样式。本文以节目样式为基本分类标准，将当前电视屏幕上较为常见的娱乐栏目归纳为 5 种类型，分别是文艺类栏目、综艺游戏类栏目、娱乐谈话类栏目、“真人秀”栏目和益智博彩类栏目。为了方便理解和学习，后文不再对网络娱乐节目进行分类，而是将其归到传统的电视娱乐类栏目里来加以分析说明。

一、电视文艺类栏目

一般来说，电视文艺类栏目由电视文艺欣赏类栏目和电视综艺晚会类栏目两部分构成。

（一）电视文艺欣赏类栏目

文艺欣赏类节目在中国电视事业创办伊始就成为中国电视节目的重要组成部分，并且深受广大观众的喜爱(本章第一节已有论述)。电视文艺欣赏类栏目的分类方法很多，有从节目功能性来划分的，也有从节目制播方式来划分的，还有按照节目来源划分的，但最常见、最普遍也最易为观众接受的还是按照栏目所表现的“艺术种类”进行划分。按照这种划分方法，大致可以分为电视戏曲/曲艺栏目、电视音乐栏目、电视舞蹈栏目、电视综艺表演栏目四大类。

1. 电视戏曲/曲艺栏目

戏曲曲艺在我国是一门有着深厚群众基础的艺术形式，其中的戏曲兼容了文学、音乐、舞蹈等，是一门综合性的艺术。我国电视屏幕上的戏曲栏目主要有三类，第一类是录制播出的各戏曲名家的经典演出和现场转播的舞台演出，如中央电视台戏曲频道的《京剧音配像》《空中剧院》。第二类是栏目化、板块化的“杂志型”电视戏曲栏目，这类栏目大都包括唱段欣赏、剧目介绍、历史资料回顾、名家访谈等内容，如中央电视台戏曲频道的《九州大戏台》。第三类是戏迷票友共同参与的电视戏曲教学栏目，如中央电视台戏曲频道的《跟我学》《过把瘾》。

曲艺也是我国传统的艺术形式，渊源上和戏曲相近，是各类说唱艺术的总称。曲艺多以带有表演动作的说唱形式来叙述故事，塑造人物形象，表达思想感情，反映社会生活。曲艺演出时演员人数较少，通常仅有1～3人，道具简单，不限场地，形式灵活。曲艺最常见的形式有相声、评书、快板、大鼓、评弹、数来宝和二人转等。中央电视台综艺频道的《曲苑杂坛》《综艺喜乐会》，东方卫视的《相声有新人》是电视曲艺栏目的代表。

2. 电视音乐栏目

音乐是一种听觉艺术，具有悠久的历史。电视音乐栏目大都是借助电视媒体，利用电视手段对原有的各种音乐进行再创作，并通过电视屏幕传播给广大观众。其节目内容主要包括中外名曲欣赏、音乐知识、音乐名人介绍访谈等。代表性栏目有中央电视台音乐频道的《精彩音乐汇》《中国音乐电视》，湖南卫视的《我是歌手》等。

3. 电视舞蹈栏目

舞蹈本身是一种视觉艺术，它通过舞者肢体的特殊语言来表达思想感情。电视舞蹈栏目以舞蹈为主体，但又不同于单纯的舞蹈表演，它以各类舞蹈表演为基本构成框架，加以当期栏目事先策划好的主题思想，运用电视的技术和艺术手段加以制作、播出，给观众以电视化的舞蹈审美体验。电视舞蹈栏目的节目内容主要包括舞蹈欣赏、舞蹈教学、舞蹈历史及知识介绍、舞蹈名人介绍及访谈等。代表性栏目有中央电视台综艺频道的《舞蹈世界》，东方卫视的《舞林大会》，以及优酷网自制的《这！就是街舞》。

4. 电视综艺表演栏目

电视综艺表演栏目主要是通过主持人的主持串联，将音乐、歌舞、相声、小品、魔术、杂技等多种艺术形式结合在一起，再经过电视杂志化的艺术处理，带给观众文化娱乐和审美享受。

栏目化不仅使电视综艺表演有了固定的播出时间和栏目品牌，同时也通过主题的确定使各种曲艺之间的关系结合得更加紧密。中国第一档电视综艺表演栏目是中央电视台的《东南西北中》。1990年，中央电视台第一套周六晚上的黄金时间又播出了一档综合了各个艺术门类的电视综艺表演栏目——《综艺大观》。《综艺大观》创办初期的平均收视率一度高达18%，并很快掀起了一阵电视综艺表演栏目的浪潮。但后来由于受众分类化趋势日益明显，传统的“大而全、大杂烩”式的综艺节目已经满足不了受众需求，逐渐被各种类型化的新兴节目所取代，传统电视综艺表演节目逐渐和电视综艺晚会类栏目相融合。

（二）电视综艺晚会类栏目

电视综艺晚会一般是指运用电视转播技术和文艺晚会的样式对各种文艺节目进行再创作，并经过节目主持人的组织和串联，将文艺与娱乐融为一体，给观众以审美享受的电视栏目形态。电视综艺晚会是我国电视文艺节目中一个重要的组成部分，一般情况下它不同于专栏类的综艺节目，不会以周播或者日播这样一种固定的时间来播出。电视综艺晚会往往是根据重要的节日、纪念日、重大事件以及有影响的社会活动来策划并决定其制作播出的时间。我们按照电视综艺晚会的这一特点，一般可以把它分为节庆晚会(为节日或者重大活动庆典以及重要纪念日准备的晚会)、主题晚会(为了表现单一的主题，有着鲜明目的性的晚会)和行/企业晚会(宣传行/企特点、展示行/企形象、普及行/企法规、宣传行/企重大活动的晚会)这三种类型。第一种节庆晚会的代表是中央电视台的"春节联欢晚会"；第二种主题晚会的代表是中央电视台的"3·15消费者维权晚会"；第三种行/企业晚会的代表是中央电视台的"同一首歌走进××晚会"。电视综艺晚会的规模大小不一，但它往往是电视台所有节目中投入精力、人力物力以及财力最多、最大的节目类型。从某种意义上讲，电视综艺晚会是衡量一家电视台总体策划、制作与全面协调能力的标志。

二、电视综艺游戏类栏目

电视综艺游戏类栏目是大众参与的、以游戏形式为核心的娱乐节目。它是娱乐节目中数量最多、类型最丰富、普及性最广的一种，在世界各国都有较大的市场。电视综艺游戏类栏目来源于20世纪四五十年代美国电视媒体直接从广播中移植过来的游戏节目。1950年CBS播出的竞猜类电视娱乐节目《猜猜我的职业》，受到了电视观众的热烈欢迎。到了20世纪60年代，电视综艺游戏类栏目由于经济的发展、观众的需要而日益受到重视，精心设计的游戏环节、绚烂夺目的舞台效果、积极参与的现场观众都成了栏目重要的组成因素。其后通过电视制作人对节目形式的创新，《口令》成了第一个成功地将知名人物和普通大众组织到一起参与竞赛的节目，并受到观众的欢迎和认可。从此，以娱乐性、竞争性、参与性、写实性及近距离接触娱乐明星等特点为标志的"明星＋游戏＋演艺"的电视综艺游戏类栏目逐渐成为电视栏目的支柱形态之一。

电视综艺游戏类栏目是电视娱乐栏目中最常见的一种，一般以才艺表演和娱乐游戏为核心内容。其往往是由几个相对独立的"板块"构成，这些"板块"在纵向("板块"自身内容)上不断改进游戏规则，在横向("板块"之间的联系)上不断地改变排列组合的方式，从而长久地保持对观众的吸引力。同时，主持人在节目中的地位举足轻重，一个优秀的电视综艺游戏类节目主持人会带来很多亮点，并大大丰富节目的娱乐性。另外主持人凭借个人对观众的召唤作用，也能大大增强观众对栏目的认知度和忠诚度。例如台湾的著名电视综艺游戏栏目《我猜我猜我猜猜猜》就是凭借着主持人吴宗宪的机智幽默、出人意料的主持手法而创造了一个奇迹——十余年一直高居综艺游戏栏目收视率排行榜前列。

当下电视综艺游戏类栏目很多，其中持续时间最长、至今依然在播出并有着较高收视率的当属湖南卫视的《快乐大本营》。近年来，《快乐大本营》打破原有主持人模式，以“快乐家族”5 人主持组呈现给观众，同时增加外景拍摄，增强棚内互动环节，不断推出主题性节目单元，同时配合相应的外景主持，请不同类型的明星作嘉宾进行互动。主持人的语言风格、行为更为大胆、前卫、幽默，栏目主题也更契合日常生活。

三、电视娱乐谈话类栏目

电视谈话栏目又叫“脱口秀”(源于英文“talk show”的音译)，最早出现在美国。1954 年，NBC 将热播于广播媒体的脱口秀节目移植到了电视屏幕上，推出了电视谈话栏目《今夜》，结果大受观众欢迎。其后随着电视谈话栏目的发展，着重于反映个人隐私、揭发不正当关系的具有较强娱乐性的电视谈话栏目《奥普拉·温弗瑞》《大卫·莱特曼》也接连被推上屏幕。而在我国，自从《实话实说》在中国大地引起一场电视谈话栏目热潮之后，电视谈话栏目就在我国的电视屏幕上站稳了脚跟。国内常见的电视娱乐谈话类栏目大体可以分为电视脱口秀、电视娱乐人物访谈和电视情感访谈三种。

(一)电视脱口秀栏目

电视脱口秀一般是指由一到两位主持人，通过类似我国传统相声的表演方式将一些有意思的笑料、噱头穿插在一起，以博得观众的开心一笑，有时候还以乐队现场伴奏、动漫、VCR 播放等形式相帮衬。代表性栏目有湖南经视的《越策越开心》、东方卫视的《壹周立波秀》，以及近几年火爆一时的网络脱口秀节目《奇葩说》《吐槽大会》等。

《奇葩说》是由爱奇艺制作的一档脱口秀栏目，2014 年 11 月 29 日《奇葩说》正式上线，很快就成为新浪微博上的热门话题，其阅读点击量超过了 700 万次。而到了 2015 年 2 月 15 日，也是《奇葩说》第一季的最后一期，播放量达到 2.4 亿次，平均每集的播放次数为 920 万次。观看过《奇葩说》的观众都能感受到一种相对于传统电视脱口秀的不同感觉，那就是节目形式的开放、随意。与传统电视脱口秀绅士化的彬彬有礼相比，在《奇葩说》中嘉宾往往因为争论而放声大吼、手舞足蹈，对自己的观点有着多样性的表达方式。既有含蓄的，也有奔放的，还有豪迈的。这就给观众们带来了不一样的体验。

2017 年 1 月由腾讯视频出品的网络脱口秀节目《吐槽大会》脱胎于 2003 年美国喜剧中心有线电视网推出的《喜剧中心吐槽大会》(Central Roast)。在《喜剧中心吐槽大会》中，诸多名人比如拳王泰森、篮球明星奥尼尔，甚至美国总统特朗普都参加过该节目。中国版的《吐槽大会》在学习美国的模式之后，进行了本土化的发展，没有了美国版本的大尺度，在节目中将成人笑话和一些不雅词汇进行了剔除。《吐槽大会》每期节目会邀请一位具有高话题度的嘉宾作为主咖，并且邀请他的圈中好友作为吐槽嘉宾与常驻嘉宾李诞、池子、王建国等脱口秀演员在台上以说段子的方式进行“吐槽”，主咖作为话题与流量的担当，最后一个登台进行自嘲进而化解尴尬，并且对主持人张绍刚和其他嘉宾展开反吐槽以达到节目的高潮。最后，经过现场观众投选出本期节目的“Talk King”，由主咖嘉宾颁发“Talk King”奖杯。所有人通过这种互相“吐槽”的方式来进行精神上的减压。《吐槽大会》第一季和第二季的节目口号是“吐槽是门手艺，笑对需要勇气”，第三季的口号是“吐槽是一种年轻的沟通方式”。这种“吐槽文化”以“互黑”的幽默效果凸显当下年轻人的生活态度，释放了观众的生活压力。《吐槽大会》相较于其他传统的喜剧节目和脱口秀节目，更加专注于语言艺术这个喜剧核心要素的推陈出新，令人眼前一亮的原创段子及语言犀利的吐槽佳句频出。

（二）电视娱乐人物访谈栏目

电视娱乐人物访谈栏目一般是以影视娱乐圈的某一位嘉宾或者某一个团队为中心，通过嘉宾与主持人的对话，针对嘉宾的某个阶段、某个作品或者某件突发事件进行公开讨论，从而展现嘉宾的性格特征、心灵轨迹、成长历程，使观众对嘉宾有一个完整的、甚至是一个全新的认识，从而满足电视观众的好奇心。这种栏目的代表有《超级访问》等。

（三）电视情感访谈栏目

电视情感访谈栏目属于以话题为中心的电视娱乐谈话类节目。它主要是以情感的某一方面为主题，通过表现主持人、嘉宾、专家、现场观众(有时还有网络观众)四者之间的对话过程，展现各自观点的碰撞。它的主要节目形式有配对访谈和情感访谈两种。前者起源于《非常男女》，《非诚勿扰》也属于此类节目(本章第三节对此类节目有详细分析)。而情感访谈节目往往以家庭关系、两性关系、情感纠葛等比较大胆、辛辣的话题作为节目的由头，采用主人公现身说法的形式营造真实感，满足观众的猎奇心理，达到娱乐大众的目的。代表性栏目有东方卫视的《情感魔方》、天津卫视的《爱情保卫战》、湖南卫视的《8090》等栏目。

四、大型季播电视真人秀栏目

1999 年，Endemol 公司的电视真人秀栏目《老大哥》在荷兰电视台播出并创下荷兰的电视收视率纪录，很快就有 19 个国家制作播出了《老大哥》的克隆版——包括美国的《生存者》(2000 年播出)和法国的《阁楼故事》(2001 年播出)。电视“真人秀”从广义上讲最重要的特征就是真人在镜头前非职业性的表现。作为一种电视栏目来说，电视“真人秀”一般都是动态的、具有目的性、线性的叙事模式，是对自愿参与者在规定情境中按照预先给定的目的、特定的规则所进行的行为的记录和加工。电视“真人秀”栏目娱乐的关键在于使普通人成为栏目的主角。所以一经出现，不仅获得了观众的追捧还迅速融入其他栏目类型之中。目前美国有线电视和无线电视网络播出的真人秀栏目已经超过100种，而欧洲各国的也不少。在我国，自从2000年6月广东电视台播出第一个真人秀栏目——《生存大挑战》后，中央电视台以及上海、湖南、四川、贵州、浙江等省级电视台纷纷开办真人秀栏目，而且种类繁多，有野外生存(贵州台的《峡谷生存营》)、室内(湖南经视的《完美假期》)、表演选秀(湖南卫视的《超级女声》)等。中央电视台的《梦想中国》、东方卫视的《舞林大会》、浙江卫视的《中国好声音》是其中较好的。

早期的真人秀栏目的卖点多是残酷的人际关系。在《老大哥》和《阁楼故事》里，人们消费同居一室的男女感情与关系；在《生存者》《让我离开这里》这些生存挑战栏目中，人们消费的是对生存能力的挑战以及残酷竞争中的勾心斗角。如今，真人秀舞台不再是生存挑战、残酷竞争的独角戏，陆续出现了工作真人秀、生活服务真人秀等诸多种类。例如，《学徒》为参与者提供提升职业发展的机会；记录丑小鸭变白天鹅过程的美容整形真人秀《天鹅》也成为炙手可热的电视栏目；生活服务真人秀《穿着禁忌》以服装时尚为主题，寓教于乐，用真人秀的方式告诉女性穿衣的学问。[①]

如今，活跃在电视屏幕上的电视“真人秀”栏目的主要形式有“真实电视”“真人秀游戏”“真人选秀”这三种。

(一)真实电视

“真实电视”在西方被称之为“Reality TV”，这种节目形式大都在被摄对象不知情的情况下使用事先隐藏好的电视摄像机跟踪拍摄，记录下被摄对象在自然环境中无所顾忌的本来面目、捕捉到扣人心弦的惊险场面，以及一些搞笑的细节、滑稽的场景。正是这些画面创造的紧张刺激、幽默风趣的节目效果让观众特别喜爱。

“真实电视”和“电视纪录片”两者之间最大的区别在于功能定位和创作理念的不同。“真实电视”是以“娱乐观众”的追求和心态来记录社会和生活的，虽然从制作手段上看，“真实电视”和“电视纪录片”有很多相似之处，但是从传播功能上说，它应该归属于娱乐节目。相对于纪录片必须用客观的角度展现生活的原生态，“真实电视”则可以在创作过程中大量使用人为设计。“真实电视”在拍摄过程中常常会事先设计好一个陷阱，然后用隐藏的摄像机记录下人们面对意想不到的情况时的真实反应，因此大量诸如儿童趣事、动物滑稽表现、人为事故等内容成为“真实电视”栏目在节目内容上的主体。

“真实电视”在国外的代表性栏目有ABC的《难以置信》，在国内则有中央电视台电影频道的《爱看电影》和江西卫视的《家庭幽默录像》。国内近些年有一类脱胎于传统“真实电视”节目的进阶版节目形式——明星体验式真人秀，受到了观众的追捧，比较知名的有湖南卫视的《爸爸去哪儿》《我家那闺女》。明星体验式真人秀在我国最早的一档电视节目应该是2013年江苏卫视推出的《星跳水立方》，在这一真人秀节目

① 章芝羚：《我国电视对欧美娱乐节目的模仿借鉴研究》，硕士学位论文，湘潭大学，2009。

中，明星一改往常的舞台形象，变身为“专业运动员”，没有按照固定的剧本来扮演角色，而是经过刻苦训练参与到真实的竞赛中，吸引观众的是对明星们体验过程的真实呈现。

2013年年底，以湖南卫视引进韩国MBC版权的《爸爸去哪儿》为开端，中国明星体验式真人秀正式进入高峰井喷年，层出不穷的各种明星体验式真人秀开始大量涌现。《爸爸去哪儿》着力展现出了明星们的日常生活状态与个性化的情感性格表达。如在第一季节目的拍摄过程中，这些“星二代”们面对艰苦环境时面部表情上所呈现出的诸多不喜悦、不耐烦等情绪，都被节目组如实记录拍摄了下来。与此同时，明星爸爸们面对子女们的哭闹与任性所显现出的手足无措以及在照顾孩子们饮食起居过程中所体现出的忙乱与拙笨都是发生在我们身边，经常能够看到的真实情境。《爸爸去哪儿》正是从这些老百姓的日常视角出发，让观众在这个节目中观看到了自身熟悉的生活和带有戏剧性冲突的画面，从而以最快的速度将自身的思想情感带入到节目的情境之中，这也正是《爸爸去哪儿》能够获得巨大成功的关键所在。

（二）真人秀游戏

电视“真人秀游戏”一般泛指由制作者规定规则，由普通人（也有可能是明星）参与并全程录制播出，以娱乐大众为根本目的的电视竞赛或游戏栏目。

从全球电视业的发展来看，电视“真人秀游戏”的始作俑者正是上文提到的由Endemol公司制作的《老大哥》。“老大哥”这个栏目的名字出自乔治·奥威尔的著名小说《1984》中的一句话：“老大哥在看着你呢。”作为全球最大的电视“真人秀”栏目之一，它很早就形成了完整的栏目游戏规则和规范的跨国运营模式。《老大哥》最初的形式是将10名参赛选手关在同一幢房子里共同生活10周左右的时间，在此期间，选手们不能与外界联系。房子里没有电视、电话、收音机、互联网和其他任何通信设施，甚至连写字的东西也没有，唯一可以交流的外界对象是心理医生。而摄制组则通过事先安装在房子每个角落的摄像头记录下选手的一举一动，再剪辑制作成每天半小时或者一个小时的节目在电视上播出，向观众展示屋内所发生的大事小情。

《老大哥》栏目由四个基本元素构成：最原始的生活条件、竞争淘汰制、每周布置任务和设定一个秘密谈话室。谈话室供选手们表达各自的想法、情绪，并说出他们希望淘汰的对象。在简陋的生活条件下，选手们还要完成各种各样的家务活以及临时安排的任务。这些任务通过一个看不见的“老大哥”传达给他们，目的是考验他们的团队精神和凝聚力。选手每周可以获得一笔津贴，用来购买食品和生活必需品。津贴的多少和任务完成的情况相关联。每一周，每名选手要私底下选出两名他（她）希望淘汰的室友，得票数最多的3个人的名字将公布在电视上，观众可以通过拨打热线电话或发短信，投票选出他们最想淘汰的选手。计票结束后，被淘汰出局的选手要接受电视采访，而最后一个留在屋子里的人将成为栏目的优胜者，并获得一笔丰厚的奖金。

时至今日，越来越多的电视节目中运用了真人秀的元素，真人秀节目本身也在不断地发展创新，近年来国内涌现出的较优秀的真人秀游戏节目是东方卫视的《极限挑战》、浙江卫视的《奔跑吧兄弟》以及芒果 TV 推出的《明星大侦探》。2015 年开播的《极限挑战》首次将“剧情”引入到真人秀中，过去我们常常说真人秀贵在“真”，但《极限挑战》“反其道而行”，将剧情设置的“秀”作为了一个大背景，让明星嘉宾们在“秀”中体现人物个性的“真”。这种独特的真人秀制作模式也开启了“剧情式真人秀”的大门，成就了当前真人秀节目“剧情化”的独特景观。

而网络明星推理真人秀《明星大侦探》自 2016 年 3 月上线以来，历经五季，微博话题阅读量超过百亿。《明星大侦探》节目创意来源于韩国 JTBC 电视台的《犯罪现场》，每期邀请 6 位明星参与游戏，分别扮演侦探和嫌疑人两种角色，嫌疑人中有一名真正的凶手，凶手可以通过谎言隐藏身份。所有玩家需要在规定场景内寻找线索检举真凶，只有找到真正的凶手，玩家才能获胜；如果检举失败，则由凶手获胜。整个节目可以分为七个环节，分别是：一、发现犯罪案件及“受害者”；二、侦探组织所有玩家梳理不在场证明；三、分成两组先后进行现场搜证；四、侦探组织所有玩家进行第一次集中推理，分享彼此找到的证据，互相进行质询，并暂时锁定一名“嫌疑人”；五、所有玩家进行第二次现场搜证，侦探对其他玩家进行一对一审问；六、进行第二次集中推理，并进行最后一次互相问询；七、由所有玩家进行投票，检举“犯人”。在《明星大侦探》第四季中，节目尝试探案新模式，推出“互动微剧”——《片场谜案》。官方在开播之前就已经铺设好种种线索，等待观众们探索发现。同时，在节目的公众号推出日常推理故事，后又结合节目内容衍生推出线上推理游戏，每个游戏可随机匹配 6 名玩家在线体验嘉宾的推理过程，为观众之间的交流提供有趣的途径。

此外，由于《明星大侦探》所处的网络播放平台相较于传统的电视平台在节目播出时长、播放方式上更为自由，节目形式更加灵活，所以《明星大侦探》前三季节目，每期平均时长为 90～130 分钟不等：第一季完整节目包括案件侦破过程以及案件还原过程，第二季时则改为仅有案件侦破过程，案件还原过程变成单独的花絮小片，第三季时每期节目变为上下两集，每集时长在 60～90 分钟，下集中包含案件还原过程。《明星大侦探》第四季中的故事更复杂，实景拍摄也比棚拍提升了真实感，对参演的明星来说，在真实的场景里搜证和推理增加了代入感。相比前三季，第四季最大的特点就是更加贴近并关注社会热点，玩家都希望通过案件的内容和角色的演绎，勾起观众更多的正能量，带来积极向上的影响。同时，为了更好地寓教于乐，第四季节目在片尾设置了“侦探能量站”环节。借玩家之口在提出问题、表达节目组观点的同时，也从玩家自身出发给公众提供建议，杜绝刻板说教的弊端。

（三）真人选秀

电视真人选秀栏目现在一般有两种类型：一种是帮助普通人实现走上舞台成为

“明星”这一梦想的“艺术化真人秀”栏目；另一种是反其道而行之，以娱乐圈中已经成名的“明星”为普通人，参加选秀比赛的“艺术人真化”栏目。前者有从《美国偶像》一脉相承下来的《超级女声》《中国好声音》；后者则有湖南电视台引进、学习自韩国MBC电视台的歌手竞赛真人秀节目《我是歌手》。这两种栏目类型的相同之处除了采用竞赛淘汰制外，就是都把淘汰选手的主要决定权交给了电视机前的观众，使节目具有强烈的参与性和互动性，大大激发了电视观众的观看热情，从而提高了收视率，获得了高额广告费。

ABC在2005年6月推出，播出两周之后即获得美国电视黄金时段收视率排名第一的骄人成绩，并成为2005夏季美国收视率最高的电视真人秀《与星共舞》，是“艺术人真化”的真人选秀栏目的代表。《与星共舞》的游戏规则是：每期选6位明星和6位专业舞蹈演员组成搭档，当着现场评委和电视观众的面展现舞技，由评委和观众投票排出名次，每周淘汰得分最低的一对。比赛内容包括拉丁风格的恰恰舞和古典风格的华尔兹，前者考验女方技巧，后者则看重男方表现。音乐由“15件套”乐队现场演奏。《与星共舞》播出后很快风靡全球，并迅速进入了我国的电视屏幕。上海东方卫视新闻娱乐频道2006年2月开播和《与星共舞》极其相似的《舞林大会》，该节目以主持人跳国标舞为竞赛内容，辅以他们练习舞蹈和后台对话的真人秀。《舞林大会》开播不久，收视率节节上升，4周后超过10%。《舞林大会》不仅吸引了观众，也在各家省级卫视的主持人队伍中形成热门话题，很多主持人都想参与其中，既能过一把跳舞瘾，又能增加自己的知名度。

2012年起，浙江卫视《中国好声音》、中央电视台文艺频道《中国好歌曲》等一批真人选秀节目如雨后春笋般出现，形成了一股新的节目潮流。但其后国家广电总局对歌唱类真人选秀节目的设限调控使得这一类型的节目发展进入瓶颈期，导致国内的真人选秀类节目必须寻找新的突破口。2015年年底，参考韩国偶像团体所创造的产业链价值和粉丝效益，国内真人选秀节目出现了一种新的模式——“偶像养成”，即粉丝作为全民制作人，参与偶像出道的全过程。代表性作品有腾讯视频的《创造101》和爱奇艺自制的《偶像练习生》。

互联网女团偶像养成真人秀《创造101》由韩国Mnet电视台音乐选秀节目《produce 101》演变而来，于2018年4月在腾讯视频上线。《创造101》采用严酷的选拔制，经历训练、考核、淘汰，从国内40多家娱乐公司精心挑选出的101名选手中选11名选手出道。

五、电视益智博彩类栏目

电视益智博彩类栏目最早兴起于美国，它来源于20世纪三四十年代广播电台的智力竞赛节目。电视益智博彩类栏目是一种以多方面的知识为考核内容、以问答竞赛为栏目形式、以巨额奖金或奖品为物质奖励的电视栏目形式。其本质上极具博彩性质，主要特征是在整个节目的过程中，主持人、选手以及问答游戏等节目要素都围绕着事先设计好的规则形成互动，以制造出一种让观众感同身受的现场游戏氛围，调动观众参与节目的欲望。电视益智博彩类栏目既方便观众的参与，又对节目内容和流程具有极强的可控性，能够真正地将知识性和娱乐性结合在一起，因而具有较高的可视性和观赏性。

1938年5月，BBC直播了《拼写蜜蜂》，这是最早的电视益智游戏类节目。CBS于1955年开播的《六万四千美元问答》成了当时最火爆的有奖竞赛节目。1990年BBC创办了具有特色的电视智力竞赛栏目《我带来的新闻》。1998年，ITV开播了风靡世界的电视问答节目《谁想成为百万富翁?》，此后，世界多家电视台、包括香港亚洲电视、广东电视台、贵州电视台等都与ITV合作，被授权制作播出上述电视机构各自版本的《谁想成为百万富翁?》。

任务三　掌握电视娱乐类栏目的策划要点

不同类型的电视娱乐类栏目，有着不同的策划方法与要点，本节将分别予以阐释。

一、电视文艺类栏目策划要点

（一）利用电视化手段对艺术作品内容进行必要而合理的阐述

电视文艺欣赏类栏目展现的通常都是一些艺术性高、文化内涵较为丰富的高雅艺术。这种类型的节目往往拥有一些固定的受众群，一般来说这些受众对于他们所选择的电视文艺欣赏类栏目具备一定的欣赏知识和鉴赏能力，但是我们在策划这一类节目时不能把目光只放在这些欣赏水平较高的观众身上，这么做会影响吸引潜在的节目受众，进而影响收视率的提高，还会削弱电视文艺欣赏类栏目担负的提高全民文艺鉴赏水平和审美意识的责任。对于为数众多的潜在受众而言，观看并理解电视文艺欣赏类栏目是需要一个较长过程的。在策划电视文艺欣赏类栏目的过程中应该多多注重利用电视化手段对艺术作品内容进行必要而合理的阐述。例如，在电视音乐类栏目中，如果介绍的是外国的高雅古典音乐，就不应该只是在主持人出镜时将下面即将演奏的好几首乐曲的名字一次说完，并且在接下来的节目里不做任何介绍，这会给那些刚刚开始关注此类节目，欣赏水平还不太高的观众带来接受上的困难。相反，在介绍这类本就与普通观众的生活有些距离的高雅艺术的时候，更应该利用电视化的手段将其平民化。例如，可以采用主持、点评、视频资料与现场实景拍摄相结合的节目形式。节目的开场和结束语由主持人讲述；节目中的每一首曲目在演奏前后都要有专家的背景介绍和演奏点评，以增加节目的趣味性；在音乐的演奏过程中也可以根据音乐表现的节奏、情绪配以合适的图片、视频。

总之，雅俗共赏本来就是电视文艺类栏目策划应追求的目标，策划者应尽量利用多种手法将原本比较高深的节目内容做到深入浅出，以吸引更多的收视人群。

(二)晚会主题应该鲜明、突出、具体化

当今我国正处于经济发展的重要时期，伴随着民众收入水平的日渐提高，广大电视观众的文化需求也日益高涨，大型综艺晚会类节目在受到收视群体极大欢迎的同时也在晚会的风格、形式、内容等方面有了更高的艺术追求。相对于一般不需要明确节目主题的综艺专栏节目，综艺晚会类节目通常都是在一定主题的基础上，依据一定的主题思想而策划制作的。策划主题是一个晚会的根基，贯穿于整个晚会创作的始终。晚会主题主导着晚会的内容表现。策划、确立晚会的主题既需要理性和智慧，又不能缺艺术技法与审美，应努力做到鲜明、突出、具体化。一场电视综艺晚会的筹备通常都有一定的事由或特殊的原因。例如，纪念抗日战争胜利日的晚会，就以庆祝胜利为主题；庆祝“五一”劳动节，主题就离不开赞美劳动和劳动者；一场以同学聚会为内容的晚会，其主题既可以是怀旧，也可以是颂扬时代精神；即使是一场纯粹提供娱乐的节目，也需要确定一个主题内容以便展开下一步工作。

电视综艺晚会的主题策划一般必须考虑如下几个方面。

1. 晚会的类型

晚会按照主题的分类，可分为庆典类、节日类、纪念类、行业特色类、文体活动宣传类、旅游文化类等。策划者必须根据晚会的类型确定合适的主题，既不能偏离晚会的类型又不能墨守成规。

2. 晚会的主办方

晚会的整体策划及内容呈现必须符合主办方(出资方)的理念需求、满足他们通过晚会达到的精神诉求和社会效应。

3. 晚会的受众

一是现场的、电视机前的观众；二是晚会产生的信息及效应传播、辐射到的社会人群。晚会主题策划必须符合受众需求，策划者应树立“受众为本”的思想，只有被受众接受认可才能实现晚会的意义和艺术价值。

总的来说，电视文艺类栏目，尤其是电视综艺晚会类栏目，是一种主题明确的文艺会演。由于主题和意义不尽相同，所以节目内容的选择、设置、编排都要根据主题的需要来安排。

(三)“互联网＋”时代下应善于利用“跨屏”平台策划创作综艺晚会

传统的电视综艺晚会作为国内最受欢迎的电视娱乐节目类型，已走过了六十多年的风雨历程，其在很大程度上影响着受众的文化体验和生活习惯。传统的电视晚

会以电视为唯一载体，单向传播为主要传受模式。但是在“互联网＋”时代移动设备高速发展的今天，单一的传授模式下相对封闭的传统电视已经不足以满足受众对信息的需求，碎片化成为信息传播的主流，智能手机已经超越传统电视机成为最普遍的信息接收端，小屏在不断挤压大屏的传播空间和传播时间。各类多元的娱乐模式以及新型节目形态不断兴起，综艺晚会的传统地位受到了冲击。

“互联网＋”环境下，电视台与新媒体联动播放、共享播放平台、共享互动平台已成为一种发展趋势，三网融合、三屏合一促进了电视台与互联网的台网联动，互动方式也由传统的电话投票、短信投票变为各类 APP 的网络投票。2016 年央视春晚直播利用全媒体传播方式，在 409 家电视机构并机直播，在央视网进行网络直播，达到了“大屏带小屏，一屏带多屏，多屏共振” 的“跨屏”效果。

2015 年 10 月，阿里巴巴集团宣布旗下的天猫购物网站将与湖南卫视联手于 11 月 10 日晚推出名为“天猫 2015 双 11 狂欢夜”的大型互动庆祝晚会，并选择水立方游泳馆为晚会场馆，邀请知名导演冯小刚任总导演。晚会播出当日，根据第三方收视率监测的数据显示，晚会市场占有率高达 28%，位居全国所有同时段播出节目的榜首。经过本次晚会的气氛渲染，“双 11”购物节活动当天全球的消费者和商家在移动互联的时代里，通过多屏多场景“跨屏”互动，获得崭新的体验。此后，京东、苏宁等电商平台也纷纷推出了自己的综艺晚会。而天猫晚会则在跨屏传播方面不断探寻发展，经过多年升级迭代，呈现出不同以往的电视晚会的包容与亲切的姿态，展示了带有浓烈互联网时代气息的节目内容，重构了融媒体时代中的电视舞台呈现模式与手段。在“跨屏”融媒体晚会盛宴中，受众不再是简单的观看者，而是某种程度上的“晚会工作者”，晚会内容的高度参与者。

二、电视综艺游戏类栏目策划要点

（一）选择合适的栏目主持人

一般来说综艺游戏类栏目主持人必须具有很高的现场组织能力、随机应变能力、语言驾驭能力，并具有幽默感。综艺游戏类栏目最重要的是给观众带来快乐，对于主持人来说，首先要创造一种轻松愉悦的氛围，让来宾无论是谈话还是表演都能够充分发挥。而为了制造笑料，节目中必须要有戏剧冲突。虽然娱乐节目不是戏剧，但也不是完全展现真实状态，特别是很多节目中的冲突都有着表演的成分。主持人面对各种不同层面的观众，必须依靠幽默的语言、敏捷的举止和独特的思维方式去掌控形形色色的现场。例如，《快乐大本营》和《天天向上》的“家族式”多人主持，其主持路数和章法中的自行创造就占了主要部分。

当然，“收视率为王”的观点也使得一些娱乐节目主持人不择手段地竭力迎合低级趣味，让节目的品位不断降低，甚至出现金钱至上、享乐至上的基调，引起社会的普遍反感，这种现象是需要批判和反思的。情怀、格调、修炼、社会责任心，对娱乐节目主持人而言，与主持技巧一样缺一不可。他们不仅要有触类旁通的能力、娴熟的应变本领、调度全场的指挥艺术，更要具备文化修养和思想品格。在节目录制过程中，即使是为了娱乐观众使用的幽默语言和搞笑方式也应该因人而异——有的嘉宾或者互动观众气量不大，可能就要注意一下言辞。娱乐栏目主持人真正不可以触碰的底线，是对弱势群体的歧视和对嘉宾内心真实伤痛的调侃。

（二）合理选择嘉宾并充分调动嘉宾的参与热情

综艺游戏类栏目多采取现场集中表演（表现）的综合节目形式，具有广泛而深度介入的观众参与性。不仅台上的演员、选手、主持人、游戏参与者是当然的嘉宾（或者可以称之为“明星嘉宾”），就是在台下的观众，也处在表演者的位置，可以算是“大众嘉宾”。所以在栏目策划时应该合理选择节目参与嘉宾。

1. 必须选择和自己栏目性质相同或者相近的“明星嘉宾”

如湖南卫视的《百变大咖秀》，这个栏目选择的“明星嘉宾”基本上都是像贾玲、白凯南、大张伟这样年轻、充满活力和喜感的明星，从而保证了节目整体能够达到事先设计好的幽默效果。试想如果《百变大咖秀》选择陈道明、唐国强等在观众心中早已有了思维定式、浑身洋溢着浩然正气的明星来充当嘉宾，节目的效果可想而知。

2. 在“大众嘉宾”的选择上和对他们的情绪调动上，综艺游戏类栏目也应该做事先策划，以获得更好的效果和收视率

在文艺晚会中，台下观众的角色位置仍然是观众，最多不过在烘托现场气氛方面承担类似“给点掌声”之类的任务。但在综艺游戏类栏目中，观众是特殊的演员——在很多情况下，综艺游戏类栏目中的观众都会被节目的策划设计者赋予很多带表演色彩的现场任务。综艺游戏类栏目很看重观众的参与，这包括现场观众的参与和场外观众的参与。观众参与的好处是可以强化节目的对抗氛围，聚集“人气”。在国外的某些综艺游戏类栏目中，有时为了激化节目整体的对抗氛围，甚至会让相关工作人员在正式节目开始之前就对双方的支持观众进行启发、诱导，以激起双方观众的强烈对抗情绪。

（三）设计新颖、安全、健康、对抗性强的游戏内容

电视综艺游戏类栏目作为一种特殊形态的表演性节目，本质上也是戏剧的一种类型，也必须遵循“没有冲突便没有戏剧”的结构规则。而要在节目中造成冲突和对抗，必须要设计有强对抗性的竞争内容。要做到这一点，必不可少的是悬念的设置。悬念是强化对抗和冲突效果的关键因素，在以故事性为基本审美元素的文艺品类中（如戏剧、电影故事片、小说等），悬念的设置是创作者要考虑的重要问题。通常在电视综艺游戏类栏目中，除了整场竞赛的结局这一基本悬念以外，在游戏过程中设置各环节的悬念、进而造成“悬念迭起”的效果，是有经验的编导经常采取的措施。对抗和冲突随着悬念不断出现、不断解决而向前推进，观众则作为旁观者或部分参

与者，感受到精神上的满足，这就是悬念的魅力。

在电视综艺游戏类栏目中为了使对抗和冲突的过程更加有趣和视觉化，也为了表现节目对抗冲突进程中成绩的对比，编导还往往策划设计具有特点的累积计分办法。这些计分的方法多种多样，极为丰富多彩，有的还出人意料。例如，有些电视综艺游戏类栏目的游戏规则规定取得某一回合胜利的选手可以选择将获得的分数加给自己或是加倍之后扣掉某一个对手的分数。同时，为了使对抗和冲突曲折化，有时综艺游戏类栏目还在游戏过程中设计具有加减分值作用的、仅靠运气决定的选项来增加变数。

电视综艺游戏类栏目的游戏内容固然要体现新颖性、对抗性，但也不可忽视安全性和健康性。我们经常在新闻报道中看到某位明星为了参加某个综艺游戏类栏目的录制而受伤的消息。此外，游戏的健康性也非常的重要。在电视综艺游戏类栏目非常发达的中国台湾地区就发生过因为节目内容不健康被观众投诉，导致栏目被罚停播的事件。总之综艺游戏类栏目中的游戏内容应该是建立在健康、安全、积极向上的基础上的，任何为了收视率而急功近利、铤而走险“博出位”的策划方案都是不值得提倡的。

（四）结合网络平台进行节目衍生品的 IP 化运营开发

与传统意义上的 IP(Internet Protocol，网络协议)概念不同，这里所说的 IP 概念是指“知识产权”(Intellectual Property)，而 IP 运营指的是根据作品的类型、特点和用户属性，不断进行更多的运营手段尝试，发展出更多更广泛的付费用户，验证 IP 价值的同时，进一步吸引更多领域的粉丝。在真人秀节目获得高收视率或者高点击率之后后，节目制作方就应该对节目衍生品和相关服务关注起来，利用 IP 化运营开发的方式进入更广阔的领域寻求发展。高品质的节目衍生品在带给制作方高额回报的同时也让其可以进入其他领域寻求发展，让其衍生品也获得成功，以更好地满足观众需求。

此前很多电视选秀类娱乐节目成功之后都会采用开办经纪公司、举行巡回演唱会的模式取得进一步发展和经济收益。而现今围绕真人秀节目制作的电影开始出现并走向市场，由于制作成本低经济收益高而备受影视企业青睐。例如湖南卫视真人秀节目《爸爸去哪儿》其同名电影《爸爸去哪儿》在 2014 年贺岁档中斩获逾 6 亿元的票房，惊人的投资回报率使得该影片在业内被称为“现象级”影片，成为各大卫视转型研究和学习的范本。同时，也因为电影《爸爸去哪儿》的超高收益，带火了“综艺电影”这一概念，掀起了户外真人秀节目翻拍电影的热潮。随后，浙江卫视的综艺游戏类节目《奔跑吧兄弟》上映后也取得了超过 4 亿的票房成绩，再次证明了“综艺电影”的巨大市场潜力。

上述“综艺电影”的成功和他们所依托的综艺类节目取得的成功密不可分。例如从《奔跑吧兄弟》开播以后，其收视率居高不下，国内迅速掀起了一股“奔波”热潮，加之节目观众覆盖面很广，并且节目主题积极健康，和国家主流价值观相符，因此它的衍生品获得成功就有了良好的基础。除了改编成“综艺电影”之外，《奔跑吧兄弟》还和苏宁易购强强联手，推出“奔跑吧兄弟官方旗舰店”销售各种节目衍生品。此外，《奔跑吧兄弟》还利用公益活动来表达其健康主题，苏宁易购为此推出了专门的义卖平台，把每期节目明星赢得的奖品和使用物品进行拍卖，拍卖所得的全部资金都通过中国青少年基金会用于贫困山区学校基础设施的完善。这种把娱乐和公益融为一体的运营模式不仅赢得了观众的认可，也得到了社会的一致赞誉，同时还在很大程度上提高了电视台和电商的声誉，达到了互动双赢的目的。

三、电视娱乐谈话类栏目策划要点

（一）选择合适的谈话人物和话题

对于电视观众来说，观看娱乐谈话类栏目的首要动机就是对于谈话话题或者谈话对象的兴趣。一般来说，关注度越高、观众越感兴趣的话题和谈话嘉宾就越容易引起观众的收视兴趣，所以选择合适的人物和话题既是策划电视娱乐谈话类栏目的第一步，也是最重要的一个环节。例如，中国台湾电视娱乐谈话类栏目《康熙来了》主要就是人物访谈与话题谈话两种形式。《康熙来了》中的人物专访主要以受采访的明星为主线，出其不意的请朋友、亲人、工作人员不断“爆料”明星的各种窘态，让被访者的真实一面展现在观众面前，让明星变成一个个普通人，从而更容易为观众所接受。《康熙来了》中的话题访谈选题极其自由宽泛，涉及生活各个方面，使得选题既立足于娱乐圈，又不限制在小范围内。在话题的讨论中，嘉宾不再是娱乐明星或者政治人物，而是日常生活的普通一员，访谈不再是主持人与嘉宾的“二人转”。正是这样的形式，让更多观众都喜欢上了这个奇特新颖的综艺访谈节目。

相对于《康熙来了》中话题的百无禁忌和主持风格的肆无忌惮，湖南卫视电视娱乐谈话类栏目《天天向上》另辟蹊径，运用多种方式将娱乐与公益、传统文化相结合，传承发扬中华民族礼仪之美，寓教于乐。每期《天天向上》都会讲授一些中华民族传统的公德和礼仪知识，用各种形式来传播千年礼仪之邦的礼仪文化。如某期节目中，趁春天利于出游之际传授旅游公德；某期节目中请来梅派传人讲授中国古代的男女礼仪；还有的节目通过主持人穿着不同的服饰，把服装所代表地区的礼仪习俗告诉观众，与观众边娱乐边学习。

网络脱口秀节目《吐槽大会》制作团队为了保证节目笑点的质量和数量，安排了李诞、池子、王建国等脱口秀演员以固定嘉宾的身份出现在每期节目中对所有嘉宾进行吐槽。李诞和池子凭借专业的脱口秀技能、风趣幽默的段子、大胆张扬的表演和辛辣犀利的吐槽在网络平台迅速走红。除此之外，Rock、思文、庞博、卡姆等脱口秀演员经过节目组的挖掘后一炮而红，深受观众的喜爱，形成了“节目培养新卡司、卡司成名后反哺节目”的良性循环。节目中的固定嘉宾代表的是观众的视点，对明星嘉宾的吐槽正好满足了观众的需要，观众与他们之间产生了强烈的共鸣。

（二）栏目内容设置上应注重“谈”“演”结合

电视娱乐节目的特色之一就是贯穿整个栏目流程的各种才艺展示，这一特色在娱乐谈话类节目中也不少。观众们希望通过明星嘉宾那些不为人知的才艺展示来更深入地了解他们。这里的“谈”“演”结合指的是在策划时应该努力将访谈和表演相结合。“表演”可以是现场的即兴表演，也可以是视频资料的回顾，当然两者结合的效果会更好，那样不仅可以新旧对照，还可以调节气氛，带动嘉宾情绪，形成双方互动。

湖南卫视的《天天向上》就在“谈”“演”结合方面做得很不错。《天天向上》在策划时的栏目定位为以礼仪公德为主题，通过娱乐、深入浅出的发扬中华美德。在内容安排上，《天天向上》主要分为三个环节：首先是综艺与秀场——主持人与嘉宾边聊天边表演、娱乐观众。例如，在邀请配音演员做嘉宾的那期节目中，观众惊喜地看到自己喜欢的经典影视剧及动画角色背后的声音原来出自他们之口，同时还了解到一些影视配音的知识。节目还故意让几位配音演员表演观众平时难得一见的角色互换。例如，将《无间道》中“刘德华”和“梁朝伟”在天台上的对话换成“刘德华”和“一休”，“康夫”和“梁朝伟”对话；用“包租婆”和“性感辣妹”的声音来演绎《聪明的一休》的开场等，使观众们笑得前仰后合，收到了很好的娱乐效果。《天天向上》的中间环节是古装戏表演及百晓生与阿毛的礼仪教学班。古装戏表演多邀请不同影视剧中的演员和《天天向上》的主持人一起来表演另类的情景喜剧。《天天向上》中最与众不同的是礼仪教学班。在百晓生解说礼仪时，百晓生的一本正经与阿毛的插科打诨，以及演员演示礼仪时生动的肢体表演等，都让观众在了解礼仪的同时产生了欢声笑语。《天天向上》最后的环节是主持人与嘉宾的座谈。这一环节的嘉宾，人数多且多为各行各业的从业者，如南航的空姐、北京协和医科大学和香港大学李嘉诚医学院的学生、Z18 次列车的乘务员、国家击剑队队员等。在座谈中，嘉宾随时会被拉上来表演节目或与主持人、观众互动，“谈”“演”的过程是非常灵活的。

（三）碎片化的叙事形式使传播方便高效

碎片化叙事形式指的是将零散、破碎的内容碎片进行重新组合，以达到一定戏剧张力和叙事节奏的手法，在无序中建构起一种有序的叙事结构。在当下快节奏的社会环境中，大众的生活方式越发呈现出零散的状态，工作、消费、休闲等体现出碎片化的特征。而快节奏的生活和零碎的休闲时间使观众对简短、精彩的节目产生了强烈的需求，节目中可以独立观赏的内容也养成了现代人利用零碎时间观看视频的习惯。这就要求节目需要更具看点的内容、更加独立的段落、更加激烈的矛盾冲突、更加幽默犀利的吐槽点来吸引观众的热情，短时间内与观众之间建立起情感的共鸣。碎片化的叙事形式以其内容独立、信息多样、收看便利、传播迅速的特征符合了网民的收视习惯，迎合了网络媒体受众个性化的需求，丰富了互联网环境下的节目传播内容，提高了节目传播的效率。

例如网络脱口秀节目《吐槽大会》就是结合互联网技术的新发展，打破以往传统节目形式老套、内容冗长、叙事拖沓、频道固定的局限而形成的具有互联网基因的大众化网络自制节目。节目中，每位吐槽嘉宾作为一个独立的表演个体分别登台对在场人员进行吐槽，每位嘉宾的脱口秀表演与该期节目的主题密切相关，但又相互独立互不影响。观众可以通过多媒体设备自主选择观看完整的一期节目或者单独的一段脱口秀表演，既不影响观众对节目的整体性需要，又能使观众随意挑选喜欢的片段，使观众的观看时间和地点高度灵活，满足了网络时代下媒体发展的需要，使传播方便而高效，保证节目尽可能地去扩展受众范围。

(四)应充分利用与受众的互动性来完善节目

“互动性”在节目策划中有着极为重要的意义，它除了能给予观众大量的参与感还可以使节目的制作团队在观众们的“提醒”或是“吐槽”当中，收集许多宝贵的意见完善节目。网络的开放性使观众们在网络交流中保持着高度的随意性。比如观众在互动平台上进行留言，对节目内容或某个环节的设计提出更好的意见时，制作团队就应该及时采纳这些建议，使节目不断完善，以提高收视率。例如我国最早的网络自制娱乐节目《大鹏嘚吧嘚》的制作团队在创作时就注重在节目中利用当年流行的博客、飞信等网络手段与受众互动，而团队核心大鹏本人也经常在网上或者节目中对观众的来信留言做出答复。制作团队还将观众提供的建议收集起来，取其精华对节目不断完善。而对受众来说，与团队的互动不仅仅是自己的建议被采纳，更是真正参与到了节目之中，能产生强烈的参与感，同时对节目保持高度的热情。

在互联网技术的发展过程中，许多强互动性媒介被推出，如新浪微博、微信公众号、弹幕等，这些方式使天生具有强互动性的网络娱乐节目受益匪浅。例如在《奇葩说》第一季中，由爱奇艺提供的弹幕功能就受到了追捧——受众在观看节目时不仅可以在弹幕区与网友进行互动，还可以与节目中的主持人和嘉宾实时互动。弹幕这一新颖的交流方式极大地激发了受众的互动性，成为《奇葩说》获得成功的重要原因之一。之后许多网络娱乐节目都主动加入一些与观众互动的环节。“互动性”这一大特质使得网络自制娱乐节目迅速走红并和传统的电视娱乐节目分庭抗礼。传统的电视娱乐节目也看到了互动的重要性，在策划创作中加入了互动环节。

(五)节目内容应传递“正能量”，避免触及道德底线

电视娱乐谈话类栏目往往代表的是大众文化——谈论的都是明星逸事、生活时尚和情感问题，满足的是受众对娱乐的需求与欲求。但每个国家或地区都会有其独特的文化背景和道德标准，如果在策划节目时脱离、甚至故意违反这些标准，有意挑战道德底线，将使节目遭遇困境。策划者应该明白，电视娱乐节目不能为了迎合观众的兴趣和收视率而盲目追求娱乐的低俗性，应该在节目给观众以快感的同时也给观众以启迪和人生感悟，从而让栏目在中国特色社会主义的文化建设中发挥出其他电视栏目不能替代的独特作用。现在国内很多娱乐节目为了博观众一时之笑而降低自己的格调，通过审丑或是暴露隐私等低级趣味来取得观众的青睐，这是一种短视的行为，会给娱乐节目的发展带来不良的影响。

2008年年初，央视《非常6+1》曾经邀请一位女孩上节目，该女孩2001年曾因替朋友出头砍人被判刑10年，2008年提前出狱，节目播出后引发争议。同年，湖南卫视的访谈栏目《背后的故事》曾计划播出卷入丑闻的香港女星的访谈，被广电总局紧急叫停，广电总局办公厅同时下发了《关于重申严禁炒作名人丑闻、绯闻、劣迹的通知》。明确指出，“广播电视综艺、娱乐、访谈等各类节目，严格禁止谈论名人绯闻秘史、艺人隐私恋情等花边新闻、八卦新闻，凡再有播出此类节目的电台、电视台，一经发现，要从策划选题者开始，层层追究责任。节目不得邀请有丑闻、劣迹和有犯罪记录者担任嘉宾或评委，更不得将丑闻、绯闻、犯罪等作为卖点，美丑不分。”

纵览总局的通知，实际上就是要求电视工作者自觉设置道德底线，在策划创作电视娱乐访谈类栏目时一定要符合社会道德规范，符合影视职业道德精神，不能违背中国传统道德伦理标准，盲目学习西方节目的范式，一味地以性、隐私、博彩、尔虞我诈、勾心斗角来取悦观众。只有建立正确、健康的审美观，努力地在节目里传递正能量才会让电视娱乐访谈类栏目拥有长久的生命力。

四、大型季播电视真人秀栏目策划要点

(一)制定可以制造竞争和悬念的比赛规则

竞争淘汰的机制是电视“真人秀”栏目的核心要素之一。“真人秀”节目赛制规则的设计给节目提供了设置悬念的空间。而“悬念”设置的合适与否，能否通过比赛规则的设定(如“倒金字塔式”的淘汰方式让电视“真人秀”栏目具备电视剧连续性的特点)以“下期谁会赢，最终胜负何归属”的悬念吸引并扩大收视人群，既是保障收视率的重要手段，也是“真人秀”栏目的策划目标。

国外的专业人士曾经指出，当今电视屏幕上的“真人秀”节目之所以可以和电视剧相抗衡，最大的优势在于观众永远都无法预知下一刻将发生什么，而这种“无法预知”的悬念正是推动“真人秀”的最大动力。电视“真人秀”栏目策划者通过精心设计的赛制规则让观众意识到即将发生某件事，但这件事最终的结果却是一个未知数，扣人心弦的规则是引爆真人秀能量的导火索。《美国偶像》《超级女声》这些选秀类的电视真人秀栏目大都是依靠一定的规则产生“谁会晋级？谁会被淘汰?”的悬念，在这种类似“突然死亡法”的游戏规则中，悬念会一直保留到最后。由于淘汰选手的决定权基本上握在现场和电视机前的观众手中，于是大大强化了观众的观看快感和参与意

识。节目也因此维持了收视率并让收视率随着最终悬念地揭开而持续上扬。

（二）合理控制资金投入产出比

从某种程度上讲，电视真人秀栏目兴起的重要原因之一是其投资成本相对较低，但利润却较高。2000年，电视真人秀栏目《幸存者》的成功让电视运营商们惊喜地发现，相对于每集最少也要200万美元制作费用的电视剧来说，没有闪耀明星，没有金牌编剧，甚至没有什么布景，一集制作费用不过50万美元的真人秀栏目居然也能创造高收视率。但随着真人秀节目的竞争加剧，真人秀节目的制作费用也水涨船高。从2003年起，为了在日渐扩大的真人秀节目市场取得成功，节目制作商们开始加大投入，这个诞生初期以省钱著名的电视栏目走上了高成本的道路。2003年秋第一季《学徒》制作播出时，NBC付给节目主持人唐纳德·特朗普(Donald Trump)的报酬是每集5万美元，但2004年秋第二季《学徒》播出时，特朗普认为自己作为《学徒》节目的唯一大牌，每集的报酬应该大幅提高，而NBC居然同意了特朗普的要求。

同样，中国真人秀节目制作费用也不断水涨船高。大规模海选、高强度现场直播、整合营销相结合的立体宣传模式，决定了真人秀节目需要的不只是技术和创意，更是财力、人力、资本等综合实力的比拼。2006年东方卫视《加油！好男儿》的制作成本1000多万元，为节目宣传而与其他媒体置换的广告约3000万元。2009年的《快乐女声》的制作费用已经超过2000万元。2012年雄踞中国内地电视娱乐栏目收视率榜首的《中国好声音》的整体制作费用据说已经突破8000万元。

当然，在这些巨额的制作费用后面我们也应该看到可能蕴藏着丰厚的回报。不少业界人士指出《中国好声音》所创造的直接和间接效益让所有电视人垂涎欲滴。据《中国好声音》的宣传总监陆伟介绍，在《中国好声音》第二季招商会上，仅冠名权就拍出了2亿元的天价，其中插播广告更达到15秒102万元。不到三个月的节目就能为电视台带来超过3亿元的收入，还能带动全台广告收入上涨。① 此外从某种意义上说，一档王牌节目对电视台最大的意义还在于凸显平台地位。现在一提起《非诚勿扰》观众首先想起的就是江苏卫视，说起《快乐大本营》《天天向上》，就知道是湖南卫视，《中国好声音》则代表了浙江卫视，而这些认知其实也都极大地拉动了电视台整体的收视率。由此我们可以看出，重要的并不是制作费用的高低，而是资金的投入产出比。而要做到合理控制资金投入产出比，除了购买国外已经成熟的栏目版权加以本土化运作之外，试做小成本样片，在小范围观众中进行试映，根据观众的反馈进行再调整也是必不可少的策划手法。同时，还应策划真人秀节目的产业化运营，实现不同环节的沟通合作，协调产业链运转，促进唱片、演出、出版、广告等相关产业的发展，才能在相同的资金投入下获得更大的回报。例如《中国好声音》栏目火爆之后，浙江卫视趁热打铁，策划了一系列“好声音全国演唱会”，极大地提高了资

① 转引自中国新闻网 http://www.chinanews.com/yl/2012/11-04/4300157.shtml，2021-05-22。

金投入产出比。

(三)海外引进节目应进行必要的本土化改造

随着越来越多的国外节目版权被引入到本国观众面前，我国的传统媒体(电视台)和新兴媒体(各大网络公司)等各种传播主体都在努力探索一条充分考虑市场环境和受众心理的本土化创新新途径——力求在制作过程中充分考虑本国观众的收视习惯以及收视心理，在尊重引进节目本身卖点的同时进行本土化创新。一般来说引进的国外节目都会有一套比较完备的制作框架，主要包括灯光、音响、舞台设计等具体实施细节和节目流程，这种框架安排可以保证节目的规模化传播，一般来说节目组不能任意改变这些框架设置，否则就会使版权引进行为失去意义；但是可以从受众定位、节目内容和媒体环境等方面进行大胆创新。

比如芒果 TV 推出的网络明星推理真人秀节目《明星大侦探》就是在原来韩版节目的基础上进行了改造创新，以迎合中国观众的收视习惯。韩国原版节目 JTBC 电视台《犯罪现场》的整体基调是严肃谨慎，注重逻辑推理，烧脑大于娱乐的，涉及的内容除了娱乐、社会、八卦外还涉及政治、经济等方面，节目整体色调偏冷，营造专业气氛。而国内版《明星大侦探》因为政策原因，摒弃了原版节目中有关政治方面的内容，更倾向于打造轻松幽默的综艺氛围，节目色调偏暖，基调诙谐，娱乐性大于专业性，涉及的主题除了包含引进版的元素外，还有虚构的童话、科幻和游戏主题，更加符合国内受众的观看喜好。

再如购买了韩国 MBC 电视台真人秀《爸爸！我们去哪儿?》节目版权引进制作的湖南卫视真人秀节目《爸爸去哪儿》。该节目的创作主要分为两个部分：一是由韩国编剧丁一薰进行整个节目的策划与设计，建构起节目的原版模板，保留了原节目的精髓；另一部分则由湖南卫视建立了《爸爸去哪儿》节目 6 人编剧组，负责根据我国观众的观看特点与观看需求对整个节目模式及特定细节进行修改和完善。正如节目导演谢涤葵所说的：“节目里的确有个 6 人编剧组，任务是根据原版节目模式为整个节目制定一个切实可行的框架，比如 5 个家庭到了外景地后，节目组需要做什么，第一件事是收手机，第二件事是带他们参观房间，第三件事情是发放中餐。这些情节建构起节目的整体架构，而至于家长和孩子们具体怎么样沟通和交流、如何去做、发生什么样的结果，则顺其自然，是摄像需要记录的内容。”

五、电视益智博彩类栏目策划要点[①]

(一)题目设置上应兼顾知识性、综合性和多元性

知识性是电视益智博彩类栏目最基本的特征。从早期英国电视台创作的《一本万

---

① 本部分内容参考冉儒学：《益智类节目的主要特征》，载《电视研究》，2002(6)；马杰：《益智类节目的魅力》，载《当代电视》，2006(8)。

利》《任你选择》到后来一度风靡全球的《百万富翁》《最弱一环》，知识性问答始终是它们的主要内容。从早期栏目的内容看，虽然表面上给人的印象是参赛者通过知识的学习和积累就可能获得奖金或者奖品，但实际上当时的出题者常常将一些毫不相干、刁钻古怪的题目汇集在一起，出题范围过于宽泛。这种类型的知识问答调动的不是人类特有的理解和分析能力，而是像松鼠储藏松果式的积累和储存信息的本能。这些电视益智博彩类栏目的内容很快就受到当时一些学者的批评，认为它们不具有文化价值。

电视益智博彩类栏目在题目的选择上应该兼顾知识性、综合性和多元性，集知识、益智、趣味为一体，并通过设置奖金、奖品来刺激选手的参与热情和观众的收看热情，营造时而轻松幽默，时而紧张刺激的节目氛围。题目设置不应生僻、冷门，而应该注重实用性和趣味性，更娱乐化和平民化。具体来说，电视益智博彩类栏目的题目要具备科学性并要难易适中。电视益智博彩类栏目的问题必须涉及从历史到生物学，从自然现象到人文规则，从高雅文化到流行文化等很多方面。比如说《开心辞典》的题目在范围选择、角度设计、趣味性等方面就比较成功。更为可贵的是，其题目与日常生活结合紧密，少有偏题怪题，这也是该栏目受欢迎的最为重要的原因。

（二）设计能调动观众情绪的游戏规则和节目形式

从广义上讲，所有出现在电视益智博彩类栏目现场的人员、包括坐在电视机前的观众都是节目的参与者。电视益智博彩类栏目在游戏规则和节目形式的设置上应充分利用声讯电话和网络互动等高科技元素。电视益智博彩类栏目应做到只要观众对节目感兴趣，就可以通过他喜欢的、方便的方式参与进来。具有广泛适用性的高科技手段的使用可以让节目与观众实现真正的互动——让更多的观众由被动接受转为主动参与，从而使益智博彩类栏目以一种轻松、生动的方式从心理上满足受众。

充满竞技性的游戏规则是益智博彩类栏目吸引参赛者和观众的重要因素，也是这类节目具有张力和观赏性的重要原因。在益智博彩类栏目中，参赛者不仅要面对对手的竞争，而且还要接受主考官的“发难”，因此节目常常具有一定的紧张氛围。不同的益智博彩类栏目会利用特有的游戏规则营造不同的观众情绪。例如《百万富翁》与《最弱一环》虽然都是益智博彩类栏目的代表，但是他们的游戏规则及风格却迥然不同。《百万富翁》的游戏规则考验个人知识，鼓励合作精神，性质上属于文明游戏。在节目中参赛者坐在椅子上比赛，采用的是选择题，必要时可以向现场观众或家中亲友甚至节目组求助，整个节目充满了答谢声和笑声，气氛轻松。而《最弱一环》更具有竞技性，娱乐性和亲和力要逊色很多。《最弱一环》的参赛者是站着比赛，没有答案选择，主持人可以尽情揶揄成绩欠佳者。现场冷蓝色追光和阴森恐怖的亮白光束配合，急促的音效营造了“剑拔弩张”的气氛。游戏规则规定每回合游戏结束后，由各参赛者投票淘汰一位选手，最后的胜出者独得全部奖金。这个规则导致那些在比赛中表现欠佳者会被其他选手联手踢走，我国的益智博彩类栏目是随着观众欣赏口味的变化而不断地更新的。从带有益智色彩的综艺晚会到竞技性、趣味性并重的知识竞赛，再到穿插着多种游戏的益智节目，形式不断发生变化。但我国的益智博彩类栏目大都选择现场氛围比较融洽的《百万富翁》作为学习借鉴的对象——例如《开心辞典》与《幸运 52》《中国汉字听写大会》等栏目的竞技博彩性都是在轻松和谐的气氛中展现的。它们高扬“知识性”的大旗，《开心辞典》更是以“用知识换取家庭梦想”作为节目的口号，试图用知识开启心智、收获快乐。

（三）设置合理的奖金（奖品）数额

电视益智博彩类栏目中都会设置一笔数额不等的奖金或奖品，这是此类栏目博彩性的根源，也是吸引观众参与和观看的重要因素——在不到一个小时的节目里，可以“轻而易举”地拿走一笔财富，从而或多或少地改变自己的生活。物质上的诱惑，客观上使节目与每一位观众都“有关系”。尽管如此，但益智博彩类栏目的核心内涵应是知识性和娱乐性，博彩只是一种辅助手段，过于注重巨大金额的奖金就会损害节目的益智价值。比如国外的电视媒体，为了争夺收视率，争相设置高额奖金，导致栏目的博彩倾向日益严重，助长了不正常的投机心理，演播室变成了少数人博彩的场所，影响了社会风气的健康发展。

为了引导益智博彩类栏目朝着健康向上的方向发展，国家新闻出版广电总局多次出台相关文件对电视益智博彩类栏目的创作播出进行指导，明文要求每期节目每位选手所能获得的最高奖金（奖品）总额不能超过 5 万元人民币。于是现在国内的益智博彩类栏目都开始淡化奖金，引入了大量的公益色彩，使得节目在为普通人提供参与竞争、知识博弈的同时，也给更多的普通家庭提供了相互表达爱心的机会。电视益智博彩类栏目“公益化”的色彩得到积极拓展，比如捐助希望工程、倡导环保、支持申奥等主题节目。随着节目的进一步发展，国内益智博彩类栏目的口号从“谁都有机会”到“智慧夺大奖、知识献爱心”“快乐开心到永远”，逐步尝试将栏目与公益事业相结合，使益智博彩类栏目的思想内涵有了质的飞跃。

想一想

1. 何谓电视娱乐类栏目？
2. 电视娱乐类栏目有哪些类型？
3. 如何进行不同类型电视娱乐类栏目的策划？
4. 如何把握电视娱乐类栏目的价值导向？
5. 如何进行电视娱乐类栏目的创新？
6. 电视娱乐类栏目存在哪些问题？有哪些解决策略？

团队实训

1. 项目名称：电视娱乐类节目的拍摄制作

依托专题4编写的电视娱乐节目类策划文案，完成一期节目的拍摄制作。

2. 实训目的

通过将节目策划文案转化为一期电视娱乐节目作品，使学生掌握电视娱乐节目制作的基本流程，同时检验电视栏目和节目策划方案的科学性和可行性。

3. 实训要求

(1)节目的拍摄制作应严格按照构思创作、现场录制、编辑混录等流程进行。栏目组学生按照制片人、编导、摄像、主持人、嘉宾、后期编辑制作等岗位进行分工，共同完成一期节目的制作。

(2)每组选择代表展示完成作品，专任教师、行业一线专家及学生对拍摄作品进行评价、打分。

4. 评价标准

评价内容	分值	得分
导向正确，弘扬主旋律	15	
作品完整，片头、导视、节目内容、字幕及片尾一气呵成	20	
能系统地体现栏目策划的基本框架	15	
作品具有较强的逻辑性与承递性	20	
能够引起受众的共鸣，达到栏目策划的宗旨与功能	15	
考察学生的工匠精神、团队协作精神、人文精神、艺术素养	15	
合计	100	

拓展资源

1.《非诚勿扰》是江苏卫视2010年1月正式开播的一档婚恋交友真人秀电视娱乐栏目。

(1)栏目策划背景

在当今信息爆炸、物欲横流的社会，无数因为各种原因而处于单身的男男女女渴望寻觅一份爱情，这是婚恋节目重装上阵的绝佳机会。

(2)栏目宗旨

《非诚勿扰》取自冯小刚同名贺岁电影，其含义在于对爱情保持老实忠诚的态度，同时也体现本栏目对男女嘉宾的基本要求以及栏目本身的诚意。本栏目以真实与真诚为宗旨，让单身男女通过电视平台找到属于自己的另一半，找到自己的幸福。

(3)栏目收视对象

收视对象以“70后”“80后”甚至“90后”为主体。同时，由于栏目在结构和形式上的特点以及戏剧性的看点，受众群体可以放大到各个年龄段和各个阶层。

(4)栏目播出时间

每周六、周日晚21:10首播

(5)栏目定位

①内容定位：

男女嘉宾需自愿报名，经过选拔，参与外景录像和现场互动交友，最终达到配对目的。配对成功的男女嘉宾将参与第一次约会的实况拍摄，从而形成“从一而终”的戏剧性模式。

②形式定位

栏目以演播厅现场直播为主体，同时设场外观众互动。在栏目进行中主持人适时穿插场外观众互动的具体方式，同时在每个男嘉宾出场之前屏幕下方出现字幕提示，这样就提高了栏目的社会功能和观众参与的积极性及其对节目的关注度，从而提高了收视率。

③主持人定位

采用主持人孟非“诚”的宗旨，使节目具有说服力。主持人孟非睿智幽默，应变能力强，起到统筹全局的至关重要的作用。与此同时，心理分析师乐嘉与主持人、男女嘉宾互动，并适时地为男女嘉宾提出意见和建议，或进行心理分析。使节目节奏紧凑，有条不紊，又不乏戏剧性的价值冲突等看点。

④结构定位

节目开场：摄像机环摇，呈现节目现场气氛，呈现具有电子摇滚气息的音响效果。摄像机对准升降台，主持人以与男嘉宾相同的方式出场，与现场观众进行短时间互动或交流后，节目正式开始。24位女嘉宾以左右两排与观众打招呼的方式出场，同时摄像机清楚展现每一位女嘉宾的近景。女嘉宾出场的背景音乐采用快节奏和轻松愉快的歌曲带动全场气氛。

动画和旁白直白的展示游戏规则，形象而生动：(规则略)主持人补充男女嘉宾可能获得的奖励。紧接着请出第一位男嘉宾。男嘉宾出场音乐动感的旋律加上升降平台的神秘性，表现男性气概，同时将节目推向第一个小高潮。

爱之初体验：男嘉宾通过第一印象选出自己心动的女生，女嘉宾通过对男嘉宾出场后第一印象的判定决定是否亮灯，而女嘉宾在此环节中的亮灯数决定着男嘉宾是否获得旅游大奖的机会。

爱之再判定：男嘉宾具体资料通过VCR展示出来，摄像机给出全景，将观众、24位女嘉宾、现场与大屏幕放在同一个镜头中，宏观展现现场具体情况与男嘉宾具体资料。男嘉宾具体资料来自事先进行的外景拍摄，记录男嘉宾的工作环境、生活状况、择偶标准、个人爱好或好友评价等。这些资料分成几个 VCR 分别展现，每个 VCR 放完由女嘉宾根据 VCR 内容决定是否留灯，同时举手示意发言或询问男嘉宾问题。在此过程中由主持人和心理分析师进行协调，直到最后一个短片放完。根据女嘉宾留灯状况决定男嘉宾去留，若无一盏灯亮着，男嘉宾相亲失败，必须退场。此时想起背景音乐。若只剩一盏灯，由男嘉宾决定是否牵手。若超过一盏，则进入男生权力环节。

爱之终决选：男嘉宾亲自灭掉女嘉宾的灯，只留两盏心仪女生的灯，同时请出心动女生，三位女生站在一起，接受男生的提问，男生有权提问两个问题，从栏目提供的十项女生基本资料中选择一个，通过字幕显示。另由男生自己提问一个，通过女生的回答判定自己牵手哪位女生。被选女嘉宾上台的音乐选用可爱俏皮的音乐，与此时的氛围相得益彰。若男嘉宾选择心动女生而心动女生没有选他，则进行 30 秒的表白，此时采用唯美、深情的背景音乐。同时另两位女生归位，选用潇洒、霸气的背景音乐。若男女嘉宾牵手成功，背景音乐则采用幸福、浪漫的背景音乐。若男嘉宾失败退场，则采用惋惜、伤感的背景音乐。

⑤包装与宣传

本栏目在音乐、灯光、摄影、环境、服装、造型等方面力求完美，栏目整体呈现出的细致精美决定了本栏目势必成为同类栏目的领头羊。此外，女嘉宾造型的多样性以及言谈举止成为栏目的看点之一，而富有戏剧性的高潮段落更是吸引观众的撒手锏。

2. 每日一习话：积极推动文化建设和文艺繁荣发展。

3. 国家广播电视总局办公厅《关于进一步加强文艺节目及其人员管理的通知》。

4. 国家广播电视总局《关于进一步加强广播电视和网络视听文艺节目管理的通知》。

5. 增强文化自觉坚定文化自信，展示中国文艺新气象，铸就中华文化新辉煌。

6. 促进中华优秀传统文化高质量传播(坚持“两创”，书写史诗)。

7. 综艺节目要弘扬主旋律。

CHAPTER 3

项目三 策划电视社教类栏目

【项目概述】

社教类栏目是社会教育类栏目的简称，是以传播政治、科学、文化、经济与法律等方面知识，宣传思想，提倡价值观念，指导行为，进行社会教育为宗旨的电视节目。它是涉及内容最广泛(涵盖文化、科技、法律、经济、生活等)，形式最多样的一类栏目形态。本项目在梳理国内外电视社教类栏目发展状况的基础上，按照栏目题材、栏目形式、受众对象等要素对电视社教类栏目进行了分类，并对不同分类的共性策划要点进行了全面分析与阐释，旨在为学生电视社教类栏目策划的学习提供系统、详尽的实践指引。

【学习目标】

1. 了解国内外电视社教类栏目的发展状况
2. 了解电视社教类栏目的类型与特征
3. 掌握不同类型电视社教类栏目的策划方法
4. 能进行文化类电视社教栏目的策划与制作
5. 能进行科教类电视社教栏目的策划与制作
6. 能进行纪录片类电视社教栏目的策划与制作
7. 培养学生树立正确的世界观、人生观、价值观
8. 培养学生的道路自信、理论自信、制度自信与文化自信

任务一　了解电视社教类栏目的发展概况

一、国外电视社教类栏目发展简况

西方国家通常以两种方法划分栏目：六分法和四分法。六分法，即把所有的电视节目分成六种大的类型：新闻类、言论类、知识类、教育类、综艺类、服务类；四分法，即把所有的电视栏目分成四种大的类型：新闻类、娱乐类、教育类、服务类。由于四分法更为简洁实用，国际上采用此种栏目分类方法的国家最多。

国外的知识与教育类栏目异彩纷呈，其特点主要表现在以下几个方面。

一是内容广泛，既有当下生活中常见的问题，也有未来世界的新知识。既有科学知识，又有家庭、学校的教育方法，甚至有青少年性教育方面的内容。

二是针对性强，既有针对成人的，又有不少针对儿童、青少年以及其他特定群体的。

三是栏目多由电视台与实验室联手打造，主持人不拘泥于电视台。例如，针对成人的《科学趣味测试》是一档杂志型的科学类电视节目，由英国的主流电视台和open University的实验室共同拍摄，由Liz Bonnin、Jem Stansfield、Dallas Campbell和Dr. Yan Wong博士共同主持。这个节目重点关注那些离我们生活很近的科学，在节目中针对具体理论或者发现做一些非常有趣的测试，并着重探讨这些科技是如何改善现实生活的。该节目关注的内容非常广泛，包括生物科技、天气环保、刹车系统、意识训练、心理治疗等。节目中设置了很多有趣的测试环节，所以节目的收视率非常高。而《幼童护林员》的收视对象则是儿童。该节目以班主任的形象来传授，以通俗易懂的语言进行讲解，同时调动动漫等元素，以形象活泼的方式，让孩子们轻松地了解天文知识。

再如教育类节目《谁比我糗》，其宗旨是化解家庭成员之间的矛盾。节目摄像机会如实记录一家人的生活状况。专家们将会针对他们存在的问题做出诊断，并拟订一个家庭合约，要求所有成员遵守。执行几周后，专家们会按照具体执行环境做出评估。《博物馆幕里》则针对的是青少年教育问题，节目的创意是把一些难管难教，被视为无可救药的年轻人送到海外一个与他们的文化背景、教育程度完全不同的家庭生活八天左右。新家庭的家长是“世上最峻厉的家长”。一事无成的年轻人经过八天左右的洗礼，顿然开窍，决心发奋向上。《实际地狱》是有关青春期的教育节目，教育青少年如何树立健康的两性观念；在青春期需要注意哪一些问题；性心理出现问题该如何诊治和调节。节目请来了心理学家、医学家和一群正处于青春期的少年男女。少年男女面对镜头讲述自己的困惑和故事，专家们按照他们的问题给出具体的指导。

二、国内电视社教类栏目发展历程

（一）初创期（1958 年至改革开放前）

1958 年至改革开放前，中国的电视社教类栏目经历了曲折的探索之旅。1958 年 4 月 29 日，中央广播事业局在给中宣部、国务院的报告中指出，北京电视台（今中央电视台）的任务是“宣传政治、传播知识和充实群众文化生活”。从广义来说，这三大任务是紧紧围绕教育性主题的，只是侧重点不同而已。就狭义而言，除了政治宣传功能之外，早期普及知识、教育群众的电视功能是其最基本、最重要的功能。

依据这一方针，我国首批社教电视节目应运而生。创办最早的北京、上海、哈尔滨三家电视台都先后开设了普及科学技术知识的节目或栏目。北京电视台试播期间开办了《科技卫生和实用知识》节目，主要播放科学教育影片，试播当天就放映了苏联科教电影《电视》；在 1958 年 5 月 1 日到 6 月 30 日试行的节目中，《儿童广播节目》和《科技卫生和实用知识节目》是两个常设节目。

北京电视台 1960 年 1 月设立的知识性、服务性兼备的《科学知识》和《医学顾问》是我国最早的电视科普栏目，后来又增加了《生活知识》，主要是自办节目，也播出一些科教影片。其中《医学顾问》主要请首都医学专家们介绍一些常见病、多发病的预防和治疗知识、传统医学以及医学成果。当时因条件有限，节目只能以直播讲解为主，中间插播一些模型、影片。《傅连暲谈养生之道》《心脏与心脏外科》《小儿麻痹症与小儿麻痹疫苗》等优秀节目受到观众的广泛欢迎。

此后，上海电视台先后开设了《卫生知识》和《科技知识》，其中《科技知识》包括《科技讲话》和《学科学》两个子栏目，《科技讲话》主要请大学教授、能工巧匠到电视演播室做科技讲座；《学科学》则采用通俗易懂的方式向老百姓宣传科学知识。这是我国最早的杂志型科教节目。

1961 年，北京电视台正式开办了《文化生活》专栏，每月播出两三次，较受欢迎的节目有《新春谈年画》《介绍我国古代十大画家》《郭兰英的演唱风格》《泥人张》等。同时还开办了《戏曲知识》《音乐知识》《书法讲座》等系列节目。

1962 年北京电视台《国际知识》专栏固定以后，广泛介绍各国、各民族民主运动的发展情况，介绍国际上发生的重大事件及其经过和背景；配合中国领导人出访或外国首脑访华，介绍有关国家的历史、地理、文化和其他情况；根据中国社会主义建设的需要，介绍外国的经济建设、先进技术和管理方法等。国际知识节目增进了电视观众对国际问题和各国人民的了解。

从节目形式来看，初创期的社教类栏目或节目大多都可以归为讲话类。因为栏目或节目所传播的内容基本都是通过嘉宾讲出来的。这成为北京电视台早期政治性、教育性节目的重要形式。例如，第一个到北京电视台作电视讲话的河南省封丘县应举农业生产合作社的主任崔希贤，就是配合《红旗》杂志创刊号上毛泽东《介绍一个合作社》的发表作了电视讲话。北京电视台还专门开办了《新人新事新风尚》栏目，一大批先进模范在电视上作了讲话。当时的电视普及率低，社教类栏目或节目的社会影响力也有限，这一时期在科普栏目的创设、科普宣传的理念探索、电视远程教育等方面积累了可贵的经验，但是栏目或节目内容泛政治化，形式单一。

(二)探索期(改革开放初至20世纪90年代)

改革开放后，电视社教类栏目得到了迅速发展。21世纪之前，电视社教类栏目主要体现在栏目专业化与栏目多元化上。

党的十一届三中全会后，全党和全国工作重点转移到了以经济建设为中心的轨道上来。十年萧条的经济、十年凋零的教育、大量空闲的频道资源使电视社教类节目有了用武之地。1978年3月中央电视台创办《科学与技术》栏目，并于1979年1月在栏目中播出引进的“阿波罗”登月飞行纪录片，在当时观众中引起了很大的反响。

1978年，中央电视台成立了电视教育部，负责教育节目的编排和制作，并为适应对外开放的迫切要求，推出了外语教学片，如《英语讲座》《星期日英语》《跟我学》《基础英语》《电视英语》《马泽的故事》《夺魁》《法语入门》《基础德语》《交际俄语》等。地方电视台也集中制作了一批外语教学片，如山东电视台的《医用英语》、上海电视台的《英语辅导》、吉林电视台的《交际俄语》、黑龙江电视台的《初中英语辅导》。一时间，全国上下掀起了学习外语的热潮。

与此同时，各台也推出了经济、教育与科技等知识讲座。有中央电视台的《农业科技知识》《农业教育与科技》等，上海电视台的《企业管理基础知识》《统计学原理》《会计学原理》《速成机械图》《电子技术》《激光在医学上的应用》，天津电视台的《科学与技术》，黑龙江电视台的《科技窗口》，云南电视台的《科教天地》。

1986年，中央电视台建立了中国教育台，各地教育电视台也如雨后春笋般建立。同时，在电视屏幕上，经济方面的知识容量越来越大。1981年10月上海电视台推出《市场掠影》，标志着社教类经济节目的诞生。1982年广东电视台推出《市场漫步》。1984年，中央电视台设立经济部。1985年1月1日，中央电视台《经济生活》栏目开播，通过第1、2套向全国播出。为适应中央电视台创办节目的需要，《科技生活》改制转入《经济生活》栏目，科技宣传进一步为经济建设服务。随后，各地电视台都根据自己的实力，相继开办了经济节目。

1987年2月1日，中央电视台以经济宣传为主的第2套节目开始向全国播出。在《经济生活》基础上开办的《综合经济信息》也同时开播，长度由过去的20分钟延展到40分钟。内容除经济类信息外，还有《科技与效益》《企业家园地》《消费者之友》等子栏目。

1989年12月，中央电视台在《综合经济消息》的基础上开办了电视经济栏目《经济半小时》，分为10个子栏目。

1990 年 11 月，《经济半小时》举办了特别节目《万家乐全国消费知识竞赛》；1991 年 3 月 15 日，经济部首次举办了《经济半小时》特别节目——消费之友专题晚会，成为消费者的盛会。

1997 年中央电视台把电教部改为科教部，并增设了《科技博览》《走近科学》《田野》(农村科普)等新栏目。2001 年 7 月，中央电视台为推动"科教兴国"战略建立了国家级科教频道——CCTV-10。

总的来说，从 20 世纪 50 年代末到 90 年代，电视很好地发挥了传播科学技术知识的重要任务，是传播科学技术知识的有力工具。

(三)发展期(20 世纪 90 年代至今)

我国的电视社教类栏目，在 20 世纪 90 年代以来在探索中逐渐向栏目的专题化、多样化与对象化方向发展。主要体现在以下三个方面。

1. 电视社教节目传播内容的专题化

社教节目的专题化包含两层含义。其一，在节目形式上，是指社教节目的专题片化。电视社教节目由于其内容本身的规定性，更适合以电视专题片的形式来表现。20 世纪 90 年代以来，在社教节目普遍实现栏目化的过程中，社教节目的形式日趋多样，除传统的专题片外，谈话类、娱乐类、竞技类等也都成为常见的节目形态。其二，是内容的专题化。内容专题化是指社教类节目，特别是栏目化的社教节目——在题材选择上的类型化、系列化。专题化要求社教节目有非常明确的报道领域和选题范围。即在主题上、立意上相对集中统一，节目内容专门化、专一化。从传播的过程看，专题化的社教节目因其内容的专业性、传播目的的明确性，更有针对性地满足了观众某一方面的信息需求。从观众的收视看，专题化减少了观众收视的盲目性，使观众的收视行为更加明确有序，因而更契合观众的收视心理。

1994 年 5 月 2 日，中央电视台专题部将《为您服务》《社会经纬》《文化园林》《卫生与健康》《科技时代》《民族之林》《银手杖》7 个专题性较强的栏目合为一体，推出大型杂志式社教栏目——《与你同行》。这个节目每周两期，每期长度为 45 分钟。《与你同行》以一个全新的形象出现在观众面前，囊括了社会、文化、生活服务三个方面的内容，在内容定位上力求大型化、综合性和大容量。但纷繁复杂的节目定位最终导致节目生存环境的尴尬，该栏目开办仅两年就匆匆"退役"了。

在 1995 年 9 月召开的全国省级电视台专题(社教)部主任会议上，人们对于电视社教节目达成了一个共识，就是社教节目应该贵在"专"字，栏目的设置要满足不同层次、不同收视群体的精神文化等方面的需求，各个栏目要有自己鲜明的个性，内容要"专一"，形式要创新。

这一时期，中央台的屏幕上出现了探究民族、民俗方面内容的人类学栏目《中华民族》；开卷有益的文化类社教节目《读书时间》；还有深入自然界、视角独特、充满人文关怀的自然类社教栏目《人与自然》；影像风格清新，异域风情浓郁，轻松活泼，以介绍世界文化为主的知识性社教栏目《环球》，等等。

2. 电视社教节目传播形式的多样化

20世纪90年代以来，社教栏目的创作开始越来越注重栏目的本体特征，主要从栏目结构形式的变化着手确立栏目意识，使栏目的结构日趋多样，风格日益明显，使栏目能够跳出节目的窠臼，从总体上实现对节目的宏观控制和统筹安排，从而形成真正意义上的栏目。这是创作观念更新的反映，同时也是栏目意识渐趋成熟的表现。

社教节目结构的多样性，表现在不同的栏目采用不同的结构方式，栏目形式丰富多样。例如，《读书时间》采用访谈的形式，谈古论今、娓娓道来，令观众如沐春风；《健康之路》发挥直播节目的特长，与观众即时互动，增强观众的参与意识；《今日说法》采用演播室访谈与专题片结合的方式，夹叙夹议，叙事清楚，说理明晰。

3. 电视社教节目传播目标的对象化

20世纪90年代以来，当我国电视传播逐渐向非群体化阶段过渡的时候，电视受众群体的分化和细化成为现实，电视面向不同的观众群体，满足观众多样化的收视需求成为可能。

这个时期，讲求对象化、注重针对性的电视社教节目大量涌现。以中央电视台为例，继1991年12月出台面向青年观众的《十二演播室》之后，1994年9月中央台又创办了一个以13～17岁的中学生为对象，反映6000万中学生生活的栏目《第二起跑线》。同时，在原有栏目的基础上推出了面貌一新的面向儿童观众的《大风车》，使中央电视台的青少年儿童节目面向不同年龄层的观众，目标具体，层次清晰，形成了对象感鲜明、整体感突出、针对性强的特点。对象性节目的受众明确，易于了解受众的收视心理，吸引观众参与互动沟通。对象性社教节目的大量出现受到特定观众群长期持续的关注，预示了电视社教节目的对象化进一步向更微观、更具体的小的收视群体倾斜的趋势①。

任务二　学习电视社教类栏目的类型

目前学界和业界对于电视社教类栏目的分类主要有三大标准。

一、按栏目题材(传播内容属性)分类

按栏目题材来分类，社教类栏目分为社会政治类、经济类、文化类、教育类与

---

① 刘习良：《中国电视史》，北京，中国广播电视出版社，2007。

科技卫生类。

（一）社会政治类

社会政治类社教栏目是以反映一个时期内的重大社会问题、历史事件、社会现象以及情感问题等为题材的节目。如中央电视台的《面对面》《时代写真》《见证》《重访》《夜线》，东方卫视的《东方直播室》，吉林卫视的《天天五味瓶》等。在家庭矛盾日渐凸显的 21 世纪，关注家庭关系类节目如雨后春笋般出现，如杭州电视台的《小郭跑腿之和事佬》，江西卫视的《金牌调解》等。法制类栏目也可以归为这一类别，如中央电视台的《今日说法》《庭审现场》《法律讲堂》《天网》等。

1999 年 1 月，中央电视台推出一个全新的法制栏目《今日说法》，该栏目采取以案说法、大众参与、专家评说的节目样式，重在普法，监督执法，推动立法，为百姓办实事。在播出之初的 1998 至 1999 年度全国法制节目评比中，《今日说法》就荣获栏目类一等奖，该栏目一直延续到今天。2004 年 5 月，福建东南卫视首推大陆第一档报道海峡两岸时事、民生、文化的新闻资讯类节目《海峡新干线》。该栏目每期 30 分钟，内容主要包括岛内焦点、今日链接、岛内百态、闽港新闻等基本板块。它成功推出后不断推陈出新，既通过连接两岸媒体、连线专家学者等诸多创新性的处理方式，对中国台湾新闻进行足量报道，还通过对重要的两岸交流活动和闽台交流盛事进行全面覆盖和突破性报道。让东南卫视观众收视满意度排名连续数年位居全国前 4 位。在央视综合频道播出的《身边的感动》以平实的视角，讲述日常生活中发生在百姓身边的感人故事，体现当今社会广大群众对社会主义核心价值体系的崇尚与追求。

（二）经济类

经济类社教栏目以经济信息、经济政策、经济活动和经济服务为中心内容。如中央电视台的《经济半小时》《环球财经连线》《对话》，北京电视台的《首都经济报道》，广东电视台的《财富》，上海电视台的《上班这点事》等。

1989 年 12 月 18 日，中央电视台的《经济半小时》正式开播。作为中央电视台创办最早、影响最大的名牌经济栏目，该栏目以重大经济事件、业界风云人物作为报道的焦点，以严谨的态度、新闻的眼光、经济的视角、权威的评论，深度报道经济事件、透彻分析经济现象、忠实记录企业变革、准确把握经济脉搏。作为中央电视台唯一的经济时事的深度报道性栏目，它的权威性和深度透析力给国家宏观经济的决策层提供了生动鲜活的案例。《生财有道》是央视财经频道 2011 年 1 月在晚间黄金时段播出的一档财经专题日播栏目，栏目关注创业人物、传播生财之道、助力脱贫攻坚、推进乡村振兴，给观众呈现了一批喜闻乐见的创业生财故事。《中国经营者》是第一财经频道的大型人物访谈节目，通过对某个经济现象，管理方式，经营观点的探讨，展现中国企业家的传奇故事。《财经周刊》是中央电视台财经频道在 2015 年

1 月推出的一档大数据财经杂志节目，共有“开篇评论”“财经表情”“封面秀”“微报告”“书斋”五个板块。

（三）文化类

文化类社教栏目即以文学、艺术、音乐、舞蹈、美术等方面的人物和事物为题材的栏目。它可以分为四大类，即文化教育类，如中央电视台的《百家讲坛》《跟我学》《健身舞起来》等；文化赏析类，如中央电视台的《读书时间》《子午书简》《乐游天下》《风华国乐》等；文化资讯、文化现象、文化生活类，如江苏卫视的《看文化》，中央电视台的《实话实说》《文化访谈录》《搜寻天下》《国宝档案》，北京电视台的《档案》，重庆电视台的《记忆》，凤凰卫视的《锵锵三人行》等；人文地理类，如中央电视台的《走遍中国》《人文地理》《发现之路》等。

2001 年 7 月，中央电视台的文化讲座类栏目《百家讲坛》正式开播。该栏目定位为：“汇集百家学养，追慕大师风范，平和开放的胸襟，通向大众的桥梁”，采用类似于评书的通俗易懂的故事化讲述、影像化呈现等形式将许多晦涩知识传播于大众之中，题材涉及文化、生物、医学、经济等各个方面，现多以文化题材为主，并较多涉及中国历史、中国文化。栏目在追求内容的学理性与权威性的同时，力求雅俗共赏。《见字如面》是一档季播书信朗读栏目。以明星读信为主要形式，用书信打开历史节点，带领观众走进曾经鲜活的时代场景、人生故事、人物情状和社会风物。《朗读者》一档季播读书类栏目，目前推出第一季和第二季，2017 年 2 月在央视首播，节目用文字感染人，鼓舞人，教育人，在观众中引起强烈反响。

（四）科教类

科教类社教栏目即以普及科学技术、关注科学问题、贴近科技生活、阐释科技现象、弘扬科学精神、展现科学魅力为题材的栏目。中央电视台的《走近科学》《科技博览》《科技之光》《科技苑》等，用科学的眼光去解读、解释事物的本来面目，用探索的精神去发现事物本质，在一个个悬念的破解中获得科学文化知识。

1998 年 6 月，中央电视台第一个大型科普栏目《走近科学》正式开播。该栏目以“弘扬科学精神，宣传科学思想，提倡科学方法，传播科学知识”为宗旨，以生活中的推理故事，热点、疑点的科学解析为主要内容，开播以来，出产了大量优质的电视科技节目，在各类节目评奖中屡次获奖，是中国电视科普的一面旗帜。《我爱发明》是科教频道的一档科普栏目，栏目是鼓励全民以智慧立业，传达“发明改变命运，智慧创造财富”的理念。展示每一个发明的奇思妙想和其中蕴含的科学道理。《考古公开课》开播于 2019 年 10 月，是央视科教频道推出的大型考古历史文化类栏目。栏目以传播五千年中华文明史、弘扬中华优秀传统文化为宗旨，聚焦 20 世纪重大考古发现、遗迹遗存以及众多精美文物，通过对考古学知识的普及介绍、对遗迹遗存的还原阐释，以及对精美文物的深度解读，搭建考古知识普及平台。

（五）纪录片类

纪录片类社教栏目是以真实生活为创作素材，以真人真事为表现对象，对其进行艺术加工，并用引发人们思考的电视艺术形式展现。我国已经在向电视纪录片栏目化和频道化迈进，如中央电视台的《讲述》《纪实》《新闻调查》《见证》《社会经纬》《探索·发现》，北京电视台的《这里是北京》，东方卫视的《东方全记录》，凤凰卫视中文台的《凤凰大视野》，安徽卫视的《东方纪事》等栏目。具体频道有2002年成立的国内第一个纪录片专业频道——上海电视台纪实频道。央视纪录频道(CCTV－9)开播于2011年，2019年进行改版，栏目有《故事·中国》《特别呈现》《9视频》《纪录影院》《活力·源》《寰宇视野》《全景自然》《魅力万象》《我为乐狂》《超级装备》《楚汉》等。

2001年7月，央视大型人文历史与自然地理类纪录片栏目《探索·发现》正式开播。《探索·发现》栏目以“在未知领域努力探索，在已知领域重新发现”为宗旨，以纪录片的手法，讲述以中国为主的历史、地理、文化故事，探寻自然界的神奇奥秘，挖掘历史事件背后鲜为人知的细节和人物命运。《探索·发现》栏目几经改版，在保持原有品质基础之上，不断开拓新的题材领域，使节目既有较高文化品位、知识内涵，又有很强的观赏性和娱乐性。

二、按照栏目的形式分类

（一）纪录片式

纪录片是一种影片类型，也是社教栏目基本的制作样式，掌握优势资源再加上好的创意策划就掌握了社教类栏目制作的关键。在这方面，中央电视台拥有最优质的资源：中央新闻电影纪录片厂与北京科教电影制片厂变更为中央电视台纪录片制作中心，两个老的纪录片厂积累了大量的历史影像，借助这些老电影资料，央视制作了一系列珍贵的具有历史意义和文化价值的纪录片，让观众从影像中了解历史，在影像中传承文化。

《探索·发现》栏目作为中央电视台制作的第一个大型人文历史与自然地理类纪录片，倡导“娱乐化”纪录片的理念，讲述精彩故事，设置引人入胜的悬念，运用生动的视听手段，呈现较高文化品位与知识内涵，具有知识性、观赏性、娱乐性。栏目关注当下文化热点和文化现象，进行深入剖析和梳理。例如，八集纪录片《昆曲六百年》通过对昆曲历史的梳理与再现，以昆曲为文化载体，透射出中国的历史风貌与文化内涵，表现了传统中国的文化精神与艺术追求，向大众传播了经典文化，重塑了文化自信，获得积极正面的社会效应。《舌尖上的中国》是《魅力记录》栏目在2012年播出的一部美食类纪录片，展现了中国南北食材与民风民情，反映中国人民对美好生活的追求，凝练中国人特有的故乡和家国情怀。掀起了纪录片创作的“舌尖”与“味道”之风。《我在故宫修文物》是2016年1月央视《特别呈现》栏目播出的一部三集文物修复类纪录片，该片记录了故宫书画、青铜器、宫廷钟表、木器、陶瓷、漆器、百宝镶嵌、宫廷织绣等领域文物的修复过程和修复者的生活故事，一时成为文化热点。

（二）讲座（宣讲）式

讲座(宣讲)式社教栏目是将电视媒体作为讲坛，实现“课堂”的媒体化形态。这类栏目从策划角度来讲，首先需要有出色的主题、明确的定位、清晰的思路与有效的环节；其次需要优秀的主讲人，能够将专业化、学术化的内容转换成大众化的语言，用通俗的讲解方式引起观众的兴趣。其典型栏目是《百家讲坛》，主讲人是整个节目的灵魂与核心。最后需要在主题策划和主讲人之间建立延续关系，主讲人和具体的文史热点可以形成有效的系列，既显示出一定的专业性、学术性与系统性，又能获得最大化的收视群体。

央视《法律讲堂》分为生活版和文史版，结构上将主题讲座与背景介绍相结合。文史版的形式与《百家讲坛》相似，旨在“观复而知新”，从古代政律案件中感悟先贤的思辨才智与坚持正义的人文理念。生活版则是现实生活中真实案例的讲解，传播实用的法律知识，提供解决问题的法律途径，提高公民的法律意识，指导公民公共社会生活。创办于 2012 年的《开讲啦》是央视综合频道的一档青年电视公开课，每期邀请一位演讲嘉宾，分享他们对生活和生命的感悟，讨论青年们所关注的人生和社会问题。

《子午书简》栏目撷取古今中外经典诗歌、小说、散文，取其精美段落，邀请名家朗读，“以言述其情，以志传其声”，在众多社教类栏目中十分特殊。2011 年改版为《读书》，栏目将宣说式改为多人谈话式，成为书籍的“赏析”与“推介”。此前的讲座式受限于主题与主讲人，需要观众专注地听，是一种比较静态的观赏过程，改版后的交谈式、记录式因为画面信息量大，节奏鲜明，比较容易吸引观众注意力，符合电视媒体的特点。但是从文学的角度来讲，取消优美的阅读是一大遗憾。不过用辩证的观点看，某个空白点恰恰留下了策划与创意空间。如前文提到的《朗读者》，它的出现丰富了读书类栏目的样式，每期邀请各个领域具有影响力的嘉宾来到现场，分享自己的人生故事并倾情演绎经典美文，呈现生命之美、文学之美和情感之美。《朗读者》提倡阅读的生活方式，将阅读与成长、人生建立深度联系，弘扬新时代文化新风气。在阅读成为社会新风尚的背景下，央视 2019 年 12 月推出了《跟着书本去旅行》栏目。它以中小学课本或经典名著为线索，在“读万卷书”的同时“行万里路”，走近文化古迹、实地实景讲故事、身临其境受教育，触摸历史、感知文化，让陈列在广阔大地上的遗产活起来。这些栏目积极拓展了“读书”类栏目的模式，广受好评。

（三）谈话式

电视谈话式栏目是随着受众电视观念的发展而出现的节目样式，一般来说，新闻栏目、文体栏目早期都是采用说话栏目形式。即兴解说、即兴主持显示了电视说话节目的鲜明特性，后逐渐演变成展现深度见解的电视谈话栏目，在交谈中挖掘事件、深入人物。此后又受到国外“脱口秀”电视观念的影响，谈话节目成为各类节目制作的方式之一。由于谈话节目中更多的人参与表达、深入讨论，因此必须要处理好主流价值取向、精英价值取向和大众价值取向之间的关系以及谈话风格、交谈者的“自我身份”认定等。

谈话式社教栏目以其简洁灵活的形式，依靠主持人的素养和谈话对象或专家的视野，借助生动有趣的话题，在交谈中实现传授知识、传播文化、传递精神的目标。谈话式社教栏目的核心首先是交谈主题的设定，在主题确定的情况下，谈话的风格设定是节目的关键，这就需要极大发挥主持人的主动作用。如《文化中国》的主持人今波，以其智慧敏锐的风格驾驭宏大的人文历史节目，协同学者进行谈话互动，从传统文化中的经典形象与经典话题中传递出新视角、新知识。谈话式社教栏目宣传教育功能要远远超过网络和电影。

（四）综合性社教栏目

在弘扬文化自信的时代主题下，社教栏目不仅拓展了栏目内容，栏目形式上也吸收融合了文艺、表演与竞赛等多样化特征。例如，《国家宝藏》就是一档大型文博探索栏目，它以历史文化为内核、融入综艺、表演、明星、纪录等元素，将演播室综艺、纪录片、戏剧、真人秀等多种形式融于一体。每集以一个博物馆为主题，通过明星嘉宾扮演推介三件文物，带领观众进入历史空间。考古学者、文博人员讲述国宝的今世故事，以历史故事的形式串联，穿越古今，建立文物、历史、国家的叙事线索，展现优秀传统文化，弘扬积极进取的文化价值观。

《经典咏流传》是央视推出的大型原创诗词音乐节目。该节目把经典诗词和流行音乐进行结合，邀请明星或音乐家“和诗以歌”，将古诗词和部分近代诗词配以现代流行音乐，带领观众领略古诗词的音乐之美，运用“主持人朗诵诗歌＋经典传唱人演唱＋鉴赏团赏析、挖掘诗歌创作背后故事”的方式将古典与现代结合，别开生面。

《中国诗词大会》是央视大型演播室文化益智节目，节目以“赏中华诗词、寻文化基因、品生活之美”为基本宗旨，以中国古典审美的舞台设计为背景，由具备诗书气质的董卿担任主持人，邀请康震、王立群、蒙曼等名师，以竞赛形式带动国民重温那些千古流传的古诗词，分享诗词之美，感受古代诗歌之趣，掀起一股“诗词热”。此外如《中国汉字听写大会》《中国地名大会》等节目也都各具特色，弘扬了中华优秀传统文化。

三、按受众对象（传播对象属性）分类

在按照受众进行分类时，可从受众的职业、年龄、性别等方面进行。

（一）按职业分类

按照职业划分，社教类栏目可分为工人栏目、农民栏目、军事栏目等。

1. 工人栏目

工人栏目主要是针对广大的工人，栏目往往是反映工人的工作、生活、思想情感，一度颇有影响的是中央电视台的《当代工人》。

《当代工人》是中央电视台于1997年开办的一档谈话类栏目，每周一期，每期30分钟。该栏目坚持从社会效益出发，零距离接触工人，用镜头聚焦工人们的真善美，坚持弘扬当代工人阶级高贵品质。栏目采用快速剪切的画面与快节奏的解说，构成充分电视化的导语，通过视觉冲击力与听觉冲击力营造热烈昂扬的收视氛围。连续多年为观众送上精彩的“五一”特别节目，并在1999年和2000年连续获得全国电视观众最喜爱节目奖；2003年获得中央电视台优秀栏目奖以及民间评选的“最具特色脱口秀”奖。

2. 农民栏目

农民栏目是指利用电视手段，以广大农民为收视对象，反映农业生产、农村生活，为农民提供资讯、服务和娱乐的电视栏目。如中央电视台的《聚焦三农》《今日农村》，江苏卫视《江苏大地》，河北电视台的《三农最前线》《农博士在行动》等。

《聚焦三农》栏目是中央电视台2003年开播的一档针对农民群体的栏目，以“关注中国农业、农民和农村中的重大问题和热点问题，关注农民切身利益”为栏目宗旨，以关注“三农”问题的观众为主要收视对象，以报道和解析“三农”重大问题和热点问题为主要内容，是广大农民群众准确把握农村经济社会发展趋向，传达、解析国家“三农”政策问题的窗口，是社会各界冷静体察“三农”问题的一面“风向标”，被百姓誉为农村的“焦点访谈”。《聚焦三农》2015年12月播出的纪录片《中国新农民》，通过人物群像志的方式，选取多个代表性人物故事，从生产力、生产关系、生活方式等方面表现新农民群体在农业发展方式转变中的作用和尝试，从他们身上映射出农业现代化建设的发展状况和趋势。

3. 军事栏目

军事栏目是以军人生活、学习、工作、情感和与军事相关的事项为表现内容的栏目。1966年，北京电视台（今中央电视台）在新闻部成立了军事组，设专职军事记者，栏目名称为《解放军生活》，1980年为《人民子弟兵》所取代。央视国防军事频道（CCTV－7）1995年正式开播，以军事节目为主，主要栏目有《军事报道》《百战经典》《军事科技》《中国武警》《军事纪实》《防务新观察》《讲武堂》《军旅文化大视野》《军旅人生》《军营大舞台》《谁是终极英雄》等，是内容丰富且权威的国家级军事国防电视频道。《老兵你好》是一档以演播室访谈退役军人为主的大型情感类栏目，选取大时代、大事件中的老兵，挖掘感人故事，展现真实情感，塑造新时代退役军人的群体形象。

《军武零距离》是一档主持人探访式专题栏目，近距离展现我军现役武器，节目以外景为主，大量使用特种镜头拍摄，借助AR技术和CG动画突出科技感。《国防科工》栏目是一档电视杂志类专题栏目。栏目展示我国国防科工领域取得的重大成果、科工人以身许国的家国情怀，以及全球国防科工领域最新成果和动态。全国各省级电视台中的军事栏目有黑龙江电视台的《北疆子弟兵》、辽宁电视台的《北疆兵歌》、江苏电视台的《东线长城》、天津电视台的《津门子弟兵》、昆明电视台的《子弟兵·老百姓》、河北电视台的《国防一刻钟》、上海电视台的《当代军人》、湖北电视台的《荆楚卫士》、凤凰卫视的《军情观察室》等。

（二）按年龄分类

按照年龄划分，电视社教类栏目可分为老年栏目、青少年栏目。

1. 老年栏目

老年栏目是向老年观众播出，以反映老年人工作、生活、情感为内容的栏目。我国60岁以上的老年人口数量庞大，他们是电视媒体较为忠实的收视群体，电视栏目关注这一群体是建设和谐社会的重要任务之一。

2002年，中央电视台教育专题部《老年课堂》栏目把老年心理问题纳入视野，把心理学知识用电视手段表现出来，制作了44期“老年心理健康漫谈”节目，内容涉及老年心理的方方面面，受到了老年观众的普遍欢迎，获得了广泛赞誉。他们还推出以服务为主、知识为辅的老年节目——《夕阳红》。《夕阳红》准确的定位和高质量的节目播出，使得栏目拥有忠实的观众群。而山西电视台的《长生殿》，广州电视台的《情满夕阳》，南京台的《金牌老妈》，上海东方台的《精彩老朋友》等老年节目虽然数量不多，但也都是广受好评的电视风景线。

中央数字传媒的老年福频道2015年推出了一档全新升级版栏目《大课堂·银龄好声音》，栏目为中国中老年人提供专业、系统、生动的互动学唱平台，让中老年人享受“老有所乐”的生活。

2. 青少年栏目

青少年栏目是指向青年、少年、儿童播出，以反映他们的学习生活、日常生活和情感为内容的栏目。这一对象划分的年龄界定稍显宽泛。这一类栏目有中央电视台的《12演播室》《第二起跑线》《芝麻开门》《大风车》，北京电视台的《SK状元榜》《快乐起飞》，青海卫视的《成长实验室》，广州电视台的《青春热浪》《星星网站》等。

《大风车》是中央电视台1995年正式开播的一档青少年栏目，该栏目由中央电视台原有的《七巧板》《天地之间》《蒲公英剧场》《同一片蓝天》《聪明屋》《和爸爸妈妈一起看》六个栏目整合而成，以3～14岁青少年为收视对象，以“尊重儿童、支持儿童、引导儿童、快乐儿童”为栏目宗旨，以“儿童写儿童、儿童拍儿童、儿童评儿童”为制作理念，数经改版发展至今，已成为我国最具影响力的儿童电视栏目。《高能少年团》是浙江卫视播出的大型偶像对抗挑战真人秀，节目以“成长十二课”为主题，通过贴近生活的课程，让少年团在学习、历练的过程中，得到德智体美劳全方位的锻炼。

(三)按性别对象分类

按照性别对象分类，可分为女性栏目和男性栏目。

1. 女性栏目

女性栏目是指向女性观众这一特定对象播出，以反映女性工作、生活与情感为内容的电视栏目。1995 年联合国第四次世界妇女大会在北京召开是我国女性电视栏目兴起的重要契机。我国第一个在全国范围内播出的女性栏目——中央电视台的《半边天》于 1995 年正式开播，是一档极具影响力的女性栏目。

山西电视台的《女性世界》、北京电视台《今日女性》、辽宁电视台的《女性世界》、福建电视台的《女人时间》、湖南电视台的《天下女人》等栏目，广泛反映和探讨女性参政、妇女与经济文化发展、媒介中的女性形象、家庭暴力、女童教育、法律保护、妇女健康等问题，在社会上产生了比较大的影响，并在一定程度上促进了国家相关法律和地方法规的制定和颁布。《妈妈咪呀》是东方卫视推出的大型女性励志季播栏目，原型为韩国王牌节目《主妇歌谣》(即让许多家庭主妇在节目中一展歌喉，绽放魅力)。

2. 男性栏目

男性栏目是指向男性观众这一特定对象播出的电视栏目，目前栏目相对较少。2005 年，天津卫视推出了一档男性角度的大型谈话栏目——《男人世界》。该栏目以独特的视角关注社会变革中男人的生存与发展状况，邀请各领域有一定影响力的名人走进演播室，以访谈结合大屏幕资料、现场秀等多种形式聆听男人的故事，探讨男人的话题，感受男人的魅力，致力于男人与女人的沟通，节目力求在轻松、和谐、娱乐的气氛中感悟男人的世界。该栏目主持人由那威担任，曾邀请郭德纲、柳云龙、侯勇、孙海英、赵宝刚等演艺界人士担任嘉宾。

2013 年，韩国 MBC 推出了一档综艺栏目——《真正的男人》，该栏目以 24 小时军队体验为基础，展现军队生活的全部。栏目凭借新颖的题材，艺人在军队中高强度的训练和简朴的生活，在开播初期就备受瞩目，收视率也节节攀升。山东卫视借鉴《真正的男人》的栏目样式，于 2014 年推出了一档明星军营体验真人秀，通过 6 位明星的军营体验，向中国观众展示部队生活。栏目以“打造热血真男儿，传递正能量”为宗旨，风格轻松娱乐，除高强度的训练外，还展示了艺人的各种囧态，笑料百出。

任务三　掌握电视社教类栏目的策划要点

一、提出栏目宗旨

社教栏目策划首先需要考虑栏目的宗旨，宗旨就是栏目的灵魂和方向，是整个栏目策划工作的基础，是所策划的栏目要展现的社会意义、文化意义和道德观念。社教栏目就是要传播积极主流的价值观，因此价值引导是策划的基础。在进行社教类栏目策划时，应将推动理想信念教育常态化制度化，持续抓好党史、新中国史、改革开放史、社会主义发展史宣传教育，引导人民知史爱党、知史爱国，不断坚定中国特色社会主义共同理想作为首要宗旨。

二、明确栏目定位

明确栏目定位是体现社教栏目个性化、专业化的重要环节，包括社教栏目内容定位和受众群体定位。社教栏目内容定位就是要做什么样的栏目、做哪方面的节目。栏目内容可以是法制、经济、文史、自然、社会等，其内容定位越明确，栏目的准确度和传递的科学性就越有保障。受众群体定位是指给什么样的受众群体看。从20世纪90年代中期以来，电视栏目的定位要求更加准确，准确的受众定位不仅能使节目实现有效传播，同时使电视台的整体竞争力得到提升。准确清晰的受众定位可以形成相对稳定的观众群体，形成卓然有效的广告效应。例如中央电视台科教频道，通过初创期的摸索与重新改版形成特定的受众群体，其特点是高品位、高学历、高收入，就连科教频道的广告也在传递高尚、优雅的概念。又如央视《对话》栏目，以商界精英和白领人士为受众，定位准确，信息丰富，实现了其传播的经济效益和社会效益。

三、栏目的内容与选题

社教栏目的选题体现了栏目的特征与个性，也是社教栏目的具体传播内容。社教栏目的选题要考虑到节目制作的连贯性与可持续性，可以选择主题式栏目策划方式、系列式栏目策划方式等。例如，《百家讲坛》在最初推出时由周汝昌先生主讲《红楼梦》，一时间“红楼文化”成为热点，一批学者专家纷纷执讲“红楼梦”，引起一股文艺“复古”风。此后，《百家讲坛》选题和内容定位为大众熟悉的历史人物与历史事件，如唐史系列、王立群读史系列、诗人词人系列等，易中天、康震、蒙曼、王立群、于丹等“国民老师”，通过故事化、细节化、大众化的讲述方式，在艰深的学术研究与通俗的大众文化之间建立起一座桥梁，引起观众求知的积极心理，收到良好的社会效益和经济效益。

四、栏目类型与风格样式

社教栏目的类型与风格是其个性化最直观、外在的体现，这包括主持人的风格、栏目包装方式、制作方式、主题音乐、宣传词、栏目 Logo 等。例如，宣讲式社教栏目的设计常常突出“讲台”“讲坛”的形象，因为“讲台”与“讲坛”的空间本身具有形象展示的功能，同时也是一种标志性的，被“神圣化”的空间，具有说服力和宣教性。

如果说“讲坛”是一种节目的组织样式，那么《电视诗歌散文》则创立了一种全新的栏目样式。借助电视的画面传播，将文字、音乐融入画面当中，创造了“诗意电视”，净化心灵、启迪精神、愉悦情感。可以说，栏目类型与风格在某种程度上可以决定其生命力与持续性。

五、栏目运作方式、播出方式与宣传推广

社教栏目与其他类型栏目一样，涉及对栏目中人、财、物的管理方式。一般来说，栏目的运作方式因时因地制宜。在 1993 年之前，中国电视栏目普遍实行“编导中心制”，1993 年以后则普遍采用“制片人中心制”，即制片人统筹栏目的艺术、技术和管理环节。“制片人中心制”相较于“编导中心制”更能体现与市场结合、栏目化经营的理念，节目不再倾向于“作品”，而是倾向于“产品”，制片人就是“产品”质量的控制者。社教栏目的策划与运作中一般执行“制片人中心制”，这一方面是栏目保持类型化、风格化、个性化的需要；另一方面也是中国电视业的整体要求。

对于电视媒体来说，时间段就是重要资源。策划阶段就需要考虑到栏目的播出时段、节目时长等，时间安排与节目内容之间存在一定的关联。例如《今日说法》栏目选择在午间时段，节目时长 15 分钟，节目节奏较快，信息量丰富，符合午间观众短休时间观看。《中国诗词大会》时长 90 分钟，选择在春节期间黄金时段播出，用美丽诗词增添阖家团圆、家盛国强的氛围。

社教栏目没有娱乐栏目和新闻栏目的天然优越性。社教栏目因内容和形式的特殊性，没有娱乐栏目的大量观众，也没有新闻栏目的资源优势。社教栏目的基本准则是“内容为王”，贴近生活、贴近观众的内容是社教栏目的魅力所在。因此，不仅要开发内容和形式，还需要在栏目之外进行有效宣传、推广以及后期开发，形成节目、栏目与频道三个层次的合力。

中国社会主义的文化自信带给中国人民新的文化风尚，读书、读史融入中国百姓的日常生活，在继承和发扬中华优秀传统文化方面，社教栏目展现出强大的生命力和创新活力。

六、中央电视台农业农村频道《我的美丽乡村》栏目策划分析

1. 栏目策划背景

农业类栏目一般以农业新闻和农业科技服务内容为主。改革开放以来很长时间，中国社会发展和经济发展的重心都在城市，相应地，电视栏目突出的也是时尚文化、都市文化。电视栏目中乡土文化、乡村文明的文化定位、传播视点、传播方式逐渐不能适应中国特色社会主义新农村建设的需要。

中国农村的媒体形象是与农村建设水平密切相关的。简略回顾过去媒体上的农村形象，大致可分为两个阶段：一是展示农村的落后生产生活方式和贫穷形象；二是通过都市人的视角，表达向往农村生活，渴望回归自然的态度，但这里的农村仅仅是城市人的精神归属，而非其身体的栖息地。

在乡村振兴的背景下，乡村经济快速发展，越来越多的人回到乡村，建设乡村，乡村成为居其身、安其心的乐土，乡村式生活成为更多人的主动选择。中国文化和中国人的血脉中对乡土、故土具有独特情怀，乡村是民族心灵深处的精神故园。因此，媒体有必要重新定位乡村文明、乡土文化，从视角、叙事、立场等方面全方位展现社会主义新农村建设的成果。

2. 创意与创新

《我的美丽乡村》栏目的创新点是用新立场和新视角展现新时代的新农村，去除媒体一贯持有的“城市中心主义”“城市优越性”的态度，将农村、农民作为叙事主体。栏目以“我的美丽乡村”命名，让淳朴勤劳、善良节俭、传承创新的新农民成为叙事主体，努力讲好农村、农民自己的故事。

3. 类型与主题

栏目定位为“户外纪实节目”，主题围绕“行走在新时代的新农村，发现农业、农村、农民的新变化、新发展、新成就，展现乡村振兴战略的成果”而展开。

4. 内容与风格

栏目以展示社会主义新农村、新农民、新发展、新成就、新生态为主要内容，“美丽乡村”不仅是中国乡村景色的美丽，也是新农村、新农民风貌的“美丽”。乡村和农民是栏目的主角，是栏目创意和策划的核心，一切内容以“美丽乡村”形象的建构为主，展现安宁祥和、生态优美、生活富裕、敢于创新的农业农村新面貌。

栏目内容组成有：一、展示乡村美景。乡村美景是最直观的视觉体验，自然生态与人文风景构成了一幅恬静美好的田园生活图景；二、近距离感受新农村农民的新生活，进入他们生活与劳作的实境，表现新农民的勤劳与收获，传播积极正向的价值观念；三是回归田园生活，品尝乡村美食，表达一方水土养育一方人的理念；四是展现不同村落的历史文化风貌与传承，体现栏目的文化价值。

5. **形式与结构**

栏目用深度体验的方式展现农村新生态与乡村新生活，在体验乡村风土和物产的同时，展现乡村振兴战略的成果。

(1)国风式片头

借助中国古典绘画中的青山绿水形象，勾勒一幅生态祥和、明净丰收的景象，强化栏目的“绿水青山”和“美丽”定位。

(2)主持人

每一期节目由主持人作为“介入者”，串联起节目内容和人物，使观众从主持人的深度介入中感受到自然生态建设、创新经济发展的新式乡村田园生活。

(3)节目内容

每期节目拍摄一个村落，外景主持人带领观众走进新农村、新农民的生产生活和创业故事，表现美丽乡村的“强、富、美”，向观众呈现生活在那里的人们的幸福感和获得感。

6. **受众与收视**

《我的美丽乡村》的目标受众不受年龄、职业限制。

7. **播出时间与平台**

2019 年 10 月 11 日在中央广播电视总台央视农业农村频道开播。目前栏目首播为每周一至周五 22:10，重播为每周二至周六 24:30 和 11:00 两个时间段。央视网平台支持在线播放。

8. **节目改进**

已经停播的栏目《美丽中国乡村行》[①]以“乡村旅游、生态文明”为主题，通过外景主持人和乡村体验员，推介具有特色的乡村旅游资源，提供旅游资讯，倡导新型生态旅游模式。该栏目构建新农村的新形象的创意很好，但是具有以下不足之处：一

---

① 《美丽中国乡村行》是中央广播电视总台农业农村频道创办的节目，定位为乡村旅游节目，2012 年 12 月开播，2019 年 9 月停播。

是其观察视角已经不适应展现乡村振兴战略所取得的成果的要求，该栏目中新农村的形象不是由乡村(人)自己构建的，而是由外部的都市人建构的；二是节目中的“归农之意”“田园交响”是都市人的感性体验，而不是乡村(人)的独立价值认知；三是侧重推介乡村旅游，田园诗式的乡村生态生活理念展现的还不够。

《我的美丽乡村》栏目整体定位轻松明快，旨在构建乡村(人)自己眼中的美丽乡村形象，形成乡村、农民的自我价值认知，构建田园诗式的淳朴、富裕、幸福的新时代社会主义新农村形象，展现中国乡村新风尚与乡村振兴新成就。

想一想

1. 何谓电视社教类栏目？

2. 电视社教类栏目有哪些类型？

3. 如何进行不同类型电视社教类栏目的策划？

4. 如何把握电视社教类栏目的价值导向？

5. 如何进行电视社教类栏目的创新？

6. 电视社教类栏目存在哪些问题？有哪些解决策略？

团队实训

1. 项目名称：电视社教类节目的拍摄制作

依托专题4编写的电视社教类节目策划文案，完成一期节目的拍摄制作。

2. 实训目的

通过将节目策划文案转化为一期电视社教节目作品，使学生掌握电视社教节目制作的基本流程，同时检验电视栏目和节目策划方案的科学性和可行性。

3. 实训要求

(1)节目的拍摄制作应严格按照构思创作、现场录制、编辑混录等流程进行。栏目组学生按照制片人、编导、摄像、主持人、嘉宾、后期编辑制作等岗位进行分工，共同完成一期节目的制作。

(2)每组选择代表展示完成作品，专任教师、行业一线专家及学生对拍摄作品进行评价、打分。

4. 评价标准

评价内容	分值	得分
导向正确，弘扬主旋律	15	
作品完整，片头、导视、节目内容、字幕及片尾一气呵成	20	
能系统地体现社教类栏目剧策划的基本框架	15	

续表

评价内容	分值	得分
作品具有较强的逻辑性、情节性、创新性	20	
体现法律法规及社会正义，达到社教类栏目剧策划的宗旨与功能	15	
考察学生的爱国精神、团队协作精神、法律意识、安全意识	15	
合计	100	

拓展资源

1. 案例一：中央电视台财经频道《一槌定音》[①]栏目策划解析

(1) 栏目策划的背景分析

艺术品与古董投资在经济快速发展的今天成为一种新风尚，是人们对精神文化生活要求日益提高，对艺术和艺术品的鉴赏与收藏热情高涨的表现。艺术品投资与交易一直活跃在民间，动辄百万、千万甚至上亿元的古董和艺术品在社会上已经有广泛的影响力，其交易活动不仅在投资圈备受关注，对广大艺术品爱好者和收藏者来说也颇有影响。为了让更多的人认识艺术品，了解艺术品，掌握艺术品收藏与投资的动向，艺术品鉴类栏目开始兴盛，它适应了古玩与艺术品市场的繁荣，满足了观众猎奇的心理以及对艺术品价值的追求。

有影响力的艺术品鉴赏类节目是中央电视台经济频道《艺术品投资》周末版的《鉴宝》。《鉴宝》以宝物品鉴为主，首先是辨别真假，然后是价值判断，现场观众和专家分别对宝物进行估值，以专家的评估为主要参考依据。每期节目 5 件宝物，在宝格估值的同时由主持人向观众介绍艺术品和古董的背景知识，专家进行补充。每周一期，首播为周六 17:45，重播为周日 16:20。《鉴宝》栏目自开播后，形成了一定的收视群体。

2008 年 6 月，中央电视台综合频道推出的《寻宝》栏目是《鉴宝》的升级版，栏目仍然以宝物的品鉴为策划的核心，集合权威的专家资源，品鉴艺术品。栏目推广“地方化”的概念，用电视短片的形式向观众推介地方文化、名胜古迹、历史传承与收藏特色。节目运行模式借鉴娱乐节目的海选方式，为大众免费鉴定真伪。海选之后产生的宝物进入“专家评鉴”的复选阶段，最终确定一件宝物为当地“民间国宝”。节目面向大众，形式上讲求大众对艺术品和文化商品的参与性。通过节目，提高了大众对艺术品与古物的鉴赏能力和鉴赏品味。节目时长为每期 60 分钟，首播周六 18:00，重播为周日 00:43。《寻宝》栏目虽然参与性与互动性较强，但民间寻宝中出现的赝品

① 本策划解析案根据该栏目多期节目分析编写。该栏目从 2011 年 12 月开播以来，经过多次内容调整。本案例根据 2014 年、2020 年播出的节目流程编写，通过两个阶段栏目细节的差别展示栏目的变化过程，以做学习交流之用。

较多，从节目的组织和架构来说，节奏性不强，知识背景分散，权威性不足。

对此，很多地方台纷纷推出模仿之作，如安徽卫视《周末赛宝会》、河南卫视《华豫之门》、北京卫视《天下收藏》、湖南卫视《艺术玩家》、山东卫视《收藏天下》等。栏目的形式也越来越多样，有的栏目为了吸引观众，设置"砸赝品"的环节，因此而引发纷争。由此可见，鉴宝类栏目在创新、创意方面还需从文化底蕴和节目内涵上挖掘，而不仅仅是增加"噱头"。

(2)栏目创意与创新

《一槌定音》栏与目创在新制作过程中总结前面所提到栏目的优缺点，结合中央电视台财经频道的宗旨，设置了一个全新的"竞拍"环节。《一槌定音》保留艺术品的鉴赏和背景知识介绍，加入"竞拍"的环节并对该艺术品当时的市场行情进行分析。如果说前面提到的栏目是将艺术品鉴赏和价格用电视的形式呈现给大众的话，那么本栏目的创意点则在于将"拍卖"的形式融入栏目中，突破原有栏目的内容局限，让观众在欣赏艺术品，了解其背景的同时，亲临艺术品的买卖现场，关注其成交价格，凸显财经特色。目前改版中取消了"竞拍"环节，只保留了"猜价"，增加了"真假辨别"环节，整体较为深稳，这也是基于栏目发展现状的考虑。

(3)收视对象定位

《一槌定音》栏定目位的观众定位是喜欢艺术品与古董的群体，以及对艺术品投资有兴趣的群体。

(4)栏目宗旨

《一槌定音》以"寻找最具眼光的艺术品投资者"为栏目宗旨与目标。

(5)播出时间

旧版考虑到制作时长和完成周期，设置为每周一期，播出时间为周日 18:10，重播为周六 17:10，这个时间段观众一般在休息或用餐，传播效果比较好。目前改版为首播每周日 18:30，重播为下一周六 14:00，时长仍为 60 分钟。

(6)内容编排

旧版每期节目有 17 位夺宝人，用竞价夺宝的方式，通过猜价、出价，十秒夺宝环节争夺 4 件宝物，展现买卖双方的价格评估、现场杀价等交易技巧，最后选出本场的"最具眼光投资人"。目前新版中，每期节目邀请 6 位相关领域人士作为出价人，通过真假判断、现场猜价、答题得分，争夺由场上特邀嘉宾带来的奖品。由三位专家现场评论，延伸知识，与之前"夺宝"相比，弱化了形式，回归了内容。

旧版每件宝物竞价夺宝的流程是：

①大屏幕推介宝物，播放宝物的相关视频。

②"宝主"报价。

③"夺宝人"现场质询、"砸价"，"宝主"回应质询，现场专家"调解"，为"宝物"做正解。

④播放介绍“宝物”背景与知识的小专题片。

⑤“宝主”根据现场的反应，进行第二轮报价。

⑥“夺宝人”出价，出价最高数显示在“宝主”背后的大屏幕，“宝主”不能回头看。

⑦“宝主”现场三次询价，在最高报价未知的情况下根据现场询价结果考虑：最高价成交；携宝物退出；十秒竞拍，从中做出最后选择。

一般来说，现场询价高于自己报价，可选择最高价成交或十秒竞拍；现场询价低于报价，可以选择退出；现场询价与报价相当，可以选择退出或十秒竞拍或成交。

每件“宝物”的现场竞拍环节是整个节目的悬念，下面可能就会出现“十秒夺宝”，“十秒夺宝”就是现场拍卖，“竞拍”是节目的高潮，最终“宝物”以什么样的价格成交成为整场的焦点。

⑧主持人报出市场对该“宝物”的市场估价和价格比。

⑨专家对本环节现场评述，介绍“投资秘籍”，大屏幕播放同类“宝物”今年拍卖的现状以及投资趋势数据分析。

以此类推，连续完成四件“宝物”的“争夺”过程，在中间部分加入一个现场快速点评藏品的环节，知识量丰富，专业性强。

当前栏目流程：主持人开场介绍三位到场专家、一位带特殊奖品的嘉宾、现场六位出价人。节目流程为三轮价格竞猜，分别判断 3 对宝物真假，猜出价格，前三名得分者再加一轮价格竞猜，得分最高者获得嘉宾的特殊奖品。

每一轮流程如下。

①大屏幕推介两件同类型“宝物”，VCR 介绍两件宝物相关文化背景。

②邀请“宝主”上台介绍宝物来历，宝主说出自己的心理价格。

③播放 VCR 介绍场上两件同类型宝物，6 位出价人选出自己认为是真品的宝物。

④专家解析宝物真假判断的理由；猜对者加分。

⑤VCR 补充相关宝物介绍，拓展知识含量。

⑥现场 6 位出价人分别出价。

⑦给出拍卖行估价，价格接近者加分。

⑧专家现场对宝物价格做延伸解析。

⑨六位嘉宾现场抢答；正确者加分，共 2 题。

确定前三名进入最终环节，对一件真品进行出价。得分最多的前三位现场出价人附加一轮宝物价格竞猜，规定第一名 3 次机会，第二名 2 次机会，第三名 1 次机会，流程如下。

①VCR 介绍“宝物”。

②现场专家介绍“”宝物”及其相关知识。

③三位夺宝人出价，每出价一次，主持人提醒是高还是低，下一位出价者可根

据其范围继续竞猜，直到 3 名出价者用完所有机会(若中间有出价者猜对可提前结束比赛)，主持人报出正确价格，最接近者获得奖品。

(7)形式策划

《一槌定音》为演播室电视栏目，“寻找最具眼光的艺术品投资者”既是栏目的宗旨，也是贯穿整个节目的基本线索。旧版以模拟真实艺术品买卖为主要形式，通过直观的交易过程，将艺术品的文化内涵、投资趋势等相关知识传递给观众，赢得“最具眼光投资人”大奖，可以获得“艺术文化之旅”，亲临国外艺术博物馆。该环节使栏目具有一定的竞技性和趣味性，满足观众多样的、日益提升的观赏需求。

四件标的古物经严格选择，通过专家集体鉴定，一票否决，保证每件标的物首先是真品。标的物的市场行情建立在广泛调查的基础上，由雅昌艺术网与嘉德在线提供数据，做出比较科学严格的分析，避免专家个人化倾向。

标的物的背景知识介绍用短小精美的电视专题片的形式完成，讲究内容的严谨性，包含标的物的简历与市场价格走势与升值潜力等信息，其中关于艺术的很多细节力求精准无误，并且用具有文化内涵的画面加以呈现。

新版中保持原有栏目宗旨，流程调整为宝主介绍宝物来源与故事——宝物真假鉴别——出价人出价——拍卖行估价——专家现场解析价格——现场答题得分——最后一轮竞奖。栏目增加了宝物真假辨别，取掉“十秒竞拍”，用“猜价”替代“竞拍”；力求在保证节目知识性、娱乐性、观赏性的同时，规避古董宝物类节目流程中的潜在风险。

(8)风格设计

作为大型艺术品投资演播室内电视栏目，节目整体的控制性较强，追求栏目质量的超高品质。一、风格轻松趣味。主持人朱轶，主持风格轻松幽默，场上的夺宝人多为艺术家或艺术品投资人，他们的砍价、杀价本身就是一大看点，再结合现场专家的“和解”性评述，整个节目生动有趣。二、每件“宝物”都是真品，栏目的整体风格严谨，具有很强的专业性，充分展示买卖双方在角逐中的智慧和趣味。三、在风格把握方面，每期节目选择一定的主题进行策划，如文房系列、书画系列、瓷器系列等。

《一槌定音》栏目是在前面《鉴宝》和《夺宝》栏目基础上的创新，在栏目运行的 8 年多时间中，自身也相应调整和改良，这也是栏目策划的必要考虑。

2. 案例二：中央电视台军事·农业频道《美丽中国乡村行》[①]栏目策划分析

(1)栏目环境分析

农业类栏目一般以农业新闻和科技服务为主。改革开放以来，中国社会发展和经济发展的重心在城市，突出的是时尚文化、都市文化，乡土文化、乡村文明没有

---

① 本栏目策划案根据分析研究该栏目多期节目编写，对照分析栏目的调整与改良，以做学习交流之用。

得到合理的定位。一方面，与国外乡村的舒适、惬意相比，中国农村给人的印象是贫穷落后，我们对乡土文化与乡村文明的定位与形象亟须改观；另一方面，大都市的快节奏、大压力的生活，让在高楼林立中生活的人们对乡村生活产生向往，渴望回归自然，回归祖先们曾经的传统生活。

《美丽中国乡村行》是一档体验新农村与乡村旅行结合的生活栏目。与一般的旅游节目遍访名胜古迹不同，该栏目突出了“乡村”旅行的美好体验，即吃在乡村、住在乡村、行在乡村，将社会主义新农村的形象呈现给观众，向观众介绍今日乡村生活和农民新形象，吸引人们走进乡村，回归自然，起到推介新农村的作用。

(2)受众定位

《美丽中国乡村行》的受众不受年龄、职业等限制，热爱自然、热爱生态、热爱旅行的人都是本栏目的有效观众。

(3)宗旨与主题定位

栏目以“乡村旅游、生态文明”为主题，展示生态美景，品味健康美食，体验休闲农业，推介特色乡村旅游资源，全景描绘中国美丽乡村。让观众领略中国乡村的自然美、人文美，推介新农村形象。

(4)时间定位

周一到周四播出，首播 18:05，重播 23:17，节目时长 20 分钟。

(5)内容定位

栏目以展示社会主义新农村、新农民、新生态为主要内容。“美丽中国”不仅是中国乡村景色的美丽，也是新农村、新农民风貌的“美丽”。乡村是栏目的主角，是栏目创意和策划的核心，一切内容以“新农村”形象的建构为主，展现安宁祥乐的中国乡村的田园生态美。栏目内容组成有：展示乡村美景。乡村美景是直观的视觉体验，其自然生态、人文风光完全不同于都市景观，生态田园构成了栏目主要的视觉画面。体验农家劳作。感受自然乡村的生活与劳作，体验农民的勤劳与收获，传播正面的价值观念。品尝乡村美食。回归田园，贯穿一方水土养一方人的理念。历史文化熏染。建构乡村生活的历史源流探索之旅与文化精神的寻根之旅，体现栏目的文化价值。

(6)形式与结构

栏目用深度体验的方式展现农村生态美景与乡村生活新概念，在体验乡村风土和物产的同时，推介乡村经济。

①主持人

节目初期由演播室主持人介绍基本内容，对每一期的内容做概述。“美丽乡村推介员”是节目内容的引导者，外景主持人是“深度体验员”，两个人配合深入展现节目内容，让观众从外景主持人的深度体验中感受到生态、自然、田园的美好。当前节目中以外景为主，用解说词替代演播室主持人的内容介绍。

②内容构成

跟随外景主持人走进乡村，以深度体验路线为线索，主要摄取风俗、人物、景物、劳作等展现乡土特色的画面，每期节目寻找一个当地的特色物产作为内容的切入点，由当地人作为体验向导，带领观众领略农村经济振兴发展的风貌。

配合背景介绍的需要，制作一些特效画面，如地图标识等。为了节目的趣味性还可适当选择一些影视资料与照片，增强视觉的丰富性。

(7)风格定位

栏目内容轻松愉快，积极向上，展现新农村、新风貌、新时尚。

(8)节目改良(根据已经播出的节目分析)

栏目整体设计轻松明快，建立新农村、新形象，创意很好。旧版中存在一定的不足：一是观察的视角是由外而内的，带有都市文化的先验性，新农村的概念和形象不是由乡村(人)自己构建的，而是处于外部的都市人建构的。节目中的“归农之意”“田园交响”是都市人的感性体验，而非乡村(人)的自我独立价值认知；二是过分强化“旅游”概念，“田园”式乡村生态生活理念没有得到足够的重视与表现。改良后的节目突出了生活在乡村的人们的精神价值传递，由当地人作为向导，凸显其话语作用和传播新生活的作用。展现今日中国之乡村新风尚和中国社会主义新农村正在实现的乡村经济、文化振兴。

3. 每日一习话：激活中华文化生命力。

4. 百炼成钢，科教兴国。

5. 国史讲堂：新中国 70 年文化建设成就。

6. 国史讲堂：中国特色社会主义文化自信。

CHAPTER 4

项目四 策划电视生活服务类栏目

【项目概述】

电视生活服务类栏目是以受众日常生活中的衣、食、住、行等为主要内容，通过传播实用性信息、解答群众问题和反映群众呼声，为社会提供直接具体服务的电视栏目形态。该类型栏目以“实用信息”为核心内容，以“以人为本”的理念为精神内核，以“杂烩化”的手法为表现特征。本项目在梳理国内外电视生活服务类栏目发展状况的基础上，将电视社教类栏目分为综合型和专题型两大类型，从栏目定位、选题策划、制作意识、主持风格、传播渠道、经营模式等方面，对该类栏目的策划要点进行全面分析与阐释，旨在为学生电视生活服务类栏目的策划学习提供系统、详尽的实践指引。

【学习目标】

1. 了解国内外电视生活服务类栏目的发展状况
2. 了解电视生活服务类栏目的类型与特征
3. 掌握电视生活服务类栏目的策划方法
4. 能进行综合型电视生活服务栏目的策划与制作
5. 能进行专题型电视生活服务栏目的策划与制作
6. 培养学生正确的世界观、人生观、价值观
7. 培养学生的劳作精神与协作精神

任务一　了解电视生活服务类栏目的发展概况

一、国外电视生活服务栏目发展简况

在国外一些经济发达国家，电视生活服务类栏目做得非常成熟。以美国和英国为例，其生活服务类栏目的共同特点是设置了专业的生活类频道，走专业化、频道化的道路，内容包括家政、健康、饮食、宠物、休闲等。美国健康专业频道(Health)和英国的探索健康频道(Discovery Health)都对每个健康主题栏目做了详尽的再分类，其中相当一部分内容与身体健康、医疗卫生、心理疾患等有关。如美国著名的《奥普拉·温弗莉访谈》及ITV的《特里莎》栏目都大量选择健康、心理分析类话题。栏目在表现形态的设计上强调制造意外，设计悬念，插入大量背景专题片，背景专题片约占节目总长的1/4。主持人以情动人，用丰富的阅历制造家庭聚会般的聊天式氛围。

日本的电视体制是公商并营，电视通常被视为教育与服务的工具。早期的日本生活服务类栏目穿插在各电视台一般性节目中播出，且针对性强。现在日本的生活服务类节目种类繁多，风格迥异。生活服务类栏目在综合性的服务栏目中占有很大比重，且往往占用大块时间播出。随着受众市场的进一步细化，日本综合性服务栏目也不断分化，分为家居栏目、健康栏目、旅行栏目、美食栏目等。日本的生活服务类栏目的主持人往往是稳重，具有亲和力的年长男性或中年女性。

在德国，140多家电视台几乎都有健康类栏目。不论是公共电视台还是私营电视台，每天至少有10%以上的播出时间涉及健康话题。栏目内容主要有四大类：一是专业医学健康类栏目，如德国电视1台的《健康指导》，内容包含世界最新医学研究试验、流行病的最新应对措施等；二是生活类健康栏目，介绍怎样预防常见疾病、如何进行科学锻炼等；三是服务类健康栏目，如德国电视2台的《诊所》，转播德国各科权威专家给病人看病的全过程，并通过热线解答电视观众的问题；四是娱乐化的健康节目，主要关注故事性的健康内容。

法国的健康栏目以播出时间长、影响范围大而闻名。法国国家电视台从1987年开始组织一年一度的特别节目《电视行动》，这是法国最引人关注的一档大型社会公益医疗健康直播节目，主题是为各种疾病患者改善医疗条件而进行社会募捐。如针对因遗传病致残的人，电视台在巴黎埃菲尔铁塔前的战神广场搭建演播室作为节目的主要活动地点，全国另设多个分场点和募捐点。主持人首先会对前几届活动进行回顾，然后由主演播室的若干名医学专家向观众讲解疾病的基本知识及最新进展，并回答患者问题，其间不断插播各种小专题，反映现状。另外，在其他小演播室中，主持人与专家探讨与疾病相关的专业知识，同时还穿插体育、健身、舞蹈类节目，或组织一些有此类疾病的患者进行特长表演。节目内容丰富，场景众多，除好看外，还能产生巨大的社会影响。

综合考察西方的电视生活服务类栏目，我们大致可以将其分为日常生活服务、情感服务及综合服务三大类型。

(一)日常生活服务类

日常生活服务类主要是人们日常衣、食、住、行的生活常识性电视频道或类别型节目。这类频道中最典型的例子莫过于美国斯克里普斯公司的“家与花园”电视频道(Home & Garden TV)，该频道拥有美国8000万用户，是有线电视史上发展较迅速的频道之一。它在世界范围内产生了良好的品牌效应。日本、澳大利亚、泰国、菲律宾、匈牙利等170多个国家都能看到该电视频道的节目。“家与花园”频道栏目内容贴近生活、可操作性强，体现了作为服务性电视频道应该具备的可视性和受众本位理念。栏目内容涵盖面广，分类细而精致，有日常生活、家庭园艺、房屋内外装饰到手工艺品的制作等。此外，美国斯克里普斯公司经营的饮食电视网(Food Network)、自己动手电视网(Do It Yourself Network)、高品位生活电视网(Fine Living Network)以及电视家庭购物(Shop At Home)，在收视率方面的表现都很不错。

(二)情感服务类

情感服务类主要以心理咨询为主。此类频道内容旨在解决现代人们生活中所遇到的各类情感问题。例如，美国一个地方电视频道“家庭生活”(Family-Life TV)，就是致力于社区居民之间的情感沟通。

(三)综合性生活时尚类

涵盖生活的各个方面，服务于人们物质与精神需求的满足。如澳大利亚的“生活时尚”频道(The Life Style Channel)是一个典型的生活类专业频道。内容涉及广泛，包括饮食、休闲活动、室内设计装饰、园艺、健康常识等，满足各年龄段、各种工作的人们的需求。

二、中国电视生活服务类栏目的发展历程

我国电视事业诞生之初便按照传播新闻、社会教育、文化娱乐和提供服务的电视四大社会功能相应地设置了四大栏目类别。根据我国不同时期电视生活服务类栏目成熟度的不同，我们可以将其发展历程大致分为初始期、独立期、创新期及繁荣期4个不同的历史阶段。

(一)初始期(1960—1979 **年**)

以中央电视台建台之初开办的知识性、教育性栏目《集邮爱好者》《摄影爱好者》《生活知识》《医学顾问》等为标志。这个时期还没有完整意义上的生活服务类栏目，

只能说在社教节目中有一批带有生活服务性质的栏目。这些栏目的内容是为广大群众生活服务的，但在传播形式上却是不折不扣的“教育灌输”式，从创作意识上来说也是教育人，而不是服务于人。

(二)独立期(1979—1995 **年**)

我国电视生活服务类栏目真正意义上的诞生是以 1979 年中央电视台《为您服务》的开播为标志的。《为您服务》栏目最初主要介绍电视节目及烹饪、衣着、养花等家庭生活小常识，在节目内容、长度和播出时间上都不规范。1983 年，《为您服务》经过改造后以新的面貌出现，秉承了“贴近百姓、重在服务”的精神，为百姓的衣、食、住、行出谋划策。“全心全意，为您服务”也成为该栏目对观众的承诺。该栏目在当时创造了诸多第一：第一个设立固定的播出时间和主持人，主持人沈力被称作“中国荧屏第一人”；第一个在电视节目中介绍模特；第一个采用方阵比赛的节目形式；第一个让健美走进电视；第一个把涉及法律的事件告诉观众。此外，栏目还扩大了服务面，将集邮、摄影、市场信息等内容收罗进来，并不定期举办绒线帽编织、时装设计等比赛。《为您服务》在 1990 年度社教节目评奖中获优秀栏目奖，成为 20 世纪 80 年代末至 90 年代初全国电视生活服务类栏目的第一品牌。至此，我国的生活服务栏目已经从社教节目中独立出来，具有了标志性的栏目形式、内容和特征，成为一种形式完备的栏目类型，形成了独特的魅力。同时代的生活服务类节目还有《实用知识》《电视与观众》《生活之友》等。这时期的生活服务栏目内容大多是医疗卫生、节目预报、生活小常识等，范围十分狭小，且节目形式以讲解为主，制作较为粗糙，不太运用电视手段。虽然如此，但仍然以其独有的与观众的贴近性和亲切感而受到百姓喜爱。

(三)创新期(1990 **年代后期**)

电视生活服务类栏目的创新期是以 1996 年中央电视台第二套节目中《生活》栏目的创立为标志的。该栏目不再局限于日常生活技能的传授与传播，而是把栏目与社会现实紧密联系起来。其定位与理念在于着力传递时代变革与新的经济生活中不断涌现出来的新理念、新方式，并引导消费，以此达到服务生活、引导生活的目的。此栏目围绕老百姓的衣、食、住、行、用、休闲(玩)进行多方位服务，《生活》栏目采用新闻的理念来打造生活节目，“采用全国各地的记者连线互动，让他们通过手中的图片、声音、影像等资料，以‘记录者’式的快节奏报道当地生活热点和新鲜事……”[①]栏目以令人耳目一新的面孔和精良的制作，创下了很高的收视率，并且成为全国电视生活服务类节目的发展方向。其后不仅中央 2 套节目频频创办生活服务栏目，各省、市电视台也争先恐后创办此类栏目，成为一股遍及全国的电视制作

① 骆幼伟:《以新闻方式提供服务——试谈 CCTV〈生活〉栏目的调整》，载《新闻记者》，2003(10)。

潮流。

（四）繁荣期（21世纪以来）

进入21世纪，随着人民生活水平的进一步提高以及数字化电视进入千家万户，我国电视事业进入了大发展时期，电视生活服务类栏目也出现了前所未有的繁荣。这种繁荣表现在：一是生活服务类栏目在创作上逐渐采用大众化的分众路线；二是栏目内容更加广泛，涉及现实生活的衣食住行、旅游、房产、家居、美容、服饰、健康、天气及交通的方方面面；三是形式的更趋多样，如北京电视台的《快乐生活一点通》采用家庭群的主持方式，用情景剧和角色化的方式主持节目，通过一个快乐的三代同堂的五口之家的情景剧把一条条平淡的知识窍门有机地串联起来，变成了一个个故事展现在电视屏幕上，受到老百姓的喜爱。

任务二　学习电视生活服务类栏目的类型

电视生活服务类栏目是一个庞大的节目类型，多年来，经过广大电视工作者的不断探索，在发展中逐步改进完善，呈多样化发展态势。

按照不同的标准划分，生活服务类栏目可划分为不同的类型：(1)按照栏目性能划分，可分为直接服务型栏目、咨询服务型栏目和指导服务型栏目。(2)按照主要表现手法划分，可分为综合型、专题型、新闻型和谈话型栏目。但是在创作实践中，有的生活服务类栏目表现手法呈现交叉融合的形态。例如，《生活》栏目就曾采用新闻采访、纪录片拍摄、短剧演绎、统计调查等多种表现手法。有的生活服务节目则只采用一种表达方式。例如，河南生活频道的《阳光生活报告》就是一种生活新闻栏目，其表现手法就是如实记录，简要播报；而湖南生活频道的《大当家》栏目，则是一个典型的谈话节目，每期由现场观众、嘉宾和主持人围绕一个生活话题侃侃而谈。(3)按照栏目形式划分，可分为普及型和特定对象型两种类型。普及型服务栏目内容广泛，具有普遍性，一般适合各种职业和不同年龄、文化层次的观众，如中央电视台的《为您服务》、浙江电视台的《百姓家事》。特定对象型栏目主要是为有共同的生理特征或社会特征的受众开办的，如专门为老年人、残疾人提供服务的栏目，专门为白领职业女性、待业青年提供服务的栏目。这类栏目的受益人是特定的，中央电视台经济频道的《快乐主妇》、中央电视台综合频道的《夕阳红》就是分别为家庭主妇和老年人这样的特定人群服务的。

一、综合型

综合型生活服务类栏目涉及日常生活的方方面面，多以人们在日常生活中经常碰到的问题、疑惑、矛盾以及日常消费、生活常识为主要报道对象，以居家过日子所必备的知识、资讯、观念来构建栏目内容，一般只固定板块而不固定内容，可以今天谈“房子”，明天说“锅子”，后天聊“车子”。其收视对象模糊了年龄、性别、职业、收入等具体特性，而抽象出普遍的“当家人”。该类栏目的优势就是无所限制，只要与老百姓有关，凡是老百姓关心的事，都可以去关注，去报道，去反映，利用媒体的优势为老百姓排忧解困，答疑解惑。

例如，辽宁电视台北方频道的《生活导报》就是一档集多重资讯、超大信息量为一体的综合型生活服务类栏目，设置了以下 4 个常规栏目：《在线沟通》——以新闻播报的方式，为观众提供政策信息，解答疑难问题；《特别参考》——为观众提供多方位的生活方式解答及技术操作层面的服务；《资讯点击》——网罗报纸、网络、广播等其他媒体上的最新生活资讯；《个案解说》——以个案的形式，重点解答生活中的困惑、疑问。从此我们可以看出，一档综合型的生活服务栏目其内容是十分庞杂、丰富的。

二、专题型

专题型生活服务类栏目只为受众提供某一方面的具体服务，其内容单一而集中，观众收看的目的性强。专题型生活服务类栏目又可分为专一型生活服务类栏目、专一对象型生活服务类栏目、专一目的型生活服务类栏目。

（一）专一型生活栏目

专一型生活服务类栏目是指生活服务类栏目中，专门为衣、食、住、行、用、玩的某一个方面提供集中的、全方位、细致入微的服务，且多为知识性、实用性服务的栏目，如中央电视台经济频道的《交换空间》、重庆卫视的《食在中国》等。

2005 年 CCTV-2 经济频道推出了节目时长 60 分钟的《交换空间》栏目。这档每周六晚上 6：30 首播的生活服务类栏目贴近电视观众，倡导“自主动手、节俭装修、环保家装”的理念，推崇轻装修、重装饰的装修原则。该栏目针对所有将要家装的、正在家装的、已经家装的，热爱生活、热爱家庭的人群。栏目在保障观赏性的同时，提供装修知识、家装创意、家装常识，让所有的电视观众重新认识家庭装修的乐趣，推广绿色环保装修，同时促进人与人之间的理解及和睦相处。

重庆卫视的《食在中国》栏目设有《食俗采风》《美食沙龙之陈太厨房》《食事新闻》《电视菜谱》《热力竞猜》等板块，不仅传播饮食文化的知识，而且教你做菜，播报最新有关于“食”的新闻。围绕“食”这一方面，做深做透，为观众提供了“食”方面专业、到位、充足、细致的服务。在这种专业化的具体服务中，观众的收视目的性很强，往往能得到有效而又实用的信息。

（二）专一对象型栏目

专一对象型生活服务类栏目是指专门为具有共同特征的收视受众提供独特服务

的栏目。例如山东卫视的《老友》栏目，就是全心全意为老年人的精神和现实生活而设置的，栏目以亲人的温暖，社会的关怀，使老年人领略人生乐趣，提高生活质量。

青海卫视的《潮流帮帮忙》则是为青年人设置的节目。按照业内普遍认同的“有用且好看”的标准，2007 年青海卫视独辟蹊径关注“草根”时尚，推出青春、娱乐、互动，大打“年轻牌”的资讯栏目《潮流帮帮忙》。主持人带领观众对参与者进行身体力行的时尚包装，根据要求为参与者进行个性服务，为观众展现出“穿出时尚并不难，时尚就在你身边”的潜台词。该栏目每一期都会寻找一个非常小的切入口，然后以此为主题，简单而又实用地向观众传递潮流信息。

（三）专一目的型栏目

专一目的型生活服务类栏目的特征是栏目设置的目的性十分强烈，专为某一个服务目的而设，如中央电视台的《天气预报》、广西卫视的《相聚荧屏》、浙江生活频道的《求职》等。

当然在实际策划中，专题型生活服务类栏目也可以变换节目形态。例如，凤凰卫视中文台的《完全时尚手册》，就由星期一的《天桥云裳》、星期二的《饮食文化》、星期三的《科技前线》、星期四的《车元素》、星期五的《周末任你游》5 个不同的子栏目组成，内容涵盖衣、食、住、行各个方面，包罗万象，丰富多彩，同时每个子栏目在自己的领域又获得了如同一个独立栏目的自由发挥空间，也避免了由于划分过细而导致栏目繁杂的弊端。

任务三　掌握电视生活服务类栏目的策划要点

我国的电视生活服务类节目经过 40 多年的发展，无论在内容还是形式上都有了长足的进步，在逐渐与世界发达国家同类栏目接轨的同时，也形成了自己的特色，探索出一些基本规律和原则。

一、生活服务类栏目的定位

所谓栏目定位，其实就是栏目“办给谁看”和“怎样办”，即受众定位和内容定位。

（一）受众定位

对于生活服务类栏目而言，受众定位应该力求清晰、明确，有确定的目标受众指向，那种所谓的“雅俗共赏，老少皆宜”其实是受众定位不清晰的表现。作为专业性较强的生活服务类栏目，它的服务不可能覆盖所有的观众，必需要为某一具有共同生活习惯、生活理念的收视人群提供服务。换言之，即生活服务类栏目对收视对象的分层、分群的要求较之于其他节目要更为明确，因此生活服务类栏目的针对性很重要。这里的针对性实际就是市场细分，即在市场调查研究的基础上，根据消费者的需求、购买习惯和购买行为的差异性，把整个市场细分成若干个消费者群体，形成目标市场，然后对不同的目标市场采取不同的营销策略。

当前的海外生活服务类专业化频道在不断扩容和细分。在美国，有线频道中有相当多的生活服务类频道。例如，直销频道 QVC、HSN，女性频道 Life Time、WE，职业频道 Shop NBC，少儿兼家庭服务频道 ABC，以食为核心的频道 Nitework，园艺频道 HGTV，学习频道 TLC，从 Discovery 延伸出来的 Discovery Health Channel，这么多生活类的专业化频道的发展势头都比较良好。据统计，2003年，QVC 频道的营业额是 38 亿美元，在全美所有频道收入中排名第 3；HSN 频道营业额是 17.6 亿美元，在全美所有频道收入中排名第 8；Life Time 频道的营业额是 8.2 亿美元，在全美所有频道收入中排名第 16；TLC 频道的营业额是 5.52 亿美元，在全美所有频道收入中排名第 25。我国中央电视台经济频道的生活服务类栏目《生活》在自己的受众对象定位上就非常明确——主要针对月收入在 5000 元以上的有购买力、有生活享受欲望的女性白领阶层。但从总体上来看，我国的不少电视台，尤其是某些地方台的生活服务类栏目在对象定位上还是比较模糊的，有的即使在创办之初曾经有过明确的节目定位，但真正执行起来并不能够一以贯之。

(二)内容定位

生活服务类栏目内容的定位实际上是决定为已经设定的目标受众“提供什么样的服务”的问题。生活本身丰富多彩，从衣食住行到家庭建设、子女教育、人际交往、审美意识、道德观念等，都是人们生活中关心的问题。所以要对庞大而复杂的内容认真筛选，以此让受众有一个较为清晰的内容线索。事实上，我国生活服务类栏目在内容上已经呈现出“专业化”的趋势。创作者在策划内容时，要注意把握三个要点。

1. 要善于把握生活热点

在分众化的时代背景下，生活服务节目能够把握生活中的热点，不断进行深度、广度拓展。

2. 要善于开拓新素材

随着社会日新月异的发展，人们的知识视野不断更新扩大，但很多领域仍不断出现新的“盲点”。生活服务节目如果将内容定位在传授新的理念与技能上，就应该满足人们的求知欲，使其了解生活发展的最前沿信息，从而领导新潮流。

3. 要倡导新的生活方式

生活服务类栏目应密切把握现代生活的脉搏，密切关注生活的新动态和新特征，并给予及时的描述和指导。例如，现在很多房产、家居、汽车等生活服务栏目，就是在新的时代背景下积极倡导一种科学、健康的生活方式。

（三）执行定位

有了好的定位，就为栏目的运作确立了一定的方向，但如何按照这一方向走下去，将节目做得好看，还需对节目的具体创作运筹帷幄。策划，就是生活服务类栏目具体创作中的点睛之笔，没有了它，栏目就不可能焕发生机。例如，中央电视台经济频道的《生活》栏目就是策划成功的范例。《生活》栏目有一个专门负责策划的班子，他们每隔一段就适时地推出一批精心策划的节目，不断地刺激观众的兴奋点。这些精心策划的，在表现手法和运作模式上都有所创新的节目穿插在日常报道中，形成一张一弛的收视合力，稳住了收视率。为了进一步扩大栏目的社会影响，《生活》编创人员有时还策划一些大型节目，以大制作、大手笔，联合全国 30 多家电视台一起，对中国百姓的消费行为、消费特征、消费心态进行调查，制作出一系列专题节目，使生活服务类节目产生了深远的影响，获得了如潮好评。

二、生活服务类栏目的选题

生活服务类栏目选题的前提是贴近生活、贴近观众、贴近时代。从具体操作层面来说就是要注重人性化、时代化和地域化。

（一）人性化

人性化就是指要贴近观众，要认真分析节目的收视对象，分析他们的心理和需求。许多文章指出生活栏目的收视对象是“当家人”，这只是针对以“家居指导”为主的生活类栏目的主要对象，实际上生活栏目的收视对象是千变万化的，不同栏目有不同的收视对象，需要区别对待。编导在选择题材时，要选择那些受众关心的热点、焦点问题，从生活服务的角度去报道。例如，假冒伪劣商品的日益猖獗是老百姓十分关心的一个话题，那么生活服务栏目就应该告诉观众甄别假冒伪劣商品的方法。又如，针对农药公害这个越来越被人们所重视的问题，就应该告诉观众怎样识别有毒蔬菜水果以及蔬菜水果消毒、解毒的方法。

同时，选题也不一定必须是社会的焦点、热点，策划选题也可以热中求冷，只要是与广大观众日常生活密切相关的题材，都可以成为生活服务类栏目的内容。

（二）时代化

从当代受众对媒介的需求看，首选仍然是新闻，但这并不意味着生活服务类栏目地位的下降。相反，策划时可以在生活服务节目的新闻性上下一些功夫，这也不失为创作选题的一大突破。过去，电视生活服务类栏目总爱从小报小刊中去寻找选题，找那些生活的边边角角，但长此以往会导致观众的收视疲劳。事实上，重大的新闻事件往往隐藏和蕴含着许多适合做生活服务类栏目的资源。例如，在 2001 年上海的 APEC 会议上，与会国家首脑都穿着具有中华民族特色的“唐装”，精明的生活编导就应当充分运用新闻信息与资料，制作关于“唐装”的历史、式样、选购、洗涤等节目。如此，就要求生活服务类栏目的编导应当具有新闻敏感和工作热情，善于从新闻题材中挖出具有独特视角的选题。生活服务类栏目的策划可以冷热交替地选择主题，既要有热点，又要有日常生活，有时还可以爆爆冷门，只要有时代特征，都未尝不可。

此外，生活服务类栏目选题的策划在考虑大时代背景的同时，往往还要考虑“小时代”背景——季节性的特点。例如，夏天到了，应多介绍消暑的内容，像什么“空调病”、夏日饮料、游泳等，这都是夏天特有的。另外，编导人员最好还要熟知中国的传统节日、传统风俗，提前应变，适时地推出与特定季节、时段相关的节目。

（三）地域化

生活服务类栏目的选题还应遵循一个原则，即尽量选取具有地域特色的内容作为栏目的主打。尤其是地方电视台，其对象就是本地观众，覆盖范围有限，因此就需要以地域特色取胜，千万不要为了求全、求广、求高而丢了这块金字招牌。选题要有自己栏目所覆盖地域的特色，多在选题上花心思，选题好了，节目就成功了一半。地市级电视台的生活服务类电视栏目，应从当地百姓生活中提炼选题，既可以服务于本地群众，辐射周边地区，又可以树立栏目品牌，增强媒体竞争力。

三、生活服务类栏目的制作“意识”

生活服务类栏目是一种很能体现创作人员能力的栏目，栏目要取得成功，就要求制作人员必须具备多方面的素质和特殊的创作意识。

（一）服务意识

有人说，做服务节目，应该有种“平等意识”。其实，仅停留在平等层次是不够的，因为观众不必反过来为你服务，因而生活服务节目的编导应具备很强的服务意识。在创作过程中应以观众为核心，围着观众需求转，挖空心思地揣摩观众，只有这样才能做出贴近观众的好节目。

（二）引导意识

有时候单纯的服务意识容易使电视服务节目的创作走入歧途，被观众的一些不良习惯及观念所左右，所以，创作人员还必须有“引导意识”——即创作人员在遴选题材时，应在观众需要的范围内，选取积极向上、有利于人民身心健康、符合时代大潮的题材来制作节目，以期在潜移默化中感染观众，让其自觉放弃一些不良的生活观念、生活习惯。这就需要创作人员具有高人一筹的识别能力，选择出能代表社会主流意识和百姓生活的题材。只有在服务意识和引导意识这两种意识的结合下，才能做出既让观众爱看，又能从中受益的节目。

（三）公正意识

生活服务类栏目的编导还必须有“公正意识”，正确处理生活服务和广告宣传的关系。生活服务类栏目是除广告之外最有广告宣传意味的节目。从其服务的性质及范围来说，在很大程度上带有广告色彩，甚至在节目中为投资商制作有偿服务的节目也是允许的创收手段之一。但广告和服务节目的本质区别就在于两者所代表的利益主体不同，生活服务节目是为观众谋利，广告是为客户谋利。生活服务节目就应该像新闻报道一样客观公正，不为贤者讳，也不为庸者美。在制作有偿服务的节目时更应把好选题关，高标准、严要求，不做假冒伪劣商品的保护伞。

四、创造独特的主持风格，注重服务过程的趣味性

电视生活服务类栏目由于节目内容大都比较简单，所以节目主持人常常表现得较为平淡，节目的制作形式也比较单一，很难像其他类型的电视栏目那样拥有活泼多变的主持风格和富有趣味性、情节性的节目形式，有时难免会给人以“报流水账”的感觉。其实随着生活服务类栏目内容的不断丰富、涉及领域的不断增多，受众对主持人风格和节目制作形式的要求也越来越高，这就要求生活服务类栏目在策划创作时必须采用新颖、时尚、轻松、活泼等多种主持风格来带动节目，借鉴其他节目类型(尤其是娱乐节目)的手段来增强生活服务类栏目的趣味性。

在创造独特的主持风格和增强趣味性方面做得比较好的生活服务类栏目很多，其中具有代表性的首推河北卫视的《家政女皇》栏目。《家政女皇》是河北卫视 2009 年 10 月播出的一档生活服务类栏目，该栏目以传播生活知识为宗旨，在轻松愉悦的氛围中教授大家一些生活问题的解决方法和生活小窍门。《家政女皇》是国内首个用综艺形式来包装的生活服务类栏目，运用“生活服务唱主角、综艺娱乐来配戏”的方式，在生活服务和综艺娱乐之间找到了一个契合点，充分调动娱乐元素，让观众在轻松的氛围中增长生活常识。

《家政女皇》由男主持程成和女主持方琼搭档，他们灵活的主持方式符合该栏目轻松诙谐的风格。节目采用内外景结合的方式，把衣、食、住、行，柴、米、油、盐等老百姓关心的“那些事儿”一网打尽。栏目分为《老方琼叨叨》《生活妙招》《女皇上菜》《观众来信》《高招在民间》等板块。在《老方琼叨叨》中，两位主持人是土里土气的乡村青年城根和秋芬，痴痴傻傻的秋芬和喜欢卖弄小聪明的城根用诙谐的情景喜剧方式引出一期生活妙招系列。《生活妙招》和《女皇上菜》两个板块中两人又化身演播室里默契十足的搭档主持，《女皇上菜》中更是邀请名家大厨教给观众一些家常而美味的菜品。在《观众来信》板块，两位主持人又变身为一本正经的新闻播报员方道听(方琼)和程途说(程成)，播报观众来信中的小妙招，一唱一和中，使得观众捧腹，从而在欢声笑语中汲取了知识。《家政女皇》的另一大亮点是《高招在民间》板块，在这一板块中，策划者秉持“智慧永远来源于生活”的理念，运用外景拍摄的方法，深入民间，由普通人教大家生活小妙招，这种方式极大地促进了观众的参与热情。

五、利用融媒体平台，拓宽节目传播渠道，加强节目传播效果

网络等新媒体的出现打破了传统电视媒体“一统天下”的格局。新媒体是一把双刃剑，既给电视生活服务类节目带来了巨大的发展机遇，为电视生活服务类节目资源库提供了丰富的素材，使电视生活服务类节目的传播渠道多元化；也给电视生活服务类节目的发展带来不小的挑战。在新媒体的时代环境下，电视生活服务类节目多少出现了原创不足、受众分流、节目的服务效果欠佳、新媒体资源利用率低等问题。

在融媒体时代，受众获取信息的方式发生了极大变化。可以选择不同的信息来源：从原来的报纸、广播、电视三种固定渠道变为多种渠道。受众不再被动接收而是主动寻找信息。手机、电脑成为其获取信息的载体，微博、微信、抖音、视频网站、直播网站、新闻客户端等，都成为人们获取信息的来源，人们可以随时随地找到自己感兴趣的内容。在当下这个万物互联和信息爆炸的时代，受众的内容消费和消费方式都呈“碎片化”趋势。生活服务类节目应该适应这种变化与趋势，将碎片化的内容进行链接与分享，逐步网格化，以获得更好的节目传播效果。

中央电视台综合频道全力打造的“融媒体”生活服务类节目《生活圈》就充分利用了新媒体优势，将栏目内容多元化传播，获得传播效果的最大化。《生活圈》除了周一到周五每天早晨 8:36 准时在电视屏幕上播出之外，还会把整期的 42 分钟节目根据不同的主题切分为时长不等的若干片段，再分门别类上传到新浪微博等新媒体端进行碎片化传播。一些优秀的视频内容还会被“人民日报”“新华网”“中央人民广播电台”等关联账号转载。例如 2019 年 2 月 13 日，“央视新闻”转发了《生活圈》的“学会这几个动作，在办公室就能缓解颈椎疼痛!”，点击量达到了 694 万次。除此之外，由于微信几乎成为人际交流必不可少的工具，微信公众号也有着很强的传播力，微信平台也是新媒体传播效应的着力点。《生活圈》官方微信公众号有 224 万粉丝，保持着每日更新三篇文章的进度。文章内容和当日节目内容相关，且平均发布文章均能获得上万的点击量。

除了几大主流互联网媒体，新兴的网络 APP 也成为《生活圈》的重要传播渠道。在抖音、小红书等互联网媒体中，《生活圈》也发挥其节目优势，把优秀节目内容节选，进行碎片化传播。其中抖音 APP 中的《生活圈》服务号针对抖音用户的特性，由新媒体主编带队做出了新媒体王牌内容“一分钟懒人厨房”，这一板块符合网络传播“短、平、快”的趋势，以“懒人”的视角，用“懒人”的办法制作与正常复杂工序同样好吃的食物，受到了广泛好评。截至 2019 年 2 月底，“一分钟懒人厨房”已经有 28 万粉丝。总之，媒介融合传播的新形势使节目内容传播没有了空间、时间的界限，最大程度拓展了电视生活服务类节目的观看方式。并且这种二次传播、多次传播的方式，使节目内容覆盖更广泛、服务性更强。

六、通过跨领域合作拓宽经营模式和盈利渠道

电视生活服务类节目既要为观众提供服务，也要提高经济效益才能生存发展。在新媒体的时代环境下，电视生活服务类节目制作者应审时度势，充分抓住新媒体的时代机遇，把握新媒体时代传播特点和服务类节目的特质，不断创新发展，形成个性化的节目品牌，提升自身的竞争力；打造融媒体平台，拓宽节目传播渠道。主创策划节目时可以推进跨领域的合作，拓宽经营模式，开拓线下服务市场，这也是其他类型的节目所不具备的资源优势。电视生活服务类节目可以与相关领域合作，打造“电视＋销售”“服务 APP＋销售”“网站＋广告”等盈利模式，形成服务产业链，提高电视生活服务类节目的经济效益，实现跨越式发展。

比如美食类电视生活服务节目中，嘉宾向观众讲授如何制作蛋糕时受限于电视单一线性传播的弊端，观众无法记下全部的流程。而且节目中一些做蛋糕所需要的食材普通的超市也难以购齐。那么节目组可以在搭建移动 APP 应用程序的基础之上，建立线下美食烹饪体验店，并定期开设免费的学习课程。受众可以就近选择身边的烘焙店去学习体验，在烘焙师的指导下掌握烘焙方法，同时还可以在体验店购买所需要的全部材料，使之形成线上观看＋线下体验＋烹饪教学＋食材销售的一体服务链和产业链。这样线下服务市场的开拓不仅满足了受众的实际生活需要，也为受众提供一对一的解答和体验平台，延伸了节目的服务性，提高了节目的经济效益。

再比如中央电视台经济频道的《交换空间》具有较高的收视率和关注度，也形成了一定的品牌和影响力。该节目组就可以借力节目的品牌影响，开拓线下服务市场，打造线下品牌家装工作室。线下服务市场和线上新媒体平台密切配合，受众既可以通过新媒体平台随时观看《交换空间》节目，了解家装知识和地区门店信息，又可以在线提交个人信息，预约门店进行体验，由节目中的家装设计师进行服务。

电视生活服务类节目也可以走“电视＋销售”的经营模式，比如说贵州卫视的育儿服务类栏目《育儿大师》，集结了妇儿健康、心理咨询、中医营养等领域的专家，为观众提供切实可行的育儿服务。该节目既可以打造线下育婴品牌，形成“电视＋销售”的模式，也可以研发育儿服务 APP，打造销售和广告业务于一体的盈利渠道，增加节目经济效益，推动节目取得更好地发展。

想一想

1. 何谓电视生活服务类栏目？
2. 电视生活服务类栏目有哪些类型？
3. 如何进行电视生活服务类栏目策划？
4. 如何把握电视生活服务类栏目的价值导向？
5. 如何进行电视生活服务类栏目的创新？

6. 电视生活服务类栏目存在哪些问题？有哪些解决策略？

团队实训

1. 项目名称：电视生活服务类节目的拍摄制作

依托专题4编写的电视生活服务类节目策划文案，完成一期节目的拍摄制作。

2. 实训目的

通过将节目策划文案转化为一期电视社教节目作品，使学生掌握电视生活服务节目制作的基本流程，同时检验电视栏目和节目策划方案的科学性和可行性。

3. 实训要求

(1)节目的拍摄制作应严格按照构思创作、现场录制、编辑混录等流程进行。栏目组学生按照制片人、编导、摄像、主持人、嘉宾、后期编辑制作等岗位进行分工，共同完成一期节目的制作。

(2)每组选择代表展示完成作品，专任教师、行业一线专家及学生对拍摄作品进行评价、打分。

4. 评价标准

评价内容	分值	得分
导向正确，弘扬主旋律	15	
作品完整，片头、导视、节目内容、字幕及片尾一气呵成	20	
能系统地体现栏目策划的基本框架	15	
作品具有较强的逻辑性、承递性、创新性	20	
倡导积极健康的生活方式，达到栏目策划的宗旨与功能	15	
考察学生的工匠精神、团队协作精神、人文情怀	15	
合计	100	

拓展资源

1. 生活服务类栏目《天天食天下》策划案

(1)栏目现状分析(背景分析)

随着中国经济的飞速发展，人们的物质生活水平得到了极大提高，已经不再局限于吃饱穿暖这样的基本要求。民以食为天，在物质丰富如斯的今天，人们开始重视对于生活品质更高层次的追求。对于吃，食不厌精，烩不厌细，不只吃味道，还要吃环境、吃服务、吃文化、吃健康。

要应对新的发展形势，就必须有新的态度与措施。饮食行业发展到今日，大街小巷、五花八门，各种价位、各种地域乃至跨国界的美食比比皆是。如何从千篇一律的店面经营中脱颖而出？不仅仅商家绞尽脑汁，着力提高销售额与知名度，美食老饕们也寻寻觅觅，力图享受有特色、有内涵的精彩美食。《天天食天下》这档美食资讯节目就是为两者搭建一个交流的平台，优秀的商家可以尽展己之所长，以此为基础展示自身特色美食功夫。而美食爱好者们则可以通过节目的推介，节省大量的时间精力，接触到平时无所寻觅，只能通过口口相传却难辨优劣的各种隐藏在街头巷尾的美食。人们可以凭此慕名而来，尽兴而去。

(2)栏目宗旨

让爱美食、爱美食文化的人走进节目，让看节目的人走近美食。

重点打造一档精品美食资讯节目，不仅仅做美食，还囊括了相关地方文化与综合资讯。力图达到“美食主动靠过来，观众自然看进去”的效果，打造口碑，铸就精品。

(3)栏目收视对象

《天天食天下》美食节目中提供的一般都是相对中高端，或是比较有历史文化意蕴的食店，通常不包括街边的大排档等类似对象。所以，针对的目标受众也是追求生活品质，受过一定教育，有相当收入的职业人士。他们讲究品位与格调，对细节与品质要求比较高，不仅仅讲求食物的味道，还对饮食的环境、包装、服务都有所要求。

(4)栏目播出时间

每集 60 分钟，分为上下集播放(不计中间插播广告的时间)。

鉴于《天天食天下》节目的特性是偏向休闲、放松，但是又相对知性，因而每集节目在双休日周六晚 21:00—22:00 首播，次日早晨 7:30—8:30 重播。

(5)栏目定位

①内容定位

这是一档集美食推介与菜肴烹饪于一身，力图更好地开发本地特色美食资源的服务资讯类美食节目，兼顾一定的娱乐性质。节目采用立体全面的推介方式，为现场和电视机前的观众提供优质精选的美食信息，商家现场展示，且与美食爱好者们现场沟通交流。

《天天食天下》还会邀请相关厨师进行现场烹饪展示。现场观众均可参与其中，互动、品尝。场外观众也可以通过短信和网络参与节目，发表意见与建议。

②形式定位

服务资讯类电视节目。

单集节目构成：节目不会明确剥离细分出一个个独立的单元，但是会有较稳定的节目成分，主要包括以下几个部分。

片头、音乐。

主持人开场白、简单迅速引入当期《天天食天下》推介的美食、食肆。

展示相关内容短片，包括相关美食的优势、特色、背景知识介绍。

食肆的厨师现场烹饪表演。

现场观众参与互动，协助或模仿厨师；场外观众通过短信或网络平台参与节目。

特邀嘉宾与观众试吃品尝，现场点评美食，分享心得体验，传播美食感受。

结束、片尾。

③风格定位

节目轻松、知性，提倡健康自然的生活理念，不仅仅是推介美食、食肆，也将一种新的观念、想法带给观众。节目强调美食的意义不仅仅在于食物，还是一种生活方式、认识态度，甚至是人与人之间的情感纽带。

不同于谈话节目，虽然《天天食天下》节目的单元是一定的，但是叙事方式比较多样。由于节目的目标以推介为主，交流为辅，同时兼顾娱乐性，因而叙事方式不是一成不变的。由于每期节目介绍的食肆各有特色，甚至大相径庭，与之相应，节目叙事方式也必须变化，不拘泥于形式以求更好地表现每家食肆的特点。

这档《天天食天下》力图营造的是轻松愉快、健康自然的生活氛围，因而主持人不能过于严肃，破坏了现场氛围、打击嘉宾与观众的情绪；但主持人也不能过于放松甚至太过“亲切”，给节目带来一种市井风气。如地方台一档美食节目《美食成都》，主持人是当地知名的方言节目主持人，其语言风趣、插科打诨，亲切感十足，快速拉近了与观众的距离。但是这样的风格并不适合《天天食天下》，《天天食天下》需要主持人温和亲切，自然优雅，措辞简练，重在分享，具有一定的概括能力。主持人需要通过简单的话语向观众传达一种交流的态度，通过他们的引导加大观众的接受程度。

(6)栏目的营销策略

这档节目，重点着眼于推介本地优质的美食资源，同时也强调互动性和娱乐性。为了达到这样的效果，节目就不仅止于主持人的解说与配合、影片的展示与播放。节目播出现场除了主持人，还会涉及三类角色。

①受邀厨师

节目现场会邀请当期的食肆厨师进行现场的烹饪，这个过程会帮助观众加深对所推荐的食肆、美食的了解，也有助于食肆更直观、深入地向场内场外的观众推销自己的美食。因而，美食师傅的表现非常重要，厨师不仅要厨艺精良，还要能够表现出相关食肆的特色。在烹饪的同时要能够对美食进行一定的介绍讲解。对此，节目组应在节目前进行相关的沟通和帮助。

②美食嘉宾

所谓“美食嘉宾”，是指一些对于美食非常有心得、体会，其相关资历比较突出的人。譬如国家一级厨师、美食协会会长、米其林特约美食评论家等。每期 3～4 名美食嘉宾的评论相对于普通人会更加客观、专业、深刻、全面，甚至会有独辟蹊径的新锐见解。嘉宾们不会单纯着眼于美食的味蕾感受，也会看重食物的历史渊源、文化内涵、营养价值、烹饪方式，甚至是食材的来源、栽种的过程等。相应地，其意见会更有说服力，更加吸引观众的注意。作为这一领域的意见领袖，美食嘉宾的态度、表现可以为节目增色不少。

③特邀观众

特邀观众一般采用场外征集的形式确定。例如在网站上针对节目内容留言，在节目中短信参与互动，事后给节目组来信，甚至是针对相关美食机构进行消费反馈的人。节目组在以上人士中抽取。

对于特邀观众，节目组可以进行一定的调查和筛选。如同厨师与美食嘉宾一样，现场特邀观众的存在也是为节目的主旨服务的。尤其是节目强调现场互动性的特邀观众就非常的关键。

观众的现场参与可以大力烘托节目氛围，达成既定效果。他们在节目中的积极意义主要有以下几点。

他们来自观众，其思路与感受对于食肆来说更加直接，也更具有指导性。

他们是观众的代表，他们的切身感受更加直观、亲切，也更具有说服的效果，易为电视机前的观众所接受。他们的一句判断甚至胜过主持人和食肆的千言万语。

现场特邀观众合乎节目诉求，是节目整体的一部分。他们能够更好地帮助《天天食天下》与观众交流、产生共鸣，可以更好地营造节目氛围。帮助《天天食天下》打造品牌价值，完善节目定位。

当然，因为《天天食天下》节目要兼具一定的娱乐性，所以参考《人气美食》《美食大王牌》等栏目，邀请美女嘉宾或知名网络写手等策略也可以运用到节目中来，增加节目的趣味性。甚至以此为噱头，加大《天天食天下》的宣传效果与知名度，扩大传播效果，吸引更多观众。

④节目宣传

节目主要的宣传手段是电视广告，本频道的观众养成了一定的观看习惯，对本频道节目的接受度会更高一些。

依托于网络平台。《天天食天下》节目本身就设置有互动性非常强的网络交流，因而可以在网站上定时发布节目信息、节目预告、播放节目内容，引导观众参与。

市区户外广告。这是由《天天食天下》本地美食资讯的节目特性决定的。投放在市区的灯箱、站台、布景板、公交车身的广告，可以被本地观众关注到。

本地电台广播。因为，其收听对象基本都是本地人，这是比较有利的。譬如交通广播电台或是音乐广播电台的受众群就是比较适合投放广告的目标。

(7)投入产出预算

《天天食天下》的创作思路比较简单，一切围绕对具体美食、食肆的推介展开。每一集前，节目组都会从大量信息中筛选出合适的商家进行协商洽谈。随后就开始美食介绍短片的拍摄制作。完成以后，展开节目现场的录制工作。制作播放周期应该保持在 5 天左右，以满足播放需求。

工作人员设置：节目制片人 1 名，对栏目的生产进度、拍摄质量、制作环节和经费收支负总责；敦促节目确保创收和质量的双提高。

执行制片人2名，负责协助制片人开展工作。

男女主持人各1名，负责节目串词的编写，把握节目节奏，调动节目氛围，促进厨师与美食嘉宾、现场观众的交流。

编导2名，负责每期节目的策划、撰稿、导演，把握整个节目播放及相关事宜。

摄像3名，统筹外景拍摄(美食、食肆背景)、节目现场拍摄。

后期制作3名，负责剪辑、合成、节目包装等系列工作。

长期嘉宾6～8名，长期聘用，参与节目制作，提供美食体验。

广告市场分析

栏目冠名/特约播映

①每一集的片头：《映天天食天下》由××赞助商冠名播出/特约播映；或直接采用《××赞助商天天食天下》由××赞助商冠名播出/特约播映；片尾也可以采用相同的手法。

②每一集节目开始，主持人都会以“欢迎收看《天天食天下》，本节目由××赞助商冠名播出/特约播映”来提醒观众注意；节目尾声亦然。

③在节目标识上展示，突出广告商的标志(通常持续显示在电视屏幕右下角)。

④节目中播出美食的相关短片，首尾都展示广告商标识。

⑤每一期节目中途都插播展示广告商的短广告。

⑥现场设备，如话筒、大屏幕、布告板、烹饪设施、嘉宾观众的桌椅等，都可以加以广告商标志。

上下半集间插播广告

《天天食天下》分为上下两集播放，中间插播广告。尽量以节目赞助商的广告为主。

2. 国史讲堂：新中国70年经济建设成就。

3. 国史讲堂：新中国70年社会民生建设。

4. 国史讲堂：在把握“两山论”中回望生态文明建设70年。

CHAPTER 5

项目五 策划电视栏目剧

【项目概述】

电视栏目剧作为一种电视栏目与电视短剧相结合，兼具电视与电影的双重特性的栏目形式，在电视市场上的影响力日益增强。从重庆电视台开办的《雾都夜话》开始，中国电视栏目剧进入了快速发展时期，从中央广播电视总台到地方电视台，都纷纷开办了此类栏目。本项目在阐述电视栏目剧的内涵及发展简况的基础上，将电视栏目剧划分为新闻类、社教类、文艺类三个类型，并从如何处理好纪实性和戏剧性的关系、专业演员和群众演员的戏份比重、扩大选题范围和题材来源、开展模式创新、广泛借鉴创新等方面，对该类栏目的策划要点进行了全面分析与阐释，旨在为学生电视栏目剧的策划学习提供系统、详尽的实践指引。

【学习目标】

1. 了解电视栏目剧的内涵与发展状况
2. 了解电视栏目剧的类型与特征
3. 掌握不同类型电视栏目剧的策划方法
4. 能进行新闻类电视栏目剧的策划与制作
5. 能进行社教类电视栏目剧的策划与制作
6. 培养学生的法律意识与规范
7. 培养学生的质量意识、安全意识、底线意识

任务一　了解电视栏目剧的发展概况

一、电视栏目剧的定义

电视栏目剧是将电视栏目和电视剧有机融合，将具有统一片头、片尾、主持人以及由演员演绎的故事情节等多种元素融合在一起的一种电视叙事形态。其实质是在栏目中演戏，在戏中做栏目，既有电视剧的表现手法，又有电视栏目的结构特征，兼具电视与电影的双重特性。

其在栏目形式上，具有统一的栏目规格和包装；在选题上，栏目内容取自真实事件、反映生活的本质真实；在表现手法上，借鉴电视短剧的表现手法和叙事特点；在演员选择上，由业余演员及非一线专业演员参与表演，并由主持人对栏目进行整体串联。国内第一个电视剧栏目剧《雾都夜话》制片人马及人曾经说过："每一个情景剧都有一个共性，以栏目的时间来播出，有固定的时间，今后这样的情景剧式的短剧就叫栏目剧"。[①]

二、电视栏目剧的特征

电视栏目剧除具备电视栏目的共性特征，如相对固定的播出时间、固定的时长、固定或相对固定的主持人外，还具有其独有的特征。

（一）参与性

参与性体现在两方面：一是剧本向社会公开征集；二是大量使用群众演员。这是电视栏目剧能短期内迅速赢得观众的撒手锏，也是相对于电视剧的生命力所在。电视剧是演员演故事，栏目剧是真人演真事，以其鲜活、本色、群众性和对日常生活的真实还原来打动人。由于群众演员的口碑效应和亲朋好友之间关注的连锁效应，稳定了自己的收视群体。四川电视台《经济麻辣烫》开播仅一年，参加表演的群众演员就有近 2000 人次，演员社交圈的朋友自然成了栏目的忠实支持者。在当地外景拍摄中，一场戏一般有四五个场景，每次外景拍摄都是一个栏目的自我宣传过程，类似于现场促销，观众的参与使栏目产生源源不断的生命力和后续补给。"让身边的群众演员来演身边发生的故事"[②]群众演员通过参与栏目演出，更加增强了电视栏目剧的现实性。

---

① 2003—2004 年中国情景剧产业研讨会实录。

② 戈小燕：《我看栏目剧井喷现象》，载《视听纵横》，2007(1)。

（二）戏剧性

在栏目剧中，戏剧的生活化与生活的戏剧化合二为一。情节跌宕、悬念设置、矛盾冲突、细节刻画、心理描写、音乐、音效，都是剧本强调的基本元素，往往一个15分钟的短剧便浓缩了戏剧的基本特征。在紧凑的故事演绎中，通过不断构设兴趣元素，实现快节奏的叙事转换，并通过矛盾冲突集中化、故事人物传奇化、人物动作性格化来适应受众快餐文化的基本消费需求。例如，湖南经视《新闻故事会》特别强化新闻的戏剧悬念和煽情、刺激的因素，突出和发掘新闻事件本身的特殊性、轰动性与奇异性，从《迷情陷阱》《嫁个有钱人》《小偷奇遇》《六百万征婚》等短剧标题中就可以看出这一点。

（三）时效性

栏目剧的时效性表现在两点：一是题材来源紧贴时事，往往取材于近期媒体报道的事件，能找到真实的生活原型，例如《雾都夜话》的理念就是“全部取材于真实的故事”。该类栏目在编剧队伍的构成上，倾向于有媒体经验者，许多编剧本身就是报纸、杂志编辑，能保持题材的鲜活性和新闻敏感性。另一个是在栏目规划上，尤其相对于新闻类和社教类栏目来说，更注意栏目播出的长效性，往往栏目的题材和主题都是提前规划的。例如，凤凰卫视的《老窦酒吧》将戏剧故事与近期的新闻话题相结合，现编现播，当周拍当周播，“因为可以把这周的事情编进去，甚至是把真实的人物编到戏里去”。这样就能迅速抓住观众阶段性的关注热点，延伸其关注热情，这是普通电视剧、电影所不及的。

（四）方言化

配音、对白乃至主持的方言化是电视栏目剧的一个明显特征。在收视率逻辑中，栏目剧通过故事、场景、演员乃至语言全方位的贴近来打造本土兴趣，并且将方言的进入作为一种重要的文化事件。栏目剧往往以所在地区的一个中心城市(如重庆、成都、武汉、长沙、青岛、西安等)的方言为标准音，混杂次级方言片或方言点的方音。例如，《经济麻辣烫》以成都语音为标准音，糅合四川各地的方言；《经视故事会》“让武汉人用武汉话来演武汉事，要原汁原味的‘汉味’”。著名导演黄一鹤认为，老百姓以自己熟悉的方言讲自己身边鲜活的生活故事，会去掉许多程序化的东西，很容易让观众找到心理上的沟通点。

三、中国电视栏目剧发展简况

栏目剧起源于情景剧，最早由导演英达引入中国，它将新闻性、本土性等糅合进来，形成一种观众喜闻乐见的电视节目形态。在我国，电视栏目剧始于1994年重庆电视台的《雾都夜话》，这个栏目播出之后不仅在当地，而且在全国引起了轰动。浙江卫视于1998年开办了《人生AB剧》，开浙江栏目剧的先河，成为同时期栏目剧的巅峰之作。时隔5年，浙江台教育科技频道于2003年推出了《大侦探西门》。此后，2005年浙江经济生活频道《沟通故事会》和钱江都市频道《家在天堂》先后面市，在浙江又一次掀起了栏目剧的热潮；到了2006年，影视娱乐频道推出《本塘第一剧》、钱江都市频道把《家在天堂》改为《开心一家门》，栏目剧成为浙江电视荧屏的第三次浪潮。但是直到2004年上海国际情景剧研讨会上，《雾都夜话》制片人马及人提出了"电视栏目剧"这一概念，这种新的电视节目形态才正式被命名。

最近几年，我国的电视栏目剧获得了长足发展，取得了良好的社会效益和经济效益。据不完全统计，全国共有60多家电视台在制作播出电视栏目剧，荧屏已经有大大小小近200个栏目剧。其中有一些已经颇具影响力，如中央电视台的《普法栏目剧》、重庆电视台的《雾都夜话》、湖南经视的《新闻故事会》、浙江电视台教育科技频道的《大侦探西门》、四川电视台经济频道的《经济麻辣烫》、吉林电视台文体频道的《北方故事》、湖北经视的《经视故事会》、山东电视台生活频道的《绝对故事》、江苏电视台影视频道的《百姓聊斋》、青岛电视台的《岛城故事》以及苏州电视台的《故事会》等。在电视栏目竞争极为激烈的当下，这样一种完全本土化的节目形态的出现，无疑为当时中国电视的发展提供了新的出路，也为国内文化产品的短缺打破了瓶颈，有学者甚至认为电视栏目剧的出现"标志着中国电视节目形态已经从20世纪90年代的对国外的全面克隆发展到引进与自主创新并重的新的历史阶段。"[①]

经过20多年的快速发展，栏目剧迅速成长为被业界广泛认同和接受的独立节目形态，但在其发展的过程中，也经历了发展的阵痛和瓶颈。具体表现在两个方面：一是创作资源的匮乏，选题枯竭。集中表现为题材扎堆，同质化现象加剧，各地栏目剧互相抄袭的现象十分严重。虽然相同的故事题材经过各地本土化的提炼和改编之后，会呈现出不同的艺术表现手段，但靠抄袭去维持节目运作，迟早有难以维系的危险存在。二是通俗和低俗的尺度把握问题。受众需要满足更需要引导，婆媳关系、赡养问题、遗产纠纷等家庭话题或婚外情、三角恋之类的情感话题贴近民生、通俗易懂，但是如果一味地满足受众需求，则可能出现过分追求离奇、冲突、悬念等效果，陷入暴力、凶杀、色情等低俗地带。

2017年以来，随着媒体融合进度的加快，电视栏目的发展也迎来了新时期。"大屏"与"小屏"的交互，使电视栏目剧迅速向"融屏"时代迈进，影响力也日益增加。中央电视台法制频道《普法栏目剧》推出的《融屏矩阵》，将传统栏目剧放到微信、微博平台进行播出并与观众进行实时互动，传播影响力显著增强。

---

① 张步中、丁玲华：《电视栏目剧研究价值探析》，载《传媒观察》，2007(7)。

任务二　学习电视栏目剧的类型

按照题材划分，电视栏目剧可分为新闻类、社教类、文艺类三大类型。

一、新闻类电视栏目剧

电视栏目剧是一种杂糅了电视新闻、电视剧、情景喜剧等多种电视元素而形成的新的电视节目形态。在中国电视新闻“平民视角、民生内容、民本取向”的走向中，随着新闻的世俗化倾向和民生关照，新闻的故事性越发突出。《南京零距离》总制片人张建赓认为，“讲故事比说道理更重要，情节、矛盾冲突、悬念、细节等文艺作品的要素对新闻也是适用的”。不少民生新闻尝试引进了一些综艺、小说、戏剧的元素，其中就包括情景再现与剧情表演。

2004 年 2 月 2 日，湖南经视的《新闻故事会》栏目正式开播。作为一档新闻演绎类栏目，它以省内发生的新闻事件或人物为原型，仿效时下流行的电视剧或电影的拍摄方法，用“事件重演”的方式在遵循事件真实的前提下，使新闻产生戏剧张力与情节冲突。《新闻故事会》每期故事的演员都从普通观众中征选，“以情节吸引人，以细节打动人，以人物命运感动人”。即所谓“新闻有意，故事有情”，在强调故事性、人情味的同时，特别强化新闻的戏剧悬念和煽情、刺激因素。该栏目在湖南的收视率一直位居前列。2004 年 5 月，《新闻故事会》改版为《故事会》。

2005 年 2 月 9 日，湖北电视台经济频道的《经视故事会》正式开播。该栏目以“看市井百态，品人间真情”为宗旨，以“人生舞台，我们是观众，也是演员”为宣传口号，运用电视剧的表现手法，根据真实的新闻故事改编而成。同时强调观众的参与性，由老百姓自己来写、来导、来演发生在身边的故事。对白追求地道的武汉方言韵味，贴近生活、贴近观众，具有极强的本土化色彩。

二、社教类电视栏目剧

文以载道的传统和舆论导向的要求，使中国电视社教类栏目承担着重要的政治、经济和文化使命。对象化的传播、内容的细分和传播的分众化，又使目前的社教类栏目不得不对自身的内容和受众进行细分。社教类栏目通常涵盖经济、法制、科技、生活等多方面。从法制栏目开始，搬演、情景再现等叙事形式开始得到重视。近年，经济类栏目也开始逐渐引入栏目剧的表现形式。

2004 年 3 月 29 日，四川电视台经济频道的《经济麻辣烫》正式开播。该栏目以经济生活中的日常事件为素材，由当地作家撰写短剧脚本，业余演员演出，再由主持人从经济角度对剧情进行评点。该栏目通过化艰深为平易，化死板为鲜活，化理念为实例，创造了以短剧说经济、以故事说民生的经济节目的新形式，被专家认为是“用方言短剧讲述老百姓自己的经济故事”。

2003年，湖南卫视的系列纪实栏目剧《商界惊奇》开播，该栏目将电视剧的艺术手法和栏目的表现形式有机地结合起来，开设“惊奇点击”“惊奇再现”“惊奇档案”3大板块，通过演绎还原故事情节，采访原型人物，邀请企业界名人、专家进行精彩点评等形式，每周讲述一个精彩真实的商界案例。该栏目实现了社教节目与影视节目的优势嫁接，在电视社教节目的制作方式和节目类型上进行了有益尝试。

三、文艺类电视栏目剧

重庆电视台的当家栏目《雾都夜话》被《南方周末》称作“电视传奇”。该栏目所有剧情都来自重庆的真人真事，大部分演员都是当地的群众，栏目采用简单的电视表现手段，将民间评书艺术引入栏目，传统的说书人角色作为一个隐蔽内在的主持人，以话外音的形式讲述“这个人和那个人，在这个场景，那个场景正在发生的故事”，充分体现了视听媒体的“口述”特点。之后，重庆电视台又推出了同类型栏目——《生活麻辣烫》，且迅速蹿红。两相比较，前者关注恋爱、婚姻、家庭、伦理问题，主要收视群体是中青年女性，后者反映重庆人柴米油盐、生活百态，受众定位是中青年民众。前者表现方法近乎白描，娓娓道来；后者多用夸张、喜剧手法，节奏明快。《雾都夜话》与《生活麻辣烫》构成重庆卫视的“麻辣”风味，成为重庆卫视打造“麻辣故事频道”的重要节目支撑。

以上是从传统的类型划分角度对电视栏目剧进行简单梳理。如今，电视栏目剧的形式正迅速进入其他节目形态中成为重要看点。如东方卫视《东方夜谭》，其能在中国多如牛毛的谈话节目、访谈节目中突围而出，成功原因之一就是“不在于说什么，而在于怎么说”。其中短剧说事，即是其成功的幽默形式之一。《东方夜谭》摆脱自说自话的语言道白，发挥电视的视觉叙事功能，通过在单纯的笑话、社会新闻、娱乐界资讯的故事讲述中，穿插一些固定演员的夸张故事演绎，创造了中国式脱口秀的模式。

任务三　掌握电视栏目剧的策划要点

电视栏目剧的策划，要以电视栏目剧的双重属性为出发点，首先要做好“剧”的策划，同时兼顾栏目的结构特点来进行。

一、坚持真实性，突出“剧”特色，处理好纪实性和戏剧性的关系

电视剧是演员演故事，栏目剧是真人演真事，栏目剧正是以鲜活、本色、群众

性和对生活的高度真实还原来打动人。电视栏目剧故事题材一般都取自当地发生的新闻事件或奇闻逸事，这也就形成了栏目剧的最大特色——真实。正是因为演的都是发生在老百姓身边的事，栏目剧自然而然地对观众产生一种亲和力。而那些消亡的栏目剧就是这种贴近性、真实性缺失了——完全虚构故事，淡化了栏目剧的纪实性。离开了这种真实，栏目剧就偏向了电视剧，而它既没有与电视剧竞争的实力，又脱离了它赖以生存的土壤，消亡也就不可避免。

安徽经视的《周末故事会》从一开办就坚持故事的真实性，如防骗攻略系列，题材完全来自发生在身边的，经过众多媒体报道的骗局，然后把这些骗局情景重现，并在结尾附上新闻报道，以增强栏目剧的真实性，栏目开播后取得了很好的收视成绩。

艺术来源于生活，又高于生活。既然是剧，一定要带有剧的特点，对于真实的新闻事件不能简单地原景重现了事，而是要对这些题材进行艺术加工，通过设置悬念、矛盾冲突等多种讲述手段，增强它的艺术性和戏剧性。借鉴电视剧的拍摄手法讲故事，不仅仅故事要讲得好听，还要拍得好看。比如《周末故事会》拍摄的《瞧这一家子》系列，按照室内情景剧的模式，固定演员，固定场景，把身边发生的事情都融入这个家庭里，合理安排真实和虚构的比例，通过家庭来折射社会的变迁。该栏目通过对真实故事进行戏剧化的处理，利用矛盾冲突、悬疑、铺垫等手法来架构故事，初步协调了纪实性和戏剧性这一对关系。事实证明，这种方式增强了故事的可看性。

总之，纪实性和戏剧性是电视栏目剧不可或缺的两条腿，否则就站不稳，走不远，所以，两者的有机结合，平衡把握，不仅是电视栏目剧的价值和特点所在，也是电视栏目剧生存和发展的关键所在。

二、强化观众参与性，处理好专业演员和群众演员的戏份比重

媒体竞争从深层次来说，就是差异化竞争，而栏目剧最大的差异化竞争优势就是它的地域性，栏目剧讲身边事、说当地话、取本地景、用当地人演，形成了鲜明的地域特色，正是这种特色拉近了和观众的距离。因此栏目剧地域化的特色一定要保持，不能丢，而地域化特色的保持，有以下三大要素。

（一）方言的运用

电视栏目剧是以区域性观众为主要收视对象，方言化是栏目剧最明显、最容易实现的地方性外在表征之一。用观众熟悉的方言演绎他们身边发生的鲜活的生活故事，这样很容易让观众产生心理上的沟通点，拉近电视和观众的距离。因此，电视栏目剧的语言一般都是以所在地区的一个中心城市为标准音，混杂次级方言片或方言点的方言音。因为我国方言比较多，差异较大，无形中给方言剧增加了难度，如《周末故事会》里主要采用合肥、安庆方言，并且增加了其他地方方言（如北方方言）

的比重。

(二)观众参与

观众参与是栏目剧这种电视形态得以在短期内迅速赢得观众的撒手锏之一。由于这些群众演员的口碑效应和亲朋好友之间的关注带来的连锁效应，可以大大稳定栏目的收视群体。《周末故事会》自开播以来，大部分剧集里都邀请爱好演出、有表演欲望的群众参与，还举办类似选秀的活动，让报名观众秀出自己的才艺，表演好的成为栏目的特邀演员。同时栏目还策划了《主持人带你去演戏》系列，每集选出 2～3 名群众，和主持人一起合作参演，展示自己的才艺，让他们在电视荧屏上好好地过了一把戏瘾，把观众的参与推向深入。栏目剧应借助新兴媒体平台，加强与观众的互动，目前很多栏目剧都开通了微信公众号、抖音，微博等社交媒体，同观众的互动进一步深入，观众参与感也明显增强。将节目在新媒体平台进行宣传，也增加了节目的影响力和知名度。

(三)处理好专业演员和群众演员的戏份比重

《周末故事会》栏目刚开播时，一直坚持观众的参与，用群众演员来演真实的故事，这个出发点是好的，但是在操作过程中却发现理想和现实还是有着很大的差距，虽然这些报名的群众参演的热情很高，但是由于没有受过专业化的训练，表演时非常紧张、直白，对角色的塑造不到位，使故事的戏剧性减弱。同时，如果每一集都选取不同的演员，也会造成演员的短缺。于是最终确立了主要角色由专业演员演、其他角色由群众演员演的模式，观众可以参与，但是适当地降低他们在戏里的戏份比重，这样既保证了节目的质量，又可以使观众参与进来。例如《哪壶不开提哪壶》系列，一个家庭的 5 个成员都是出自专业团体，每集又适当地让观众参与进来，取得了很好的效果。

三、扩大选题范围和题材来源

栏目剧在诞生之初以其取材真实性和贴近性获得了广泛的认可，但在栏目剧实行日播之后，由于巨大的播出压力，使其对题材的需求更加迫切。在度过了最初的繁荣期后，国内栏目剧的剧本普遍相似，真正的优秀剧本日益稀少，开拓取材范围成为当务之急。

(一)要广泛发动群众征集素材

多数电视台都打出了面向社会征稿的广告，坚持走群众路线，坚持开放办电视原则。数字时代给电视传播带来的巨大变化就是降低了电视的门槛，以前需要专业设备才能制作出来的节目，现在只要用一部手机就能制作完成，电视观众也拥有了做节目的特权，而广泛征集剧本，甚至直接收购群众制作的成片，成了栏目剧素材的重要来源。为了不断激发创作热情，除给予一定经济报酬外，栏目剧还要尊重观众的创作成果，应通过电话、邮件、滚动字幕、微信公众号、抖音公众号向投稿者及时反馈录用信息，对观众投稿快速审核并回复结果。

（二）要鼓励编导深入实际生活

电视节目毕竟是专业制作的产品，观众的素材再好，如果编导不深入生活实践，对这些题材不熟悉或是理解不深入，没有对所拍摄题材的强烈感觉与创作冲动，是无法创作出好作品的。栏目剧编导的优势在于天然的平民化，创作者们的工作往往集中在最基层的群众中，每天都与隔壁小伙、邻居大妈打交道，这就为他们提供了一个天然的创作土壤。例如，有些反映社区故事的节目，拍完后帮着街道工作人员收拾现场，帮忙把借来的物品送还回去，这是其他电视连续剧剧组不能想象也不屑于参与的，然而正是在这些看似鸡毛蒜皮的小事，让创作者们领悟了生活的乐趣与真谛。

（三）要使题材紧跟当前新闻热点

电视栏目剧一直就是以时效性和纪实性为创作特点的，时刻关注百姓身边发生的奇闻轶事、烦心事、开心事是其一贯坚持的。许多栏目剧紧跟时代潮流，把握社会热点问题，与新闻相呼应，甚至可以在重大事件发生之前进行事先策划与制作，等到事件来临时适时播出，这样不但可以借观众对新闻事件的关注而提升收视率，其本身也是对新闻事件的一种深度报道与阐述。例如，当房地产价格过高时就演房产纠纷的故事，当洪水暴发的时候就演抗洪救灾的故事，在高考时期就演招考诈骗的故事，在突发公共卫生事件中就制作为抗击疫情而涌现出的可歌可泣的故事。这些故事不但容易引起受众的兴趣，也在一定程度上帮助受众正确认识和理解了当前的社会形势，体现媒体的社会责任。

（四）既要放眼全国也要落脚本地

电视栏目剧组要处理好自拍与外购相结合的问题。目前各电视台自己创作栏目剧的同时，有很大一部分是引进的。这些外购的片子通过更换主持人，在开头、结尾以及插播广告的段位上加一些主持人的点评等，包装成为电视台自己的栏目剧。这些“速成”的栏目剧虽然省事、省钱，可能暂时收视效果还不错，但发展趋势不容乐观。首先，这些“引进版”的栏目剧明显缺乏个性、题材重复，同样一个故事在不同的频道经过不同包装一再出现，很快会形成观众的审美疲劳甚至引起厌恶情绪。其次，栏目剧的特点之一是地方色彩、本土性，而引进的剧因为地域的差异、习俗的差异，在事发当地看来很受关注的事件，不一定能引起它的观众的兴趣及共鸣，收视效果会大打折扣。栏目剧的主持人点评环节不同于其他节目，主持人是整个故事的讲述者，他们介绍故事的主要背景，对故事情节发展进行串联，作为旁观者进行议论和评论，他们的真正任务是要吸引观众的注意力，在观众和剧之间架一座情感沟通的桥梁。栏目剧中的主持人是其重要标识，他们与栏目剧应该是融为一体的，主持人不仅要串联整个节目，而且要融入剧情、推动剧情。

四、注重模式创新

栏目剧要在特色化上面做文章。栏目都有一定的生存周期，很多栏目的生存周期较短，往往跟栏目的模式化带给观众的审美疲劳有一定关系。例如一些栏目采用千篇一律的老演员和主持方式，以及大同小异的节目内容，就容易因为模式化趋向而流失掉大量观众。现代社会生活节奏快，电视媒体受众更新换代的速度也非常快，很少有人能对一个模式化栏目保持忠诚度。因此，固定播出的栏目，为了延长生存周期，必然面临着在节目播出之后延续栏目特色，不让观众产生厌倦感的问题。概括起来，避免陷入僵化模式大致有以下四种办法。

（一）注重选题精当

在选择新闻热点问题上，各个栏目剧组都是不遗余力地。然而对同一问题的过分关注容易导致各档节目的同质化，大家都用一个题材，节目成功与否其实就在于切入角度的选择及对故事内核的阐述上。热点的确是收视的保证，但长期反映某些问题会导致传播内容整体失衡，因此要进行逆向思维，从社会冷僻问题入手，搞选题的差异化与个性化。此外，还要在不影响节目整体风格的情况下适当对选题进行更新，如某些栏目剧选择周一、周二播出反映社会问题的都市版，周三、周四播出爱情与婚恋的女性版，周五、周六则是喜剧与悬疑版当家，周末推出特别版等。

（二）注重栏目包装

包装是栏目的外在表现，是栏目的名片，是一个栏目剧区别于其他剧的重要标识，包装精致定期更新是栏目剧吸引人的重要手段。重庆台的《雾都夜话》虽然是十多年的品牌，但依然是电视台高收视率的保证，其中既有鲜明特色的一贯保持与发扬，又有新的元素的功劳，如主持方式、片头片尾的包装以及节目预告与广告的改变等。

（三）定期更换演员

如今，栏目剧的演员大多是自愿报名经过短暂培训“上岗”的，一些节目组为了节省时间成本和资金成本，往往一批人在不同题材里反复轮流使用，观众不耐烦不说，这些群众演员的表演功力也很难达到电视节目的审美要求，因此需要定期更换主要演员。栏目可以仿照选秀节目进行海选，建立演员资料库，按照角色的接近性安排演员，并做好群众演员的培训工作，使这些非科班出身的“明星”来之能战，战之能胜。

（四）搞好专题策划

栏目剧可以通过大型节日或大型媒体活动搞专题化、系列化，保持栏目热度。如《生活麻辣烫》自 2005 年国庆起，每个黄金周推出假日特别剧《麻辣冤家》，打造假日黄金剧的概念，从“十一”、春节到“五一”，不仅获得很好的收视效果，也一定程度上在保持了《生活麻辣烫》的关注热度。而有些栏目剧则与《超级女声》和《梦想中国》等媒体的大型选秀活动合作，选拔演员，召开目新闻发布会，扩大知名度。

五、广泛借鉴创新

栏目剧既要走区域化道路，做出特色，防止恶性竞争，又要面向更大的市场，以更高的眼光来指导创作。借鉴与创新是保持节目生机活力的良途。

（一）要善于借鉴国内外热播节目优点

以湖南卫视的《爱情魔方》为例，其吸收了来自韩国的反转剧的概念，拍摄基本是按照电视剧的手法，故事内容大部分是爱情喜剧、爱情悲剧，剧集的男女主角基本上请国内最新的时尚男女明星或者组合担任，在剧情上也都是按照观众预料的进行，只是结尾峰回路转，冒出一些让观众意想不到的结果，甚至转了又转，不按情理出牌，但又觉意味深长。由于剧情篇幅短、节奏快，这种反转剧非常适合当下年轻观众和挑剔的白领观众的收视需求，在 30 多分钟的时间里，观众可以观赏到一个极富悬念和视觉冲击的剧情，使其在最短的时间内得到了最大的娱乐满足。

（二）要在吸收其他节目优点的同时进行自主创新

栏目剧结合了电视栏目和电视剧的双重优势，内容创新也比其他栏目更加灵活。浙江电视台教育科技频道的《大侦探西门》是一档刑侦推理节目，以大侦探福尔摩斯和名侦探柯南为借鉴蓝本，采用情景再现的叙事手法，引入极具时尚元素的虚拟主持人，变教条为实例，变死板为鲜活，用短剧向老百姓讲述法律故事，并将目标锁定为时下爱好新奇、爱好冒险，又有些英雄主义情结的年轻人。由此可见，其在选题、内容、结构、形式等方面积极拓展、创新，以适应观众群，充分利用栏目的个性特质，在多维空间上打造品牌。

想一想

1. 何谓电视栏目剧？
2. 电视栏目剧有哪些类型？
3. 如何进行电视栏目剧的策划？
4. 如何把握电视栏目剧的价值导向？
5. 如何进行电视栏目剧的创新？
6. 电视栏目剧存在哪些问题？有哪些解决策略？

团队实训

1. 项目名称：电视栏目剧的拍摄制作

依托专题 4 编写的电视栏目剧策划文案，完成一期节目的拍摄制作。

2. 实训目的

通过将节目策划文案转化为一期电视栏目剧作品，使学生掌握电视栏目剧节目制作的基本流程，同时检验电视栏目和节目策划方案的科学性和可行性。

3. 实训要求

(1)节目的拍摄制作应严格按照构思创作、现场录制、编辑混录等流程进行。栏目组学生按照电视剧制作所必须的制片人、编导、摄像、演员、后期编辑制作等岗位进行分工，共同完成一期节目的制作。

(2)每组选择代表展示完成作品，专任教师、行业一线专家及学生对拍摄作品进行评价、打分。

4. 评价标准

评价内容	分值	得分
导向正确，弘扬主旋律	15	
作品完整，片头、导视、节目内容、字幕及片尾一气呵成	20	
能系统地体现栏目策划的基本框架	15	
作品具有较强的逻辑性、承递性、创新性	20	
倡导积极健康的生活方式，达到栏目策划的宗旨与功能	15	
考察学生的工匠精神、团队协作精神、人文情怀	15	
合计	100	

拓展资源

1. 《举案说法》栏目策划案解析

(1)栏目基本情况

《举案说法》是中央电视台财经频道《经济与法》的特别制作，它的前身是《经济与法周末版》。这是一档将真实的法律案件以电视栏目剧情境再现的节目，由业余演员演出。

这个栏目是中央电视台最早开设的电视栏目剧之一，主要目的是对《经济与法》栏目相对较强的法理性进行完善补充，从法律、经济、案例等多角度形成完整的栏目构架，以稳定受众群体，丰富和完善中央电视台经济频道的节目布局，提升频道影响力。

(2)栏目宗旨

《举案说法》同其母节目《经济与法》一样，是一档“用案例说话”，以“推进中国市场经济规范进程”为宗旨的专业栏目。该栏目希望通过具体的案例分析，通过关注个体在经济活动中的法律困惑、法律认识，成为百姓经济活动的法律顾问，向百姓传递“经济活动中的法律规则”，推动市场经济的规范化和法制化。

(3)栏目收视对象

栏目的收视对象主要是城市市民，尤其是40～60岁的市民群体。

(4)播出时间

每周一至周五晚上18:14，周六19:30，周日17:30播出，每期时长50分钟。

(5)栏目定位

①内容定位

栏目剧内容定位为中国市场经济进程中出现的与百姓生活息息相关的法律案件，通过对代表性案件还原演绎及专家点评，对类似状况给出防范或化解建议。

②形式定位

与最高人民法院合作，寻找案例进行改编，然后由业余演员进行演绎，以主持人对嘉宾的演播室访谈的形式进行。

③编排策略

播出时间的编排。节目为日播，周一到周五的播出时间为18:14，周六、周日略做调整。所有播出时间都与受众的集中收视时间相吻合，为节目的高收视率提供保证。周末的时间编排，符合中国人的假日生活习惯。单期节目50分钟的总时长和一集电视剧长度一致，符合受众的收视行为。

节目内容的编排。根据栏目的宗旨，《举案说法》的内容严格控制为涉及百姓生活的经济纠纷案例，和由经济纠纷引发的有代表性的刑事案例，尽量不选择单纯的刑事案件，避免与其他栏目的内容同质化。同时，与国家最高司法机关合作，取得第一手资料，保证内容的典型性和时效性。

节目结构的编排。单期节目的流程为：主持人开场—介绍嘉宾—介绍节目内容—案件还原演绎—嘉宾点评—主持人总结。

特色化编排。除了日常的节目外，在节假日，如春节、“五一”、“十一”长假期间，会针对假日经济有特别的编排。例如，针对假日旅游中的旅游投诉、购物消费陷阱等有针对性地推出节目，凸显特色化服务功能。

2. 电视栏目剧：将新闻故事演出来。

参考文献

一、著作和教材类

1. 姚建红:《中国新闻史事溯源》,北京,中国新闻出版社,1989。
2. 罗刚:《叙事学导论》,昆明,云南人民出版社,1994。
3. 杨伟光:《中央电视台发展史》,北京,北京出版社,1998。
4. 李东:《广播节目策划论》,北京,中国广播电视出版社,1999。
5. 高鑫、张绍刚:《电视纪实作品创作 电视栏目节目策划》,北京,北京广播学院出版社,2000。
6. [加]马歇尔·麦克卢汉:《理解媒介——论人的延伸》,何道宽译,北京,商务印书馆,2000。
7. [美]约翰·费斯克:《理解大众文化》,王晓珏,宋伟杰译,北京,中央编译出版社,2001。
8. 汪文斌,胡正荣:《世界电视前沿(Ⅰ)》,北京,华艺出版社,2001。
9. 许永:《电视策划与撰稿》,北京,中国广播电视出版社,2001。
10. 张联:《电视节目策划技巧》,北京,中国广播电视出版社,2002。
11. 项仲平:《电视节目策划》,北京,中国广播电视出版社,2002。
12. 任金州:《电视策划新论》,北京,中国广播电视出版社,2002。
13. 梁建增:《〈焦点访谈〉红皮书》,北京,文化艺术出版社,2002。
14. 胡文龙:《中国新闻评论发展研究》,北京,中国人民大学出版社,2002。
15. 彭吉象:《艺术学概论》,北京,北京大学出版社,2002。
16. 郑征予:《电视文化传播导论》,上海,复旦大学出版社,2003。
17. 刘燕南:《电视传播研究方法》,北京,北京师范大学出版社,2003。
18. 雷跃捷、张彩:《电视新闻频道研究》,北京,中国广播电视出版社,2003。
19. 胡智锋等:《电视法制节目:特质、创作与开发》,北京,中国广播电视出版社,2003。
20. 冷智宏、许玉琪:《电视生活服务类节目:定位、形态与包装》,北京,中国广播电视出版社,2003。
21. 詹成大:《电视媒体策划》,北京,中国广播电视出版社,2002。
22. 宗匠:《电视娱乐节目:理念、设计与制作》,北京,中国广播电视出版社,2003。
23. 罗军、范冬阳:《电视频道品牌营销与整体包装》,北京,中国广播电视出版社,2003.
24. 胡智锋:《中国电视策划与设计》,北京,中国广播电视出版社,2004。
25. 张联:《电视节目策划技巧》,北京,中国广播电视出版社,2002。
26. 任金州:《电视策划新论》,北京,中国广播电视出版社,2002。
27. 胡智锋:《电视审美文化论》,北京,北京广播学院出版社,2004。
28. 胡智锋:《影视文化前沿:"转型期"大众审美文化透视》,北京,北京广播学院出版社,2004。
29. 周星:《新世纪中国电视文艺研究》,北京,北京师范大学出版社,2004。
30. 吕正标、王嘉:《电视新闻节目理念、形态与实务》,北京,中国广播电视出版社,2004。

31. [美]尼尔·波兹曼：《娱乐至死》，章艳译，南宁，广西师范大学出版社，2004。
32. 张静民：《电视节目创作与编导》，广州，暨南大学出版社，2004。
33. 何煜、刘如文：《电视导论》，杭州，浙江大学出版社，2005。
34. 韩青、郑蔚：《电视娱乐节目新论》，北京，中国广播电视出版社，2005。
35. 彭吉象：《机遇与挑战——电视专业化频道的营销策略》，北京，中国广播电视出版社，2006。
36. 郭国庆：《市场营销学通论》，北京，中国人民大学出版社，2007。
37. 赵振宇：《新闻策划》，武汉，武汉出版社，2000。
38. 胡智锋：《电视节目策划学》，上海，复旦大学出版社，2006.
39. 郭蔓蔓、世纪工场：《 电视频道品牌包装艺术》，北京，中国广播电视出版社，2006。
40. 徐舫州、徐帆：《电视节目类型学》，杭州，浙江大学出版社，2006。
41. 苗棣、王怡琳：《脱口成“秀”：电视谈话节目的理念与技巧》，北京，中国广播电视出版社，2006。
42. 苗棣等：《美国经典电视栏目》，北京，中国广播电视出版社，2006。
43. 于丹：《形象·品牌·竞争力：电视包装实战攻略》，北京，中国广播电视出版社，2006。
44. 尹鸿等：《娱乐旋风：认识电视真人秀》，北京，中国广播电视出版社，2006。
45. 周鸿铎：《重庆电视媒介发展报告》，北京，社会科学文献出版社，2006。
46. 孙永超：《电视市场与电视策划》，上海，上海交通大学出版社，2007。
47. 张海潮：《中国电视节目分类体系》，北京，中国传媒大学出版社，2007。
48. 魏南江：《优秀电视节目解析》，北京，中国传媒大学出版社，2007。
49. 潘知常、孔德明：《讲“好故事”与“讲好”故事：从电视叙事看电视节目的策划》，北京，中国广播电视出版社，2007。
50. 张静民：《电视节目策划与编导》，广州，暨南大学出版社，2007。
51. 段鹏：《 电视品牌战略研究》，北京，中国传媒大学出版社，2007。
52. 刘习良：《中国电视史》，北京，中国广播电视出版社，2007。
53. 史可扬：《电视栏目和频道辨析》，广州，中山大学出版社，2007。
54. 叶子：《电视新闻：与事件同步(修订版)》，北京，北京师范大学出版社，2007。
55. 石长顺：《电视栏目解析(第二版)》，武汉，武汉大学出版社，2008。
56. 阚乃庆、谢来：《最新欧美电视节目模式》，北京，中国广播电视出版社，2008。
57. 雷蔚真：《电视策划学》，北京，中国人民大学出版社，2008。
58. 徐帆、徐舫州：《电视策划与写作十讲》，杭州，浙江大学出版社，2009。
59. 宋晓阳：《日本经典电视节目模式》，北京，中国广播电视出版社，2009。
60. 巨浪：《广播电视节目策划》，杭州，浙江大学出版社，2009。
61. 游洁：《电视媒体策划新论》，北京，中国国际广播出版社，2009。
62. 张绍刚：《电视节目策划笔记》，北京，新星出版社，2010。
63. 朱虹、胡正荣：《中国电视名牌栏目》，北京，红旗出版社，2010。
64. 张绍刚：《全球金牌电视节目解析》，北京，北京大学出版社，2011。
65. 胡智锋：《电视节目策划学(第二版)》，上海，复旦大学出版社，2012。
66. 项仲平：《电视栏目与频道策划研究》，北京，中国广播电视出版社，2007。

67. 吕一林、冯蛟：《 现代市场营销学》，北京，清华大学出版社，2012。
68. 林嵒：《电视栏目策划与编导》，重庆，重庆大学出版社，2013。

二、论文类

1. 李效文：《由复制走向创造——试论电视谈话节目的音乐运用及其他》，载《贵州大学学报(社会科学版)》，2001(3)。
2. 冉儒学：《严肃的游戏——从"决赛"看〈幸存者〉的叙事策略》，载《电视研究》，2001(3)。
3. 冷智宏、吴玉兰：《〈往事〉：营造电视谈话节目新风景》，载《新闻前哨》，2001 (7)。
4. 于德山：《大众传媒时代的电视文化与当代中国叙事格局》，载《中国电视》，2001(12)。
5. 张铭勇：《在开心中叙事：〈开心辞典〉叙事分析》，载《电视研究》，2002(2)。
6. 孟秋：《探究〈艺术人生〉的独特构思》，载《新闻战线》，2003 (1)。
7. 冯哲辉：《〈真情旋律〉——作为"情感节目"的叙述方式与审美把握》，载《当代电视》，2003 (5)。
8. 杨宪泽：《谈话类节目的叙述方法及运用》，载《电视研究》，2004(5)。
9. 梁建增：《选题是〈焦点访谈〉成功的源头活水》，载《电视研究》，2004(5)。
10. 李德刚：《电视新闻调查性报道的叙事策略》，载《声屏世界》，2004(7)。
11. 申丹：《20 世纪 90 年代以来叙事理论的新发展》，载《当代外国文学》，2005(1)。
12. 吴丰军：《〈电影传奇〉的叙事学分析》，载《荧屏内外》，2005(3)。
13. 刘青：《解读电视栏目品牌化》，载《理论观察》，2006(5)。
14. 仝文瑜：《电视新闻娱乐化的隐忧》，载《中国广播电视学刊》，2006(8)。
15. 李玲：《品牌重新定位时机辨别与策略选择》，载《商业时代》，2006(22)。
16. 李冬冬：《品牌主持人形象策划的 CIS 战略》，载《青年记者》，2007(22)。
17. 朱瑶：《真人秀节目的策划方法》，载《青年记者》，2008(8)。
18. 张帆：《本土真人秀节目策划新探》，载《科技资讯》，2008(23)。
19. 郭艳：《电视综艺节目的成功叙事元素》，载《现代传播》，2009(3)。
20. 李岚等：《 广播电视品牌评估的理论框架和体系建构》，载《电视研究》，2010(7)。
21. 王艳萍：《浅析电视生活服务栏目的策划》，载《魅力中国》，2010(3)。
22. 李翔：《生活服务类节目创意表现》，载《声屏世界》，2011(2)。
23. 苗弘：《坚持电视生活服务类节目的实用性》，载《记者摇篮》，2011(7)。
24. 罗刚：《浅析电视真人秀节目〈中国好声音〉策划的得与失》，载《新西部》，2012(9)。
25. 宋尚琳、赵辉：《浅谈生活服务类节目的引进与创新》，载《今传媒》，2012(7)。
26. 邓葳：《浅析生活服务类节目的创新与发展》，载《新闻传播》，2013(4)。

三、学位论文类

1. 马广斌：《新闻调查栏目研究》，硕士学位论文，厦门大学，2003。
2. 葛海燕：《 电视新闻栏目品牌战略》，硕士学位论文，南京师范大学，2006。
3. 罗卫光：《电视深度报道的叙事学研究》，硕士学位论文，暨南大学，2006。
4. 娄凤娟：《 基于整合营销的电视栏目品牌化战略研究》，硕士学位论文，中南大学，2007。
5. 肖琳芬：《〈快乐大本营〉改版研究》，硕士学位论文，湖南大学，2007。
6. 肖鑫：《我国综艺娱乐节目的发展及未来走向》，硕士学位论文，东北师范大学，2008。
7. 李冉：《我国电视生活服务类"真人秀"节目研究》，硕士学位论文，河南大学，2008。

8. 柴燃：《消费时代的电视生活服务类节目研究——以央视〈生活〉〈为您服务〉为例》，硕士学位论文，河南大学，2008。
9. 王玉：《分众化时代生活服务类电视节目发展策略研究》，硕士学位论文，西北师范大学，2009。
10. 孟凡君：《电视栏目品牌的建构与创新》，硕士学位论文，山东师范大学，2012。
11. 王珊珊：《论电视品牌的建构与维护》，硕士学位论文，西北师范大学；2009。
12. 岳淼：《中国电视新闻节目发展史研究(1958—2008)》，硕士学位论文，厦门大学，2009。
13. 章芝羚：《我国电视对欧美娱乐节目的模仿借鉴研究》，硕士学位论文，湘潭大学，2009。
14. 何琴：《电视媒体品牌策略研究：以浙江卫视形象品牌"中国篮"为例》，硕士学位论文，重庆大学，2010。
15. 吴畏：《受众视阈中的电视栏目品牌构建：以央视三套〈第一时间〉为例》，硕士学位论文，南昌大学，2010.
16. 刘婷：《我国当前电视综艺娱乐栏目策划研究》，硕士学位论文，新疆大学，2010。
17. 赵阳阳：《真人秀类节目策划的策略研究》，硕士学位论文，曲阜师范大学，2012。
18. 张志永：《我国电视娱乐节目的借鉴与创新形态研究》，硕士学位论文，东北师范大学，2012。
19. 刘焱：《生活服务类电视栏目的策划研究》，硕士学位论文，华中师范大学，2012。
20. 程娟娟：《论地方生活服务类电视节目的现状及发展：以合肥〈第一家居〉为例》. 硕士学位论文，安徽大学，2012。